개미들의 변호사,
배짱기업과 맞장뜨다

개미들의 변호사, 배짱기업과 맞장뜨다

김주영 지음

문학동네

세상을 바꾼 소송

장하성(고려대학교 경영학과 교수)

내가 김주영 변호사를 처음 만난 것은 참여연대가 소액주주운동을 시작한 지 반 년가량 경과한 1997년 9월의 어느 날 참여연대 회의실에서였다. 그 당시 김변호사는 대형로펌을 막 그만두고 서초동에 변호사 사무실을 차린 30대 초반의 젊은 변호사였다. 준수한 외모에, 좋은 학벌과 고위법관 출신 부친을 둔 김변호사가 진보적 시민단체인 참여연대에 어울린다고는 생각지 않았으나 김변호사의 존재는 곧바로 그 진가를 발휘하기 시작했다.

대형로펌에서 공정거래법과 회사법 전문변호사로서 다년간 실무경험을 쌓은데다가 미국 유학까지 다녀온 김변호사는 타고난 리걸legal 마인드와 참신한 아이디어로 소액주주운동의 핵심브레인 역할을 담당했다. 특히 참여연대 소액주주운동에서 가장 실질적인 성과를 거둔 사례로 알려진 SK텔레콤 사건의 팀장을 맡아 독립적인 사외이사제도와 계열사 간 내부거래에 대한 승인제도를 도입하는 등의 성과를 거두었으며, 증권관련집단소송법의 도입에도 핵심적인 역할을 담당했다.

이 책에도 소개되어 있지만 김변호사가 참여연대활동의 일환으로 맡았던 LG 주주대표소송과 바이코리아펀드 소송, 현대전자 주가조작소송 등은 참여연대에서 벌인 가장 성공적인 법정소송들에 속한다. 이 책에는 이러한 소송의 배경과 과정, 그리고 세간에 잘 알려지지 않은 뒷이야기는 물론 김변호사가 시민운동 차원을 넘어 전문변호사로서 담당했던 여러 투자자소송의 경험이 담겨 있다. 대기업과 대형로펌에 맞서 때로는 짜릿한 승리를 거두기도 하고 때로는 안타까운 좌절을 겪기도 했다. 그러나 참여연대 경제민주화위원회와 경제개혁연대로 이어진 지난 20여 년 동안 나와 김변호사, 그리고 함께한 많은 사람들은 보통 사람들의 작은 권리를 위해 싸우고 궁극적으로는 공정한 시장경제를 만들어가는 소리 없는 혁명을 한 것이었다. 그에 더해 김변호사는 한누리 법무법인을 설립해 대형로펌들이 외면하는 소액주주들을 대변해주는 보람 있는 일을 해왔다.

나는 김변호사가 참여연대에서의 활동과 변호사로서의 활동을 토대로 정치권이나 공직에 입문할 수도 있다고 생각했고, 또 실제로도 그런 기회가 주어졌던 것으로 알고 있으나 17년이 지나 50대 초반의 중견변호사가 된 지금까지 똑같은 일을 계속하고 있다는 것은 놀라운 일이다. 김변호사의 말대로 소송이 너무 오래 걸려서 도망치고 싶어도 도망치지 못했을 수도 있지만, 맡겨진 사명을 감당하기 위해서 야망을 포기하는 것도 아무나 하는 것은 아니라고 생각한다. 평생 억울한 일을 당하지 않고도 살 수 있는 사람이 약자의 편에 서서 함께 고통을 감당한다는 것은 참으로 귀한 일이다. 이 책에 담긴 김변호사의 진솔한 고백이 각자의 자리에서 세상을 바꾸기 위한 힘겨운 싸움을 하고 있는 우리 모두에게 참다운 용기와 희망이 되길 바란다.

| 추천의 글 |

소수자와 약자에 대한 사랑과 열정으로 빚은 인간과 사회를 이해하는 교과서

손봉호(서울대학교 명예교수 · 고신대학교 석좌교수)

셰익스피어는 이 세상에 "검은 것을 희게, 추한 것을 아름답게, 잘못을 옳은 것으로, 천한 것을 고상하게, 늙은이를 젊은이로, 비겁한 자를 용사로" 만드는 것이 있다 했다. 그게 바로 돈이라고 했고, 마르크스가 그 주장에 맞장구를 쳤다. 돈을 신으로 섬기는 현대인, 특히 유달리 돈을 좋아하는 한국인은 그 전능한 돈을 가능한 한 쉽게, 가능한 한 많이 벌기 위해 가능한 모든 수단을 다 동원한다. 경쟁이 치열해지는 것은 당연하고 약자들이 억울함을 당하는 것은 다반사다. 바로 이런 경제정의 결핍 때문에 경제적인 풍요와 정치적인 민주화에도 불구하고 한국인은 매우 불행하다. OECD에서 자살률이 가장 높고 갈등지수는 두번째로 높다.

이런 상황을 막고 약자를 보호하기 위하여 법률이 있고 제도가 만들어져 있다. 그러나 정의가 올바로 확립되려면 그 법이 공정해야 하고 공정하게 집행되어야 한다. 이를 위해서 검찰, 법원, 변호사가 필요하고, 그들이 공정하고 열정적이라야 사회정의가 바로 설 수 있는 것이다. 다행하게도 우리 사회에서도 이들의 역할이 점점 중요해지고 올바른 방향으로 자리잡고 있다.

김주영 변호사는 약자 보호에 남다른 관심을 가지고 있다. 장애인 보호를 위하여 많은 시간과 노력을 바치고 있으며 참여연대활동을 비롯해서 경제 약자들과 소수자의 권익 옹호에 많은 힘을 쏟고 있다. 그의 재능과 경험을 멋지고 가치 있게 이용하므로 무수한 약자들이 도움과 위로를 받는다. 이 책을 읽으면 그의 그러한 사랑과 열정을 느낄 수 있다.

그러나 이 책은 단순히 저자의 활동보고서가 아니다. 약자와 소수자의 권익을 보호하기 위하여 활동하는 과정에서 인간의 탐욕이 얼마나 심각하며 그것이 어떻게 약자들을 괴롭히는가를 실감나게 보여준다. 그리고 법률과 제도, 그것들의 집행이 얼마나 복잡하며 동시에 얼마나 불충분한가도 엿보게 한다. 인간의 욕망, 교활함, 뻔뻔함, 억울함, 무력함과 사회와 제도의 냉혹함도 절감하게 한다. 흥미롭게 읽으면서 인간과 사회를 느끼고 배울 수 있는 책이다.

일류로펌을 박차고 나와
개미투자자들과 희로애락을 함께한
어느 변호사의 산전수전 기록

김건식(서울대학교 법과대학 교수)

이 책의 저자인 김주영 변호사는 늘 든든하고 자랑스러운 제자이다. 반듯한 용모에 듬직한 체구, 그리고 당당하면서도 진중한 처신은 제자이지만 부럽기 짝이 없다. 나는 내심 그런 그가 정치인으로 대성하기를 바랐다. 그처럼 열정이 있지만 목소리를 높이지 않고 소신이 있지만 편협하지 않고 잘났지만 사려 깊은 사람이 나라를 이끌어간다면 좋겠다고 생각했다. 그래서 그에게 정계로 투신한다면 기꺼이 후원을 맡겠다는 주제넘은 말까지 뱉은 적도 있다. 그런데 결국 그는 정치인의 길을 걷는 대신 아무도 주목하지 않는 투자자소송이란 생소한 분야에 몸을 던졌다. 일류로펌에서의 안정된 생활을 뒤로하고 생면부지의 투자자들과 희로애락을 나누며 10여 년의 풍상을 견뎌낸 그는 이제 자타가 공인하는 투자자소송의 1인자로 우뚝 서 있다. 이 책은 말하자면 그가 홀로 미지의 길을 열어가며 흘린 땀과 눈물이 배어 있는 산전수전의 기록이라고 할 수 있다.

법학은 당위를 논하는 학문이지만 현실을 바탕으로 하고 있다. 현실과 유리된 연구란 허망함을 넘어 유해할 수도 있다. 대학에서 기업 관련 법을 연구하며 늘 아쉬웠던 것은 기업과 시장의 현실에 관한 생생한 정보였다. 간혹 자본시장과 법의 실무에 종사하는 이들을 마주칠 때면 체면 불고하고 귀동냥을 하곤 했다. 그러나 우연적이고 단편적인 배움만으로 복잡하고도 미묘한 현실세계의 이치를 터득하는 데는 한계가 있었다. 이 책을 낸다는 그의 말을 듣고 환호했던 것은 이런 평소의 갈증 때문이기도 했다.

이 책은 그가 처리한 크고 작은 사건 중 대표적인 10건을 중심으로 이루어져 있다. 이들 소송은 모두 익히 알려진 것으로 그 판결에서 채택된 법리는 대부분 여느 교과서에도 소개되어 있다. 그럼에도 불구하고 원고를 읽어가는 과정에서 깨달은 점이 한둘이 아니다. 판결의 결론과 이유에 대한 그의 견해를 모두 수긍할 수는 없더라도 그가 펼쳐 보이는 사건의 여러 단면을 접하고는 판결의 논리와 현실적 효과를 다시금 되짚어보지 않을 수 없었다. 분쟁의 전모에 비할 때 판결문에 제시된 판지判旨는 실로 빙산의 일각에 불과하다는 진부한 명제를 새삼 되새기기도 했다.

특히 이 책은 기업과 금융에 관심 있는 법학도에게 매우 유익하다. 회사법과 자본시장법의 기본 법리가 현실에서 어떻게 적용되고 당사자에게 어떤 영향을 미치는지를 생생하게 보여준다. 주의 깊은 독자라면 우리 기업과 자본시장이 어떤 식으로 운영되는지에 대한 기본지식도 덤으로 얻을 수 있다. 개인적으로 흥미를 느꼈던 것은 간간이 등장하는 사건진행과 관련한 변호사와 당사자의 심리, 학문적으로는 주목받지 못하지만 실무상으로는 중요한 의미를 갖는 소송기술, 나아가 투자자 소송과 관련된 변호사윤리의 이슈 등 일반 법률문헌에서는 접할 수 없는 정보였다.

평소 그가 무슨 일을 하는지는 어느 정도 안다고 여겼다. 그러나 이 책을 읽고서 그의 활동을 보다 잘 알게 되었다. 나아가 그가 우리 법조계와 법학계를 넘어 우리 사회에 얼마나 크게 기여하고 있는지도 깨닫게 되었다. 전인미답의 분야를 개척하여 이미 적잖은 성취를 거둔 그가 정치에 입문하지 않은 것에 대해서 더이상 아쉬움 따위는 없다. 그저 그가 앞으로도 외롭고 힘든 전진을 계속하며 이 땅의 젊은 법학도의 도전과 분발을 자극하는 불빛으로 남아주기를 바랄 뿐이다.

진정한 승리는 결국 진실을 깨닫는 것이었다

이 책은 내가 지난 10여 년간 소액주주들과 증권투자자들을 대리하여 수행한 10건의 소송에 관한 기록을 담고 있다.

나는 우리나라에서 제일 똑똑한 사람들이 많이 모인다는 대형로펌에서 변호사생활을 시작했다. 대부분의 경우 분쟁의 당사자 중 돈이 더 많고 힘이 센 쪽을 대리했고, 의뢰인이 가진 돈과 힘에 나의 지식과 꾀를 더하여 승리를 쟁취하는 것을 즐겼다.

그런데 로펌 재직중 기회를 얻어 미국 유학을 떠났다 돌아온 후 우연히 맡은 어느 장애인복지단체 사건을 계기로 재판의 위력, 변호사가 가진 힘에 새삼 눈을 뜨게 되었다. 특수학교 건립에 반대하는 일부 지역주민들의 방해에 맞서 가처분소송을 제기하여 승소하자 단번에 공사가 재개되었다. 가처분결정이 언론에 널리 보도되면서 그 학교의 건립은 물론 당시 비슷한 어려움을 겪던 전국의 수많은 장애인 관련 시설의 건립에도 박차가 가해졌다.

내가 제기한 소송을 통해 세상을 변화시킬 수 있다는 것에 희열을 느꼈다. 2년 후 대형로펌을 그만두고 소액주주운동에 참여한 것도 그때의 희열 때문이었던 것 같다. 참여연대 소액주주운동 참여를 계기로 변호사 업무도 소액주주와 투자자들을 대변하는 원고 대리 쪽으로 바뀌게 되었다. 외견상 강자를 대변하던 변호사에서 약자를 대변하는 변호사로 바뀐 것이다.

이러한 방향전환이 '이타심' 또는 '사명감'의 발로였을까? 처음에는 나도 그렇게 믿었다. 나는 선하고 의롭기 때문에 약자를 대변하는 자가 되었다고 생각했다. 내가 학벌, 배경 등 여러 가지를 갖추었으므로 사회에 대한 의무를 다해야 한다는 이른바 '노블레스 오블리주noblesseoblige'의 일종이라고 생각했다. 실제로 많은 사람들은 이런 시각으로 나를 바라보았고 내가 벌이는 소송에 찬사를 보냈다. 언론에서는 나를 골리앗을 무너뜨리는 다윗으로 묘사했고, 이런 평가에 힘입어 2003년도에는 미국 경제지 『비즈니스위크Businessweek』에서 '아시아의 스타 25인' 중 한 명으로 선정되기도 했다.

하지만 2003년 하반기 나의 위세가 정점에 오를 즈음 여러 가지 고난이 한꺼번에 몰려왔다. 이 책에도 소개되었지만 내가 의욕적으로 벌여서 1심에서 승소한 사건이 상급심에서 뒤집혔다. 2003년 나를 아시아스타로 선정되게 한 바로 그 사건이었다. 다른 사건들도 생각보다 소송이 지연되면서 사무실의 어려움이 가중되었다. 내가 관여했던 시민단체는 내부갈등에 휩싸였고 나와 같이 일하던 후배변호사들은 내 곁을 떠났다.

내가 선하고 의롭다는 것은 남도 속고 나도 속는 거짓이었고 착각이었다. 나는 약자를 사랑한 것이 아니었다. 나는 보다 짜릿한 '승리'와 '성취'를 원했던 것뿐이었다. 강자를 대변하여 약자를 이기는 것보다 약자를 대변하여 강자를 이길 때 성취감이 더 크고, 마치 내가 신이 된 것 같은 충만감까지 느끼게 된다. 나는 이기고 또 이기고 싶었으며 모든 면에서 세상의 주인공이 되고자 했다. 한마디로 말해 사명이 아니라 야망이었다.

이 책에 기록된 10건의 소송 중에는 패소한 사건들도 있기 때문에 다윗이 골리앗을 물리친 것과 같은 통쾌한 승리의 기록만을 담은 것은 아니다. 하지만 진정한 승리는 결국 진실을 깨닫는 것이었고, 무엇보다 큰 진실은 내 안의 두려움과 탐욕, 교만과 분노를 직면하는 것이다. 10건의 소송을 통해서 나는 내 안의 빈 공간을 직면할 수 있었다. 그런 면에서 이 10건의 소송들은 승패 여부를 떠나서 담대한 소송이라고 할 수 있다.

이 책에서는 소송의 과정을 가급적 진솔하게 적어보려고 노력했다. 하지만 여전히 나에는 자존적 교만이 있는지라 내 속의 편견과 교만이 투영된 부분이 적지 않을 것이다. 그래서 이 책을 발간해야 할지 말지 많이 망설였다. 하지만 우리나라에는 소송의 결과가 아니라 실제 과정에 초점을 맞추어 쓰인 책이 많지 않기 때문에 재판의 현실을 담담하게 적어내려간 책이라면 나름 의미가 있을 것이라는 주위분들의 격려에 힘입어 출간을 결심했다.

의뢰인 없이는 변호사도 있을 수 없다. 이 글을 쓸 수 있도록 나에게 사건을 맡겨주신 의뢰인들께 감사드린다. 나와 한 사무실에서 함께 일한 변호사들과 직원들, 그리고 내가 이 10건의 소송을 맡도록 계기를 마련해주고 소송과정에서 힘을 보태준 장하성 교수님을 비롯한 시민단체 동지들에게도 감사한다. 밀알복지재단을 소개해주셔서 내 인생의 전환점을 마련해주신 손봉호 교수님, 회사법과 증권법을 연구하면서 늘 나의 활동을 응원해주신 김건식 교수님, 그리고 무엇보다도 말씀을 통해 나 자신을 직면할 수 있도록 도와주신 김양재 목사님과 우리들교회의 지체들에게 감사와 사랑을 전한다.

2014년 8월

서초동 사무실에서

김주영

차례

추천의 글

세상을 바꾼 소송 | 장하성(고려대학교 경영학과 교수) _005

소수자와 약자에 대한 사랑과 열정으로 빚은 인간과 사회를 이해하는 교과서
| 손봉호(서울대학교 명예교수·고신대학교 석좌교수) _008

일류로펌을 박차고 나와 개미투자자들과 희로애락을 함께한
어느 변호사의 산전수전 기록 | 김건식(서울대학교 법과대학 교수) _010

머리말

진정한 승리는 결국 진실을 깨닫는 것이었다 _013

1장 **개미들의 반란**
_대우전자 소액주주운동과 분식회계소송

"세계는 넓고 할 일은 많다"던 대우그룹의 패망,
장부는 좁고 부채는 많았다! _027

대한민국 최초의 온라인 개미주주운동 사이트 개설, 그러나…… _029

격리된 개미주주들의 눈물, 2000년 3월 24일 희대의 날치기 주총 _032

변호사의 노트 참여연대 소액주주운동의 시작과 끝 _034

개미주주들의 쾌거, 대우전자 워크아웃을 중단시키다 _041

이대로 당할 수는 없다! 분식회계소송의 시작 _044

변호사의 노트 집단소송제와 징벌적 배상제 _046

개미주주들의 손해배상금액은 어떻게 책정했을까? _047

치열한 법정공방, 대우전자 사건의 주요 쟁점들 _049

변호사의 노트 연대책임과 비례책임 _055

천국과 지옥을 오간 8년간의 싸움 _059

오랜 기다림 끝의 감격스러운 판결금 분배 _076

증권시장에 여전히 남아 있는 '악마의 유혹' _080

2장 **애국심에 호소한 초대형 펀드의 위선**
_바이코리아펀드 소송

'한국 경제를 확신합니다!' 이익치 회장의 호언장담에 12조 원이 몰리다 _085

'이렇게 큰돈이 몰리면 무슨 문제가 터질 것 같다'
어느 날 묘한 예감과 함께 바이코리아펀드에 가입하다 _087

변호사의 노트 호루라기 부는 변호사 _089

크리스마스이브와 명절에 뿌려지는 보도자료를 조심하라 _090

지금 이 장부를 열면 금융시장이 엄청난 혼란에 빠진다! _093

더이상 침묵할 순 없다! 세상을 발칵 뒤집어놓은
바이코리아펀드 불법 운용에 대한 기자회견 _103

수만 명의 피해자들 중 소송에 참가한 것은 불과 17명,
그러나 선례를 남기기 위한 싸움 _105

이 소송 자체가 금융 정상화를 가로막는 행위다?
재판을 가로막는 움직임들, 그리고 오랜 고민 끝의 결단 _107

다수에게 약간씩 피해를 끼치며 위기를 넘겼던 투신사들, 그후의 이야기 _109

3장 피해자들을 두 번 울게 한 비운의 집단소송
_세종하이테크 주가조작소송

주가조작은 유죄, 배상은 무, 통한의 소송 _113

유수 금융기관의 펀드매니저가 개입한 충격적인 주가조작사건 _114

대형 투신사 간판매니저들까지 총체적으로 뛰어든 주가조작사건의 전말 _117

부도덕한 펀드매니저를 고용한 금융기관에도 책임을 묻다 _118

주가조작이 없었다면 정상주가는 얼마였을까 _119

치밀한 주가조작, 계산기 두드리는 감정인, 불안감을 드리운 항소심 심리 _125

주가조작은 했어도 손해 입은 사람은 없다? 충격적인 항소심판결 _129

작전세력에게 배상책임 없다? _130

변호사에게는 '객관적 체휼'이 필요하다
억울함과 두려움, 분노를 추스르며 작성한 상고이유서 _134

늘 이겨왔다는 오만, 억울한 사람은 없어야 한다는 교만,
결코 져서는 안 될 싸움에서 진 고통이 내게 일러준 것들 _139

'돈 돌려받기의 달인들'에게 두 번 죽은 피해자들 _140

변호사의 노트 변호사의 오만은 패소의 지름길 _143

4장 심판대에 오른 재벌총수의 재테크
_LG그룹 주주대표소송

재벌총수에게 470억 원을 토해내게 한 역대 최대 배상금액의 주주대표소송 _147

변호사의 노트 주주대표소송이란 _149

3800억을 쏟아부은 LG화학의 수상한 주식거래 _150

깨어 있는 주주, 행동하는 주주를 위하여 _153

참을 수 없는 그룹총수 일가의 '꼼수' _155

변호사의 노트 2640억, LG그룹 총수 일가가 얻은 시세 차익 _158
참여연대의 자진시정 요구를 거부한 LG _160
손해액 최소 823억! 그러나 소송 제기를 외면한 감사위원회 _163
피고는 LG 이사진, 법률대리인은 김앤장 _164
구조조정의 결단인가, 개미들에 대한 기만인가 _166
LG의 항변을 무력화시킬 전략을 짜다 _168
변호사의 노트 사외이사들의 떡고물 _173
LG그룹의 모르쇠와 수치 조작에 피 말렸던 소송 _174
아무리 보수적으로 잡아도 주당 5500원은 아니다 _181
1심판결 직후 470억 원을 즉각 배상한 LG, 왜? _181
악전고투 끝에 승소했으나 아무도 변호사 보수를 내려 하지 않다 _182
기업지배구조의 투명성을 끌어올리는 데 기여한 LG그룹 주주대표소송 _185
변호사의 노트 참여연대 소액주주운동의 성공비결 _186

5장 **사상 초유의 재벌그룹 주가조작**
_현대전자 주가조작소송

적반하장! 현대증권 이익치 전 회장에게 손해배상소송을 당하다 _191
주가조작으로 6천억 원의 이익을 거둔 대주주들 _192
유수 대형로펌들의 방어작전, 청와대의 압박전화……
우여곡절 끝에 마침내 이뤄진 현대증권 이익치 회장 구속 _194
방어하고 로비하는 현대그룹 vs. 진실을 밝히려는 사람들 _197
현대증권 이익치 · 현대전자 정몽헌 회장에게 민사소송을 제기하다 _206
사금고화된 재벌 소유 금융기관, 이를 바꾸는 것이 재벌개혁의 시작이다! _207
불법은 맞지만 개미주주들의 피해는 없다?

실체 없는 선순환이론에 울다 _212

제발 이제 그만 이 싸움이 끝났으면 했지만…… _216

소송에서 진 사실을 알리는 고통, 개미들의 소송비용을 돌려주다 _221

현대전자 주가조작사건은 끝나지 않았다! _224

변호사의 노트 송사에서 '사필귀정'이라는 말이 맞는 말일까? _226

6장 **한일월드컵 사업권을 따낸 유망기업과 대형회계법인의 몰락**
_한일월드컵 휘장사업자 코오롱TNS CP소송

수백 명의 회계사들이 수백억 원의 매출을 올리던 안건회계법인,
부실감사로 몰락하다 _231

FIFA사업권을 따낸 우량기업이 감추고 있던 945억 원의 기업어음 _232

총 165억 원대에 달하는 손해배상청구소송의 시작 _237

2005년 3월, 안건회계법인의 비상탈출작전 _238

굴지의 대형회계법인이 벌인 충격적인 면피행위들에 대하여 _243

화해는 없다 _247

공인회계사 손해배상 공동기금에서 얻어낸 1차 보상 _249

보험기간 중 사고가 나도 소송이 뒤늦게 제기되면 배상할 수 없다고?
보험사의 논리에 반기를 들다 _251

집단퇴사로 회계법인을 껍데기로 만든 무책임한 이사들,
자신의 살길만을 찾은 그들에게 마지막 책임을 묻다 _254

7장 고객 돈을 끌어모아 퇴출을 면해보려 했던 재벌계 증권사
_현투증권 실권주 공모 관련 집단소송

은퇴자, 주식시장에 무지한 주부, 노인……
창구직원들과 광고의 감언이설에 속절없이 넘어가다 _259

예고된 붕괴, 현투증권은 어떤 회사인가 _264

대우사태로 타격을 입은 금융시장, 동요하는 주주들 _266

기발하지만 이기적인 회생책, 기존 주주들도 버린 실권주를 고객에게 떠넘기다 _268

현투증권의 공격적인 마케팅 활동,
불량주식 청약에 우르르 달려든 우량고객들 _269

전체 원고 수 1483명, 투자금 325억, 7차에 걸친 마라톤 소송이 시작되다 _274

김앤장, 태평양, 바른 등 유수의 대형로펌들과 벌인 7년 9개월간의 싸움 _276

전략적인 고려와 진실 사이에서 _277

국민을 상대로 한 거대한 사기극인가,
퇴출 위기 기업의 실패한 자구 노력인가 _279

집단소송의 어려움,
인터넷조차 못하는 고령의 원고들과 함께한 7년의 싸움 _283

현투증권의 부실을 까발린 문제의 '갑제14호증'을 나는
어떻게 손에 쥐게 되었나 _284

"고객에 대한 보호의무를 저버린 불법행위" _285

1500여 명의 피해자들이 지지해주었기에 가능했던 열정의 변론 _289

8장 금배지를 단 채 태양광 아래로 추락해버린 유망 중소기업인
_에이치앤티 주가조작사건

테마주 주가조작사건의 원조, 태양광에너지의 빛과 어둠 _293

IMF 이후 삼성전자에 하드디스크 부품을 납품하며 주목받은 기업,

에이치앤티 _295

휘황한 성공스토리와 화려한 언변으로 유명세를 날린 CEO,
너무 높이 떠버린 회사 _296

삼성전자 정책 변경과 매출 급감에 쓰나미를 맞다 _297

그 모든 것이 사기였다니! _299

태양에너지의 원소재, 최고 1조 달러 가치의 규사광산?

투자자들을 호도한 규사광산의 진실 _302

도덕성도, 사업추진 의지도, 아무것도 없었다 _304

1조 원이 넘는 투자금액,
사업 무산과 주가 폭락으로 어둠에 내팽개쳐진 수만 명의 사람들 _306

내가 재판부에 피력하려 했던 단 한 문장 _308

야당 국회의원에 대한 표적수사? 재판부의 결단 _309

나를 원망하는 피고를 구치소에서 접견하다 _314

주식을 구매한 시기에 따라 갈린 책임제한과 손해배상액 _315

개미들을 위한 소송에서 가장 중요한 것은 판결에서 이기는 것이 아니라
판결금을 받아 배상까지 완료하는 것이다 _317

인터넷 시대, 허위사실로 주가시세를 끌어올리려는 유언비어도 난무한다 _318

9장 **공모주 청약 직후 부도를 낸 두 회사와 투자자들의 엇갈린 운명**
_엔트와 한일약품공업 부실공모 소송

영광과 좌절이 교차한 두 건의 사건 _323

환호에서 좌절로 — 엔트 사건 _325

좌절에서 환호로로 — 한일약품공업 사건 _336

씨모텍 사건, 동부증권과의 2차전을 준비하며 _341

1장

개미들의 반란

— 대우전자 소액주주운동과 분식회계소송

대법원 2006다16758호 사건

법정 밖에서 대형로펌의 중견변호사와 마주쳤다.
그 변호사는 만면에 미소를 지으면서 이렇게 말하는 것이었다.
"그러길래 왜 우리를 건드렸냐"고.
거대한 악에 직면했지만 내가 할 수 있는 것은 아무것도 없었다.
소송에 지는 것보다 힘든 것은
내가 아무것도 할 수 없다는 것을 인정하는 것이었다.

"세계는 넓고 할 일은 많다"던 대우그룹의 패망, 장부는 좁고 부채는 많았다!

한때 재계순위 2위까지 올랐던 대우그룹이 패망에 이른 진짜 이유에 대해서는 아직도 견해가 갈린다. "세계는 넓고 할 일은 많다"던 김우중 회장에 대한 엇갈린 평가만큼이나 말이다. 하지만 대우그룹 상장계열사의 소액주주들 입장에서 볼 때 대우그룹은 분식회계로 부실을 숨기면서 몸집을 부풀리던 부실 재벌이고, 김우중 회장은 자신의 야망을 추구하기 위해서 편법을 서슴지 않았고 그 결과에 대해서는 책임지려 하지 않았던 배짱기업인이었다.

대우그룹의 회계투명성에 대한 의구심은 전문가들 사이에서는 일찍부터 제기되었다. 대우그룹은 1970년대 중반부터 작성해오던 영문판 연결재무제표[1]를 1990년대 중반부터 아예 작성하지 않았으며, 1996년

8월에는 젊은 공인회계사들이 대우그룹 계열사의 회계감사와 관련하여 양심선언을 준비했다가 무산되는 일까지 있었다. 1997년에는 금융감독원의 감사 결과 계열사별로 크게는 수천억 원 규모에 이르는 분식이 적발되었지만 어찌된 일인지 경미한 징계조치만 내려진 채 쉬쉬하며 덮였다.

하지만 좋은 게 좋은 것이고 결국은 잘될 것이라는 전문가들과 감독당국의 무책임한 낙관주의는 대우의 부실을 더욱 크게 키웠으며 결국 도저히 감당할 수 없는 수준에까지 이르게 했다. 1999년 8월 대우그룹의 워크아웃이 결정된 후 대우그룹 채권단의 의뢰를 받아 삼일회계법인이 실사를 시작했는데 그해 11월 초 드러난 실사 결과는 가히 충격적이었다. 회계장부와 실사 결과 간에 자산규모에서 무려 42조 9천억 원이라는 차이가 있음이 드러난 것이다. 물론 회계감사와 실사 기준 간에 차이가 있을 수 있으므로 42조 원이 전부 다 분식을 의미하는 것은 아니었다. 하지만 적어도 대우그룹 계열사의 재무제표에 엄청난 규모의 분식이 있다는 것은 확실했다. 그후 금융감독원이 1999년 12월부터 2000년 9월까지 가동시킨 '대우그룹 분식회계 조사·감리 특별반'의 활동을 통해 드러난 대우그룹의 분식회계 규모는 22조 9천억 원이었다. 분식항목 중 가장 큰 비중을 차지한 항목은 약 15조 원에 달하는 부외부채[2]였고 그다음은 받을 수 없는 부실채권을 대손상각[3]하지 않고 그대

1 한 회사가 다른 회사에 영향력을 행사할 정도의 충분한 주식을 가졌을 경우, 독립법인이라도 사실상의 지배종속관계를 형성하고 있다고 보아 단일한 재무제표를 작성하는 것.

2 회계장부상 드러나지 않은 숨겨진 부채.

3 어떤 채권을 회수할 수 없을 때, 자산항목에서 제외하고 손실 처리하는 것.

로 장부에 올린 4조 원, 그다음으로는 가짜 재고자산 3조 원이었다.

대우그룹의 패망과 사상 초유의 분식회계의 와중에 제기된 대우전자 분식회계소송은 대우그룹의 분식과 관련하여 가장 많은 피해자들이 집단적으로 제기한 소송에 해당한다. 다른 대우계열사인 대우중공업과 주식회사 대우에도 소송이 제기되었지만 피해자들의 숫자, 그리고 배상청구액의 규모에서 대우전자에 크게 미치지 못했다.

금융감독당국과 법원까지 인정한 명백한 분식회계사건이었음에도 불구하고 대우전자 분식회계소송은 장구한 시일에 걸쳐 격렬한 법률적 공방이 이루어지는 바람에, 최종적으로 배상이 이루어지기까지 무려 10년에 가까운 세월이 소요되었다. 너무도 명백한 분식이었지만 피해보상의 길은 너무도 멀고 험했다.

대한민국 최초의 온라인 개미주주운동 사이트 개설, 그러나……

대우그룹의 패망, 분식회계, 감자減資[4] 조치 등은 대우전자 외에도 주식회사 대우, 대우중공업, 대우통신 등 여러 상장계열사에서 일어난 공통적인 현상이었지만, 그중 소액주주들의 활동이 가장 활발하게 전개

4 감자란 자본감소, 즉 자본금을 줄이는 것을 의미한다. 감자는 주식을 소각하거나 병합하는 식으로 이루어지므로 예컨대 10주를 가진 주주의 소유가 1주로 줄어드는 결과를 야기한다. 통상 그후 제3자 배정 등에 의한 유상증자가 따르게 되는데, 이 유상증자를 통해 들어오는 새로운 주주들에게 회사의 지배권을 넘겨주는 효과를 갖는다.

되었던 회사는 대우전자였다. 대우전자의 소액주주들은 인터넷에 '개미주주'라는 뜻을 가진 홈페이지(www.antjuju.com)를 개설한 후 인터넷을 통해 소액주주들의 힘을 결집해 법정 안팎에서 갖가지 투쟁을 전개했다. 전국 각지에 흩어져 있는 주주들을 한 장소에 모은다는 것이 물리적으로 불가능한 상황에서, 인터넷은 소액주주들을 모아 한목소리를 내도록 하는 매우 유용한 수단이 될 수 있었는데, 인터넷을 통한 소액주주운동의 선구가 되었던 것이 바로 이 개미주주 사이트였다.

이 인터넷 사이트의 개설자는 대우전자의 소액주주였던 심모씨로서 대우전자의 주식 33,330주를 보유하고 있던 당찬 젊은 주부였다. 심모씨는 이후에 제기된 각종 소송에도 원고로 적극 참여하여 여러 판결문에 자신의 이름을 올렸다. 개미주주 사이트를 매개로 한 대우전자 소액주주운동본부는 2000년 3월부터 활발하게 활동을 전개하여 대우전자 채권단에 의해 주도된 '액면미달발행 출자전환[5]'을 위한 주총결의에 대하여 그해 4월 11일 서울중앙지법으로부터 주총결의 효력정지 가처분 결정을 얻어냈다. 그리고 이듬해인 2001년 3월에는 소액주주의 대표를 사외이사로 선임하는 데 성공하는 등 각종 성과를 거두었다. 하지만 그 후 대우전자 소액주주운동본부는 손해배상청구소송을 통해 피해보상

5 액면미달발행이란 신주新株를 발행할 때 적용하는 발행가를 액면가(대우전자의 경우 5천 원)에 못 미치는 낮은 가액으로 매기는 것을 의미한다. 액면미달발행은 자본금의 증가에 못 미치는 현금을 유입시켜 재무구조를 악화시키고 기존 주주들의 이익을 해할 수 있으므로 주주총회의 특별결의를 얻도록 하고 있다. 또한 출자전환이란 새 주식의 발행금액을 납입할 때, 현금으로 하지 않고 보유하고 있는 그 회사의 채권을 현물로 출자하는 것을 의미한다. 당시 대우전자는 액면미달발행 출자전환이 이루어질 경우, 대우전자의 채권금융기관들은 현금 출자 없이 대우전자의 대주주 지위를 얻을 수 있게 되는 상황이었다.

에 주력한 측과 감자 저지, 경영 정상화를 도모하는 데 주력한 측으로 나뉘어 그 힘이 분산되었다. 당시 운동에 참여한 대우전자의 주주들 중에는 대우그룹의 부실이 드러난 1999년 11월 이후에 대우전자의 회생을 믿고 투자한 주주들이 많았다. 이들은 대우전자 분식회계의 소송당사자가 되기 어려웠기 때문에 이들이 다수를 점하고 있던 대우전자 소액주주운동본부는 소송보다는 감자 저지 등에 주력하는 방향으로 갈 수밖에 없었다.

개미주주 사이트와 관련하여 아쉬운 점은 현재 이 홈페이지가 폐쇄되고 사이트에 올라왔던 많은 글과 자료들이 없어져버려 대한민국 최초의 소액주주운동 사이트에 대한 기록이 유실됐다는 점이다. 하지만 이 사이트를 통해 이루어진 법정투쟁의 결과가 각종 법원 판결과 결정문의 형태로 남아 있는 점이 다행이라면 다행일 것이다.

또다른 아쉬운 점은 많은 소액주주들이 초기의 성공에 지나치게 고무되어 운동의 방향을 적절히 전환하지 못하는 바람에 결국은 실리를 취하지 못했다는 점이다. 대우전자의 소액주주들은 2000년 10월에 대우전자, 김우중 회장, 안진회계법인 등을 상대로 분식회계에 따른 손해배상청구소송을 제기했다. 그런데 소송에 참여할 수 있었던 소액주주들 중 상당수가 이 소송에 참여하지 않고 감자 저지 투쟁에 치중했고 결국은 보상을 한푼도 받지 못했다. 대우전자가 부실화되어 기업으로서의 존속가치가 없다는 것은 엄연한 현실이었고, 이러한 대우전자의 경영 정상화를 소액주주들이 도모한다는 것은 비현실적인 것이었다.

돌이켜보면 소액주주들이 객관적인 현실을 직시할 수 있도록 내가 좀더 노력했더라면 하는 아쉬움이 있다. 하지만 그 당시는 나 자신도 상황을 객관적으로 이해하는 데 한계가 있었고 비관적인 현실을 직시하지 않으려는 소액주주들을 효과적으로 설득할 능력도 부족했다. 결국 2000년 10월을 기점으로, 나는 소송을 통한 보상을 추구하는 소액주주들만을 대리하여 손해배상청구소송을 하는 데 주력했으며, 대우전자 소액주주운동본부는 대우전자에 대한 감자를 저지하는 쪽으로 활동을 전개하게 되었다.

격리된 개미주주들의 눈물, 2000년 3월 24일 희대의 날치기 주총

내가 대우전자 소액주주들과 첫 만남을 가진 것은 2000년 3월 중순경 역삼동에 있던 나의 변호사 사무실에서였다. 그때는 대우사태의 촉발 이후 처음으로 개최되는 대우전자의 정기주주총회를 열흘 정도 앞둔 시점이었다. 대우전자 정기주총은 2000년 3월 24일 금요일 오전 9시 여의도에 있는 전경련 국제회의장에서 개최될 예정이었다. 당시 상정된 안건 속에는 대우전자에 대한 기업구조 개선작업(워크아웃)의 핵심 전제조건에 해당하는 감자, 부채 출자전환을 실행하기 위한 정관定款[6] 변경과 신주 액면미달발행이 포함되어 있었다.

6 법인의 목적, 조직, 집행 방식 등에 관한 규칙.

대우전자에 대한 워크아웃 계획은 1999년 11월 25일에 발표되었는데 대우전자의 지분 약 92%를 보유한 약 7만여 명의 소액주주들은 이 워크아웃 계획에 포함된 감자 및 부채의 출자전환에 반대하는 입장을 견지하고 있었다. 소액주주들이 반대하는 이유는 크게 두 가지였다. 첫째는 대우전자에 대한 채권단의 실사 결과가 소액주주들에게 공개되지 않았고, 둘째는 대우전자가 회생에 성공할 경우 회생에 협조한 소액주주들의 손실을 회복시킬 수 있는 방안(예컨대 감자된 주식에 상응하는 신주 배정권한 부여 등)이 전혀 강구되지 않았기 때문이었다. 따라서 소액주주들은 채권단과 회사경영진에 의해 일방적으로 이루어지는 대우전자의 워크아웃에는 반대한다는 입장을 굳힌 것이다. 그러나 대우전자 경영진은 이미 정기주주총회에서 정해진 워크아웃 관련 안건들을 그대로 처리하기로 마음먹은 상태였다. 대우전자는 기존 정관상 주주에게만 인정되었던 신주인수권을 제3자에게도 부여하기 위한 정관 변경안과 신주를 액면에 미달하는 금액으로, 그것도 현실적인 주금의 납입이 아니라 기존의 부채를 출자전환하는 방식으로 48개 채권금융기관에 발행해주기 위한 신주 액면미달발행 안건을 포함한 주주총회 소집공고를 강행했다.

이에 대우전자의 소액주주들은 회사의 비협조적인 태도와 촉박한 일정 속에 금융감독원에 의결권 대리행사 권유신고[7]를 마쳤다. 그후 다른 소액주주들을 상대로 위임장을 모으기 시작해서 주총 전날까지 발행

7 의결권 대리행사 권유신고는 주주들로부터 의결권 대리행사에 필요한 위임장을 얻기 위해서 권유하는 활동, 즉 위임장 쟁탈전proxy fighting을 개시하기 전에 법령이 정하는 바에 따라 금융감독원에 행하는 신고이다.

주식 총수의 13%에 해당하는 총 1090만 주 이상의 위임장을 확보하는 데 성공했다. 그런데 소액주주들은 대우전자보다 10일 먼저 주총을 가진 대우중공업의 주주총회에서 안건들이 날치기로 통과되는 것을 목도했고, 대우전자에서도 마찬가지의 사태가 발발할 것을 예견할 수밖에 없는 상황이었다. 대우전자 소액주주들은 회사측의 날치기 주총에 대응할 법률전문가를 수소문하던 중 당시 참여연대 경제민주화위원회가 벌이는 소액주주운동에 참여하고 있던 나를 찾아오게 되었다.

참여연대 소액주주운동의 시작과 끝

참여연대 소액주주운동이란, 시민단체 참여연대가 1997년 초부터 2006년 중반까지 상법상 소수 주주들에게 부여된 각종 권리를 활용하여 재벌기업과 금융기관 등을 상대로 펼쳐온 기업지배구조 개혁운동을 말한다. 참여연대 소액주주운동이 과연 어떤 운동이었는지에 대해서는 보는 사람에 따라 견해가 각각 다를 수 있다. 어떤 사람은 재벌개혁운동의 일환으로 보기도 하고, 어떤 사람은 영국과 미국에서 기관투자자들이 주도한 주주행동주의의 일종으로 보기도 한다. 한편에서는 소액주주들의 재산권을 보호하려는 작은 권리 찾기 운동의 일종으로 보기도 한다. 그래서 참여연대 소액주주운동은 진보진영과 보수진영 양쪽으로부터 좌파운동이라든가, 신자유주의운동이라는 공격을 받기도 했지만, 좌우를 막론하고 많은 국민들로부터 지지를 받기도 했다.

참여연대 소액주주운동이 1997년 1월 발생한 한보그룹사태를 계기로 한보철강에 거액의 부실대출을 행한 제일은행 경영진을 상대로 처음 시작된 것이라는 점에 대해서는 이견이 없다. 하지만 참여연대 소액주주운동이 언제까지 지속되었는지는 명확지 않은데, 내 생각으로는 2006년 중반 참여연대 경제개혁센터가 전문가단체인 경제개혁연대로 분화하여 재편되었으므로 시민운동으로서의 소액주주운동은 2006년 중반에 사실상 일단락되었다고 본다. 그 이후에는 경제개혁센터와 같은 전문가단체나 연금기금 등 기관투자자, 자발적인 소액주주모임, 소액주주들을 대리하는 변호사들에 의해서 소액주주운동이 이어지고 있다고 보아야 한다.

나는 우선 대우전자 소액주주들을 대리하여 주총 전 두 차례에 걸쳐 보낸 내용증명을 통해, 향후 개최될 정기주주총회의 운영과 관련하여 불법이나 편법을 삼갈 것을 경고했다. 즉 대우중공업의 선례를 거울삼아 1) 주총 개시 훨씬 전부터 직원주주들을 동원하여 주총회장의 좌석을 미리 점거하는 사례, 2) 본인 확인과 컴퓨터 작업, 컴퓨터 에러 등을 이유로 주주들의 주총장 입장을 지연시키거나 방해하는 사례, 3) 소액주주들의 반대를 봉쇄하기 위하여 정상적이지 못한 방법으로 의안을 변칙 통과시키는 사례, 4) 주주들의 반대를 묵살하고 일괄투표를 행하는 사례, 5) 기타 주주권의 원활한 행사를 방해하고 표결 결과를 왜곡할 우려가 있는 사례를 삼갈 것을 통지했다. 아울러 대우전자 소액주주운동본부는 언론을 상대로 '대우전자는 발행주식 총수의 92%를 보유한 소액주주들의 정당한 의결권 행사를 방해하지 말라'는 취지의 보도

자료까지 배포하면서 주총장을 봉쇄할 움직임에 대한 사전 경고메시지를 전달했다. 하지만 이러한 사전 경고에도 불구하고 대우전자의 경영진은 직원들을 동원하여 주총장을 점거한 후 주주들의 입장을 방해해 참여를 무산시켰다. 그리고 상정된 의안 역시 아무런 토의나 표결절차를 거치지 않고 주주들의 항의를 묵살한 채 일방적으로 통과를 선언하는 방식으로 가결하여 문제의 안건들을 통과시켰다.

이 결의의 효력을 다투기 위해 내가 법원에 제출한 가처분신청서에 설명해놓은 당시 주주총회의 상황을 그대로 옮겨보면 아래와 같다.

> 당일 피신청인회사의 주주총회는 오전 9시에 서울 영등포구 여의도동에 소재한 전경련회관 1층 강당에서 개최될 예정이었습니다. 신청인들을 비롯한 주주들은 주주총회 개최 약 세 시간 사십 분 전인 오전 5시 20분에 도착하였으며 근처 식당에서 아침식사를 마친 후 약 한 시간 뒤인 오전 6시 20분에 회의장인 3층으로 올라갔습니다. 신청인들이 주주총회 개최 훨씬 전에 간 이유는 신청인들이 소액주주들로부터 받은 위임장이 무려 1300여 장에 달하고 여기에 각종 증빙자료가 첨부되어 있기 때문에 이를 일일이 다 전산입력하는 데 상당한 시간이 소요될 것이 예상되었기 때문입니다.
>
> 당시 피신청인회사의 주주총회가 열린 전경련 국제회의장에 입장하기 위해서는 3층 로비를 통해야 하는데 로비로 들어가려면 유리문을 통과하도록 되어 있습니다. 그러나 이미 유리문은 막혀 있었고 그 안과 밖에는 피신청인회사의 직원들로 추정되는 수백 명의 남자들이

로비를 점거한 채 신문지를 깔고 누워 있었으며(피신청인회사 직원들의 말에 따르면 오전 5시경부터 와 있었다고 함) 수십 명에 이르는 용역 경비원들이 유리문 안팎에서 삼엄한 경계를 펴고 있었습니다.

신청인들을 비롯한 주주들은 유리문을 통해 로비로 진입하고자 노력했고 대표를 내세워 피신청인회사 직원들에게 강력히 항의했으며 로비를 점거한 피신청인회사 직원들이 과연 주주인지 신분을 확인해줄 것을 요구했으나 피신청인회사측은, "8시부터 집계를 시작할 것이다" "이 사람들도 주주들이다" "순서대로 입장해야 한다. 이 사람들은 미쳤다고 5시부터 와 있었겠느냐" "여기는 다 찼으니 밖에서 기다려라"라고 하면서 신청인들을 비롯한 주주들의 입장을 막았습니다. 신청인들을 비롯한 주주들은 이러한 피신청인회사의 조치에 강력히 항의했으나 결국 뜻을 이루지 못했고, 피신청인회사의 주총 담당자가 8시 이후 피신청인회사 직원들과 소액주주들을 똑같이 입장시키기로 약속함에 따라 회의장 유리문 밖의 공간에 플래카드를 설치하고 집계가 시작되기를 기다렸습니다.

그러나 집계작업은 당일 오전 8시 20분에야 시작되었으며 그때까지 로비 바닥에 누워 있던 피신청인회사의 직원들은 모두 일어나 단말기 앞에 한 줄에 수십 명씩 길게 줄을 늘어섰으며, 회의장 안팎에 있던 경비원들은 회의장 앞에서 팔짱을 끼며 주주들의 출입을 봉쇄했습니다. 피신청인회사의 관계자들은 소액주주도 함께 입장시키기로 한 약속조차 지키지 않았습니다. 그때부터 명목상으로는 주주 확인 및 등록이 시작되었으나, 로비를 점거하고 있던 피신청인회사 직원들이 이미 긴 줄을 형성하고 있었으며, 피신청인회사 책임자는 단말기 담당자들에게 한명 한명 천천히 확인하여 시간을 끌 것을 독려하는 등 사실상 일반주주들의 의결권 확인 및 입장을 저지했습니다. 주주의 의결권을 확인하기 위해서는 주주명부에서 당해 주주의 이름과 주식 수를 확인하고 주주의 신분이나 위임사실을 확인한 후 입력을 거쳐 투표용지를 출력하는 시간이 소요되므로 애당초부터 8시 20분에 시작된 집계가 한두 시간 안에 끝날 것을 기대하기는 어려운 상황이었습니다. 신청인들을 비롯한 소액주주들은 직원들의 주식 수가 전산입력과정에서 조작되는 것을 감시하고 출석주식수가 성원에 달하는지를 감시하기 위하여 컴퓨터 단말기마다 한 명씩 배치하여 집계되는 주식 수를 체크하는 한편, 담당이사인 소외訴外 김○○에게 주총장에 소액주주들의 좌석을 확보해줄 것을 요구했으나 소외 김○○ 이사는 명확한 입장을 표명하지 않고 최대한 협조하겠다는 뜻만을 전했습니다.

당시 소액주주들 중 일부는 등록을 부당하게 지연시키는 것에 항의해 등록을 하지 않고 그대로 주총장에 난입할 것을 주장하기도 했으나, 수십 명의 경비원들이 삼엄한 경비를 펴고 있는데다가 자칫 소란을 일으킬 경우 피신청인회사에게 밀실통과의 빌미를 줄 것을 우려하여 그대로 기다리는 것밖에는 도리가 없었습니다. 더구나 당시 피신청인회사의 주총담당자는 소액주주들이 들어오지 않으면 마치 성원이 되지 않을 것처럼 언급하는 등 집계 및 입장이 지연되고 있는 소액주주들을 주총 시작시간에 관계없이 모두 입장시킬 것으로 믿게 하기까지 했습니다.

그러나 이러한 최소한의 신뢰마저 피신청인회사는 여지없이 깨버리고 말았습니다. 피신청인회사는 직원들의 입장이 약 90% 정도 진행되면서 주총장 1층 전체가 피신청인회사 직원들과 피신청인회사와 사전에 모의한 주총꾼들에 의하여 완전히 점거된 오전 9시 40분경에 전격적으로 성원보고를 하여 주주총회를 개회했습니다. 추후 비디오녹취물에 나타난 바에 따르면 오전 9시 40분 현재 성원보고상으로는 발행주식총수 84,819,368주(총 주주 73,070명) 중 자기 주식 및 자사주 펀드주식을 뺀 총 의결권 있는 주식수 83,394,656주 중 54,015,867주(주주 수 1253명)가 이 사건 주총에 참석한 것으로 되어 있었습니다.

그러나 이러한 성원보고 자체부터 대단히 잘못된 것입니다. 왜냐하면 성원보고 당시는 물론 그 이후에도 아직 주주들의 등록이 진행중이었으며, 특히 회사측 의안에 대한 반대의사를 표시하여 의결권 대리행사를 권유한 신청인 신○○을 비롯한 의결권 권유자들조차 미처 등록을 마치지 못한 상태이었기 때문입니다. 또한 회사측이 참석한 것으로 보고한 54,015,867주 중 약 70%에 육박하는 3700만 주는 증권예탁원이 가진 일반개인주주들의 지분입니다(이는 주총과정에서 회사측이 자인한 내용임). 그러나 증권예탁원은 일반개인주주들이 주주총회에 참석하여 직접 의결권을 행사하지 않을 경우에만 의결권을 행사할 수 있으므로(증권거래법 제 174조의 6 제4항) 일반개인주주들이 계속 입장하고 있는 상황에서는 증권예탁원이 행사할 수 있는 의결권의 수 자체가 확정되지 않은 상황이었습니다. 또한 피신청인회사가 위임받았다고 의장이 선언한 위임장은 전산등록절차를 전혀 거치지 않은 채 의장이 말로만 그 정도의 주식을 모았다고 했을 뿐 요건을 갖춘 위임장인지 여부조차 전혀 확인되지 않은 것이었습니다.

하여튼 피신청인회사는 직원들이 거의 입장하여 주총장을 메운 절묘한 시기를 선택하여 일반 소액주주들은 밖에 격리해둔 채 성원보고를 마친 후 의장의 인사말과 감사보고 및 영업보고를 일사천리로 진행했습니다.

그후 신청인들을 비롯한 주주들 중 일부가 겨우 주총장에 입장했을 때는 이미 1층 주총장이 피신청인회사의 직원들로 채워져 있어 개인주주들은 2층으로 격리되어 수용되었으며 이미 성원보고가 끝난 후 각종 보고를 마치고 의안심의에 들어갈 상황이었습니다. 제1호 의안인 재무제표승인의 건이 상정되었을 때 의장은 성원보고 당시 참석주주 수가 총 54,015,867주로서 이중 찬반 비율대로 투표하도록 되어 있는 증권예탁원의 주식 3700만 주를 제외한 나머지 주식 중 회사가 위임받은 주식이 15,116,526주임을 고지한 후 원안대로 통과하는 데 문제가 없으므로 원안대로 통과되었음을 일방적으로 선언했습니다. 당시 2층에 있던 소액주주들이 전산입력 주식 수가 100만 주에 미치지 못하는 점을 지적하면서 주식 수 확인 및 투표에 부칠 것, 계속 입장하고 있는 소액주주들의 지분을 합산할 것을 요구했음에도 불구하고 의장은 이러한 요구를 묵살하고 일방적으로 통과를 선언했습니다. 그 이후 제2호 의안인 정관일부개정의 건에 대하여도 2층에 있는 소액주주들의 항의에도 불구하고 의장은 의안에 대한 설명이나 토론을 완전히 생략하고 찬반을 묻는 절차나 표결조차 건너뛴 상황에서 의안이 통과되었음을 일방적으로 선언하기에 이르렀습니다. 제3호 의안인 이사선임의 건도 구체적인 이사선임 예정자의 인적사항조차 밝히지 않은 채 "원안 통과"가 되었음을 선포했으며, 제4호 의안, 제5호 의안인 액면미달신주발행승인의 건 역시 주주들의 항의를 묵살하면서 의장 혼자서 통과되었음을 선포했습니다.

개미주주들의 쾌거, 대우전자 워크아웃을 중단시키다

이러한 일방적인 날치기 주총결의에 대하여 소액주주들은 실망과 분노를 금할 수 없었다. 그래서 곧바로 각종 증거자료들을 정리하고 법적 검토를 거쳐 가처분신청에 들어갔는데 이것이 바로 대우전자 워크아웃을 사실상 중단시켰던 대우전자 주주총회결의 효력정지 가처분사건이었다. 당시 신청인으로 나선 사람들은 소액주주들의 위임장을 확보했던 심모씨와 2명의 주주들이었고 내가 이들을 대리했으며 피신청인인 대우전자는 법무법인 충정이 대리했다. 2000년 3월 30일 본안사건인 주총결의 취소소송과 더불어 가처분신청서를 법원에 제출한 후 첫 심문기일이 4월 7일 오후 2시 서울지방법원 352호 법정에서 열렸다. 이 심문기일에서 우리측은 주주총회에서의 파행, 결의의 하자 등을 주장한 반면 충정은 소액주주들 스스로가 총회를 보이콧하는 전략을 구사했다고 주장하면서 문제의 안건들이 통과되어야 할 불가피성을 피력하는 데 중점을 두었다.

담당재판부인 서울지방법원 민사 50부는 훗날 대법관이 된 박재윤 수석부장판사가 재판장을 맡은 수석재판부였다. 이 재판부는 서울지방법원에서 단행적 가처분[8]을 다루는 재판부였으므로 다수의 중요한 사건을 다루는 재판부였다. 가처분사건은 따로 선고기일을 지정하지 않고 심문을 종결한 후 결정문을 송달하면 그제야 결정 내용을 알게 되는데, 이 사건의 경우도 다른 사건과 마찬가지로 첫 기일에 심문이 종결되었고 그후 소액주주들은 초조하게 법원의 결정을 기다리고 있었다.

금요일에 심문종결이 있은 데 이어 그 다음주 화요일인 2000년 4월 11일 민사 50부는 소액주주들이 신청한 취지를 그대로 인용하여, 의장이 통과됐다고 선언한 주총안건, 즉 정관변경의 건과 액면미달발행의 건에 대한 효력을 정지시키는 가처분인용결정을 내렸다. 대우그룹 계열사의 워크아웃작업이 법원의 결정으로 중단되는 초유의 사태가 초래된 것이며 소액주주들을 배제한 주총결의의 효력을 정지시킨 드문 사례 중의 하나였다.

당시 이 가처분결정에 관하여 보도한 신문기사를 그대로 옮겨본다.

8 본안 소송의 결과를 미리 실현시키는 내용의 가처분.

법원, 대우전자 소액주주 주총결의 효력정지 받아들여… 워크아웃 중단

대우전자 소액주주들이 제기한 주주총회결의 효력정지 가처분신청을 법원이 받아들였다.

대우전자는 이번 결정으로 채권단 출자전환의 길이 막혀 기업 개선작업(워크아웃)이 사실상 중단 상태에 빠졌다.

법원의 결정이나 판결로 워크아웃이 중단되기는 이번이 처음이다.

서울지방법원 제50민사부(주심 박재윤 부장판사)는 11일 심모씨 등 3명의 대우전자 소액주주가 지난 3월 24일 열린 대우전자 주총결의과정에 문제가 있다며 제출한 '대우전자 주주총회결의 효력정지 가처분신청'을 받아들였다.

결정문에서 재판부는 "주주총회가 열리기 이전부터 심씨를 비롯한 소액주주들이 주총에 참석하겠다는 의사를 밝힌 동시에 주총 상정 안건에 대해 반대하겠다는 의견을 회사측에 전달하고 주총에 참석하려고 노력한 것이 인정된다"며 "반면 회사측은 이들의 입장을 고의적으로 방해하고 소액주주들에게 피해가 갈 수 있는 '신주발행'과 '자본감소' 등의 안건을 통과시켜 절차상 하자가 있는 만큼 본안소송까지 효력을 정지시킨다"고 밝혔다.

대우전자는 이날 지난 3월 주총결의를 통해 채권단으로부터 1차 기업개선작업에 필요한 840억 원을 받고 추후 절차를 통해 4천억 원을 출자받기로 돼 있었다.

대우전자는 지난 3월 주총에서 기업 개선작업에 필수적인 채권단의 출자전환을 유도하기 위해 액면가 이하의 신주를 발행하기로 결의했었다.

반면 대우전자 주총에 참석하기 위해 나왔던 소액주주단은 회사측의 방해로 자신들의 의견이 반영되지 않자 본안소송과 함께 가처분신청을 냈었다.

2000년 4월 11일 한국경제

이 가처분결정이 내려지자 대우전자 경영진은 그제야 대우전자의 기존 주주들 중 92%를 차지하는 소액주주들의 존재를 인정하고 각종 협상 등을 전개하기에 이른다. 물론 이러한 협상이 궁극적인 타협으로 이어진 것은 아니지만 이 가처분결정은 소액주주들의 참여를 배제한 막무가내식의 주주총회가 더이상 용인되지 않는다는 점을 분명히 한 의미 있는 결정이었으며 향후 분식회계소송 등에 필요한 동력을 확보하는 계기가 되었다.

이대로 당할 수는 없다! 분식회계소송의 시작

법원의 가처분결정을 받아내 대우전자 소액주주운동의 분위기가 한창 고무되어 있었던 2000년 10월 24일 대우전자의 소액주주들 360명은 내가 속한 법무법인 한누리를 통해 서울지방법원에 대우전자의 분식회계에 따른 손해배상을 청구하는 소장을 제출했다.

10만 명의 피해자, 360명의 원고……
분식회계의 책임은 과연 누구에게 있는가

이 소송의 원고들은 대우전자의 주식을 1998년 2월 28일부터 1999년 10월 25일까지 사이에 매수주문했던 주주들이었고, 피고들은 대우전자와 그 임원들, 그리고 대우전자의 회계감사를 맡았던 세동경영회계법인을 흡수합병한 안진회계법인이었다. 1998년 2월 28일은 1997

회계연도 감사보고서가 공표된 다음날로서 이날부터 대우전자 주식을 취득한 사람들은 분식된 재무제표를 기초로 형성된 주가를 정상주가인 것으로 믿고 투자한 것이라고 보았다. 그리고 1999년 10월 26일 언론에 대우그룹의 실사 결과가 보도되기 시작했기 때문에 이 이후에 투자한 사람들은 대우의 분식회계사실을 인지한 것으로 보아 1999년 10월 25일까지의 투자자들을 원고로 삼았다.

피고에 포함된 대우전자의 임원들은 분식회계가 이루어졌던 1997년 감사보고서와 1998년 감사보고서의 공표시점에 대우전자의 등기부등본상 이사 또는 감사로 재직중이던 자들로서 여기에는 대우그룹의 김우중 회장과 전○○, 양○○, 장○○ 사장 등 대우전자의 경영진은 물론 석모씨, 이모씨 등 사외이사들도 포함되었다.

바야흐로 원고 360명, 피고 13명인 다수 당사자의 다수 당사자를 상대로 한 소송이 막 시작된 것이었다. 대우전자의 주주명부상 주주는 약 7만여 명이었고 과거 대우전자 주식에 투자했다가 손실을 입은 투자자들까지 합치면 잠재적인 대우전자 분식의 피해자들은 10만 명이 훨씬 넘었을 것이다. 하지만 실제 소송에 참여한 투자자들의 숫자는 고작 360여 명 정도였다.

이런 소송을 하다보면 기자나 학자들이 늘 물어오는 질문이 있다. 피해자의 숫자는 훨씬 많은데 왜 극히 일부의 피해자들만 소송에 참여하느냐는 것이다. 하지만 이것은 엄연한 현실이고 또 그럴 수밖에 없는 구조적인 원인이 있다. 소송을 건다는 것은 일반인으로서는 매우 힘든 결정이다. 대개 사람들은 좋지 않은 일을 당했을 때 가급적 빨리 그 일을 잊어버리고 싶어한다. 소송을 걸어서 힘든 경험을 되살리고 싶어하지 않는다. 그리고 실제로 소송에 참여하기 위해서는 소송위임계약서와 위임장에 날인을 하여 신분증 사본과 함께 우편송부를 해야 하고 소송비용을 내는 등 번거로운 절차를 거쳐야 한다. 이 또한 쉬운 일이 아니다. 그리고 우리나라에서 이런 유의 소송은 오랜 시간이 걸리고 승산도 불투명하다. 소송을 하지 않는 것이 오히려 합리적인 선택인 경우가 많다고도 볼 수 있다. 소액 다수의 피해자들이 연루된 집단피해사건에서 집단소송제와 같은 집단적 구제절차가 필요하다는 것, 그리고 예외적으로라도 징벌적 배상제도가 인정되어야 하는 것도 이런 이유에서이다.

집단소송제와 징벌적 배상제

집단소송제란 한 명 이상의 대표당사자가 전체 피해자들을 대표하여 소송을 제기하고 승소하면 전체 피해자가 배상받을 수 있도록 하는 특수한 소송절차이다. 일반 소송절차에서는 원고가 되기 위해 적극적으로 소송에 참여하는 행위를 해야 하는 데 반해 집단소송의 경우에는 피해자이기만 하면 적극적으로 소송에서 빠지고자 하는 행위(제외신고)를 하지 않는 한 소송에 참여하는 효과가 발생한다. 적은 금액의 피해를 입은 다수의 피해를 구제하는 데 효과적인 이 제도는 영미에서 발달했으며, 우리나라에는 2005년 증권 분야에 처음 도입되었다. 하지만 절차가 복잡하고 범위가 좁아서 만 9년이 지난 시점까지 불과 6건 정도의 소송만 제기되고 있는 실정이다. 현재 정부와 정치권에서 이 집단소송제를 확대 시행하고 문제점을 보완하려는 움직임이 활발히 이루어지고 있다.

한편, 징벌적 배상제란 민사재판에서 가해자의 행위가 악의적이고 반사회적일 경우 실제 손해액보다 훨씬 더 많은 손해배상을 하게 하는 제도이다. 징벌적 손해배상은 보상적 손해배상만으로는 예방적 효과가 충분하지 않기 때문에 고액의 손해배상을 하게 함으로써 장래에 그러한 범죄나 부당행위를 다시 반복하지 않도록 하고, 동시에 다른 사람(또는 기업)이 그러한 부당행위를 범하지 않도록 예방하는 데 주목적이 있다.[9] 우리나라의 경우 징벌적 손해배상제도를 도입하자는 제안이 꾸준히 제기되어왔고, 최근에는 경제민주화 입법 바람을 타고 하도급거래 공정화에 관한 법률에서 일부 확대 도입된 바 있다.

개미주주들의 손해배상금액은 어떻게 책정했을까?

원고들은 소장의 첫머리에 원고들에 대하여 아래와 같이 소개했다.

원고들은 상장법인인 피고회사의 주식을 1998년 2월 28일(1997년 감사보고서의 공표시점)부터 1999년 10월 25일(삼일회계법인의 실사 결과가 언론에 공표되기 시작한 시점) 사이에 증권거래소를 통한 매수 주문을 통해 취득하여 이미 매도했거나 현재까지 보유하고 있는 자

9 『시사상식사전』, 박문각, 2013.

들로서, 피고들의 분식결산 및 부실감사로 인해서 왜곡된 피고회사의 재무정보를 기초로 높게 형성된 시장가격을 정당한 시장가격으로 믿고 피고회사의 주식을 취득하여 투자손실을 입은 자들입니다.

위 문구에서 보듯이 이 사건 소송의 근거는 피고들이 분식결산 및 부실감사로 인해서 왜곡된 재무정보를 공표했다는 점(증권사기), 원고들은 이 재무정보를 기초로 높게 형성된 시장가격을 정당한 시장가격으로 믿고 대우전자의 주식을 취득했다는 점(기망에 따른 투자), 그리고 이로 인해서 원고들이 손해를 입었다는 점이었다. 당시 증권거래법은 이와 같은 분식회계의 경우 분식된 재무제표를 믿고 투자해서 손해를 입은 사람들에 대한 배상책임을 규정하고 있고, 또 손해배상액수도 추정하는 조항을 두고 있었으므로 원고들은 이러한 증권거래법의 규정을 근거로 하여 소송을 제기한 것이었다.

원고들의 손해액은 이미 주식을 처분한 사람의 경우에는 취득가격에서 처분가격을 공제한 순투자손실액이었고, 아직 주식을 처분하지 않은 사람의 경우에는 취득가격에서 소송의 종결 시 시가를 뺀 금액이 되도록 되어 있는데, 일단 소장에서는 1인당 100만 원씩 해서 3억 6천만 원을 청구한 후 추후 손해내역을 확장해서 청구하기로 했다.

치열한 법정공방, 대우전자 사건의 주요 쟁점들

대우전자의 분식회계는 누구도 부인할 수 없는 사실이었고 금융감독원의 조사를 통해 이미 세부적인 내용이 공표된 상태였다.[10] 따라서 이 소송에서의 주요 쟁점은 안진회계법인(흡수합병 전 세동회계법인)의 책임 여부, 사외이사들의 책임 여부, 그리고 손해배상액 산정의 문제로 집약되었다.

기업의 조직적인 은폐, 감사한 회계법인에는 책임이 없다?

안진회계법인이 가장 강력하게 펼친 주장은 그들이 대우전자의 1998년 회계감사를 하면서 '적정'의견이 아니라 '한정'의견을 냈는데도 부실감사의 책임을 묻는 것은 부당하다는 것이었다. 안진회계법인을 대리하는 법무법인 태평양은 일반 회계감사가 부정 적발을 목적으로 한 정밀실사와는 달리 그 범위나 강도가 제한적일 수밖에 없다고 전제한 후, 대우전자의 분식회계는 대우그룹 내 계열사, 임원, 실무담당자, 해외 자회사 등 관련 조직이 서로 총체적으로 공모한 결과 회계 및 내부 시스템을 관장하는 임직원들에 의해서 수십 년간 자행되어온 것으로서 그 이전에 감독당국도 적발하지 못한 것이므로 당시 세동회계법인이 회계감사기준을 준수하지 않았다고 할 수 없으며, 특히 1998년 회계감

10 금융감독원은 대우전자의 분식회계 조사 결과를 발표하면서 대우전자 및 주요 임원들을 형사고발하거나 수사기관 통보 조치했으며 세동회계법인을 합병한 안진회계법인에 대해서도 손해배상 적립금 추가적립을 명하고 공인회계사 2명을 형사고발했다.

사보고서에서는 적정의견이 아닌 '한정의견'을 표명하는 등 나름대로 최선을 다했다고 주장했다.

안진회계법인은 금융감독원의 제재조치에 대해서도 행정심판을 제기해놓은 상태였으므로 안진회계법인(당시 세동회계법인)이 과연 감사인으로서의 주의 의무를 다한 것인지가 소송 초반의 주요 공방대상이었다.

그러나 원고측은 2001년 5월경 형사기록 송부촉탁을 통해 금융감독원의 감리자료를 모두 확보했고, 이로 인해 당시 세동회계법인 회계사들의 부실감사 실태를 상세히 파악할 수 있었으며, 참여연대에서 함께 활동했던 최영태 회계사의 도움을 얻어 이러한 부실감사가 과연 어떠한 회계감사준칙을 위반한 것인지를 종합적으로 파악할 수 있었다. 원고측은 감독원 조사자료에 나타난 부실감사의 실태를 상세히 진술하는 한편, 전문가인 최영태 회계사의 공증된 의견서를 제출하는 방법으로 회계법인의 부실감사 사실을 입증했다.

뒤바뀐 감사조서, 은폐된 부채…… 부실감사의 실상

특히 '한정의견'이었기 때문에 격렬한 공방의 대상이 되었던 1998년 회계연도의 외부감사와 관련하여, 우리측이 제시한 가장 결정적인 증거는 당시 실무책임 회계사인 최모 회계사의 감사조서 초안이었다. 이 감사조서는 금감원이 최모 회계사에 대해 징계를 논의하자, 최모 회계사가 자신이 나름대로 최선을 다했다는 것을 밝히기 위하여 자발적으로 금감원에 보낸 참고자료였다.

이 감사조서 초안을 보면, "매출채권 충당금 검토를 위한 자료 미제출로 인하여 검토하지 못함" "재고자산의 진부화陳腐化 등을 검토할 수 있는 자료를 제시하지 않아 검토할 수 없음" "재고자산, 시험연구비, 미수금, 예치보증금 등의 감사를 실시할 수 있는 자료 미제시로 감사하지 못함"이라고 기재되어 있고, 특히 주목할 것은 "감사 중 부외부채 발견→전반적인 은행계정의 신뢰성 문제 제기"라는 부분으로서, 이미 실제로 감사한 회계사들은 대우전자의 부외부채를 발견하여 알고 있었음을 추단케 했다.

이러한 이유로 최모 회계사는 종합감사의견을 '의견 거절'로 제시했다. 그러나 안진의 파트너 회계사 결재를 받은 98년 최종 감사조서를 보면 실무책임 회계사가 발견했다는 부외부채는 발견하지 않은 것으로 기재되어 있고, 종합감사의견은 '의견 거절'에서 단지 '매출채권 및 재고자산 일부에 대하여 범위제한으로 인한 한정의견'으로 변경되었다. 이는 결국 실무책임자의 의견을 매니저 또는 파트너 회계사가 무언가 석연치 않은 과정을 거쳐 번복한 것임을 드러내는 것이었다.

최모 회계사가 금감원에 보낸 팩스 자료를 보더라도 위 감사조서 초안은 자신의 세동 퇴사와 관련하여 "의견 형성에 배제되기 전까지" 자신이 작성한 'Final Note'라고 되어 있어, 당시 최종 감사의견 조율과정에서 실무책임 회계사와 매니저 또는 파트너 회계사 간의 갈등이 심각했음을 짐작케 했다. 실무책임 회계사가 지적한 사항조차 상급자에 의하여 번복된 이러한 개탄스러운 상황이, 바로 1998년 회계연도 외부감사의 실체였던 것이다.

우리는 이러한 자료를 바탕으로 하여 세동회계법인의 1997년과

1998년 회계감사는 단순한 부실감사의 수준을 넘어서서 고의적인 은폐 수준에까지 이른 것이라고 강력히 밀어붙였다.

거액의 배상금을 낼 수 있는 피고를 공략해 집요하게 다투다

대우전자 분식회계소송의 피고 중에서 거액의 배상금을 낼 수 있는 피고는 안진회계법인뿐이었다. 대우전자는 사실상 파산상태였고(실제로 나중에 파산선고를 받았다), 김우중씨를 비롯한 대우전자의 임원들도 거의 재산을 파악할 수 없는 상황이었다. 따라서 우리는 안진회계법인 쪽의 호주머니를 노리고 소송을 제기한 것이었고 이 소송에서 실질적으로 가장 격렬하게 다툰 상대방도 안진회계법인이었다. 안진회계법인이 1심소송 진행중 기존 대리인인 법무법인 태평양에 추가하여 김앤장 법률사무소를 선임함으로써 당시 국내 1, 2위의 로펌을 모두 선임한 것도 이런 실상을 반영한 것이었다.

하지만 실제 소송에서 패소할 경우 배상금을 낼 당사자는 안진회계법인이 아니었던 것 같다. 제반 사정으로 볼 때 소송의 실질적인 주체는 삼성화재 또는 다국적 회계법인인 '프라이스 워터하우스Price Waterhouse'로 추정됐다. 나중에 최종판결이 확정된 후 배상금을 지급한 주체는 삼성화재였는데 삼성화재는 아마도 일부를 한국공인회계사회에서 보상받고 또 어느 정도는 다국적 회계법인인 프라이스 워터하우스에 전가하지 않았을까 싶다. 구체적인 내막은 아직도 잘 모른다. 원고측은 피고들이 충분히 배상을 감당할 능력이 있고 또 위험을 분산 내지 회피했다는 사정을 적극 주장함으로써 피고측의 책임제한 주장에 대응했는데 해당 주장 부분을 아래에 인용해본다.

우선 피고 안진은 한국공인회계사회에 2000년 12월 4일자 기준으로 총 2,298,183,383원의 손해배상 공동기금을 적립하고 있어(2002년 말 현재 위 금액은 더 늘어났을 것으로 추정됨), 주식회사의외부감사에관한법률 제17조의 2, 같은 법 시행령 제17조의 6에 의거하여 위 공동기금의 2배에 해당하는 총 4,596,366,766원을 한도로 위 공동기금에서 분식회계에 따른 배상금을 지급하도록 되어 있습니다. 아울러 피고 안진은 삼성화재해상보험회사에 보험금액이 건당 4천만 달러(한화 약 480억 원 상당)인 손해배상책임보험에 가입되어 있으며, 이 사건 분식회계사고는 이 보험에서 부보(보장)되는 것으로 피고 안진측이 확인한 바 있습니다. 나아가 피고 안진은 소외 세동회계법인을 흡수합병한 회사로서 합병 당시 세동회계법인과 제휴를 맺었던 다국적 회계법인 프라이스 워터하우스로부터, 세동회계법인의 감사로 인해서 제3자에게 배상책임을 지게 될 경우 이를 전액 프라이스 워터하우스로부터 보상받기로 하는 약정을 맺은 것으로 알려지고 있습니다. 이와 같이 피고 안진은 이미 법적 장치에 의거하여 또는 자발적인 선택에 따라 이 사건과 같은 분식회계에 따른 위험을 회피하고 이에 따른 손실을 줄이기 위한 여러 가지 장치를 강구할 위치에 있었으며, 실제로 이러한 여러 가지 장치를 갖추고 있어 배상책임을 지더라도 그에 따른 손실을 피할 수 있는 반면, 원고들의 경우에는 이 사건과 같이 조직적으로 자행된 분식회계에 따른 손실을 회피할 아무런 수단이 없었던 상황이며 달리 손해를 회복할 수 없는 입장입니다.

기업의 사외이사에게도 분식회계의 책임이 있는가?

대우전자 분식회계소송에서는 대우전자의 사외이사 등 분식회계에 직접 관여하지 않은 임원들의 책임 여부가 또하나의 쟁점으로 다루어졌다. 원고측에서는 증권거래법상 대우전자의 이사들이 자신들의 무과실을 입증하지 못하는 한 사업보고서의 허위기재에 대해 연대하여 배상책임을 지도록 규정하고 있으며, 대우전자의 이사들이 주의 의무를 다하기는커녕 분식회계를 지시하고 또 묵인했으므로 당연히 연대책임을 져야 한다고 주장했다. 반면 대우전자의 이사들은 대우전자의 사외이사였던 석모 변호사가 소속된 법무법인을 피고측 변호사로 선임한 후 사외이사나 경리실무를 담당하지 않은 이사들의 경우 외부감사인에게 실제 감사를 의뢰하여 그 결과를 신뢰한 이상 과실이 있다고 할 수 없고 상당한 주의를 다하였지만 허위임을 알 수 없다는 취지로 반박했다.

우리가 피고에 사외이사들까지 포함한 것은 법적으로 볼 때 이들도 당연히 책임주체에 해당한다고 보았기 때문이다. 더구나 불특정다수의 피해자들을 원고로 삼아 소송할 때 책임주체로 포함시킬 수 있는 특정 피고를 제외할 경우 이를 일일이 설명하여 원고들의 동의를 얻는 것이 어렵기 때문에 원고측 변호사가 자의적으로 누굴 피고에 넣고 또 누굴 뺄 수도 없는 노릇이었다. 그리고 이런 소송의 경우 의외로 사외이사들 중에 자력資力 있는 피고가 있을 수 있으므로 소송 실익적 관점에서도 사외이사를 포함하는 것이 필요하다. 또 사외이사들까지 분식회계에 대한 책임을 지울 경우 선례적인 의미가 크다는 측면도 있었다.

하지만 피고들을 많이 넣는다고 해서 장점만 있는 것은 아니다. 우선 피고측에서는 이러한 소송을 이른바 '저인망식 소송'이라고 하면서 크게 반발하는 것이 일반적이고, 피고들이 과다한 배상책임에 따른 고통을 피력하는 '읍소형 주장'을 제기할 경우 재판부에도 큰 부담이 될 가능성이 높다. 특히 우리나라 민법상 공동불법행위의 경우 가해자들의 가담 정도와 무관하게 전체에 대해서 공동책임을 지고 책임비율이 달라지지 않는다는 원칙이 판례로 확립되어 있다. 따라서 가담 정도가 약한 사외이사들도 수백억원에 달하는 배상책임을 지는 결과가 야기될 수 있어 재판부가 동정심에 아예 전체적으로 책임을 제한해주는 경우가 발생할 수도 있다.

연대책임과 비례책임

연대책임은 다수의 채무자들에게 배상액 전체에 대해 공동책임을 지도록 하는 방식으로서 공동불법행위의 피해자들로 하여금 자력 있는 채무자로부터 전액을 배상받도록 함으로써 피해자들을 두텁게 보호하기 위한 제도로 일컬어진다. 하지만 실상 재판과정에서 보면 이런 연대책임제도 때문에 법원이 필요 이상의 과실상계를 하게 되고 오히려 피해자들에게 과소배상이 이루어지는 단초가 되기도 한다. 미국의 1995년 증권법은 가해자들이 불법행위 가담 정도에 따라 비례책임을 지되 일부 피고의 변제자력이 부족한 경우 나머지 피고들이 그 부족한 부분을 역시 비례책임의 형태로 부담하도록 하는데, 오히려 이러한 비례책임제도가 실질적으로는 피해자들의 보호에 더 유리한 것으로 보인다.

따라서 원고측에서는 피고들 중 특히 가담 정도가 약한 사외이사나 김우중 회장을 제외한 나머지 경영진들을 상대로 화해를 시도했다. 이러한 화해 시도는 1심판결이 내려진 이후에 본격 가속화되었는데 이에 따라 5명의 이사와 1명의 감사와 합의하고 총 7억 6천만 원을 수령하여 원고들에게 분배했다.

분식회계와 부실감사 때문에 손해가 생겼는가?
아니면 그 사실이 세상에 드러남으로써 손해가 생긴 것인가?

대우전자의 분식회계는 명백했고 부실감사도 충분히 입증된 상태였으므로 결국 가장 큰 쟁점은 과연 원고들의 손해와 분식회계 내지 부실감사 간의 인과관계를 인정할 수 있는가의 문제였다.

안진회계법인측은 비록 분식회계가 있었고 부실감사가 있었다 하더라도 원고들의 주식매입행위와 부실한 감사보고서와는 인과관계가 없다느니(거래 인과관계의 부정), 원고들의 주식매매 손실과 감사보고서 간에 인과관계가 없다느니(손해 인과관계의 부정) 하면서 자신들의 책임을 부정했다. 우선 안진측은 자신들의 회계감사보고서가 공시된 이후 대우전자의 신용등급이 투자부적격으로 하락하는 등 신용상태와 자력이 급속도로 악화되었으므로, 이 시점 이후에 주식을 취득한 원고들의 주식거래는 감사보고서의 허위기재와 인과관계가 없다고 주장했다. 그리고 원고들의 손해 중 피고 대우전자의 분식결산과 인과관계가 있는 손해액은 분식결산이 밝혀진 1999년 10월 26일 이후의 주가하락분이라고 할 수 있는데, 이 사건에서는 분식결산이 드러난 이후 이로 인한 주가하락은 없었다는 주장을 펴면서 피고들이 배상할 손실이 없다고 주장했다.

이 같은 쟁점들은 주로 2심에서 격렬한 공방의 대상이 되었는데, 뒷부분에 자세한 내용이 이어지겠지만 2심 계류중 대우전자의 일부 주주들이 제기한 다른 소송의 항소심재판부가 피고들의 논리를 받아들여 원고들의 청구를 전부 기각하는 상황이 벌어지기도 했다. 이 쟁점은 분식회계로 인한 손해의 본질을 어떻게 볼 것인가의 문제와 연결되어 있었다. 원고들은 이를 분식회계로 인해서 부풀려진 주가에 주식을 산 데 따른 손실(주식을 고가취득함에 따른 손실)이라고 본 반면, 피고들은 분식회계 사실이 드러남으로써 주가가 하락한 데 따른 손실(분식회계사실 공표에 따른 손실)이라고 보는 큰 관점의 차이가 있었다.

우리는 증권거래법 제15조가 취득가격에서 처분가격을 뺀 가격을 손해로 추정하고 있다는 점, 손해 인과관계를 부정하는 입증책임은 피고들에게 있는데 주가하락의 원인이 분식회계 이외의 원인에 있다는 것에 대한 입증이 없다는 점 등을 들어 피고들의 주장을 반박했는데, 이 손해 인과관계의 쟁점은 소송기간 내내 치열한 법리공방의 대상이 되었다.

판사들은 왜 그토록 애매모호한 '과실상계'를 좋아하는가?

피해자들을 대변하여 원고소송을 수행하는 경우 가장 힘든 부분이 바로 이 '과실상계'의 문제이다. 과실상계는 그야말로 아무런 공표된 기준도 없이 판사들이 막연한 이유들을 들어 배상액을 대폭 감액하는 근거가 된다. 힘들게 불법행위를 입증하고 손해를 입증해도 징벌적 배상은커녕 실손해조차 반 토막으로 깎아버리는 데는 참으로 손쓸 방법이 없다.

판사들이 과실상계를 좋아하는 까닭은 우선 일방에게 책임을 다 묻는 것보다는 가해자와 피해자 쌍방 간에 어떻게든 손해를 분담시키는 것이 공평하다고 막연히 생각하기 때문이고, 둘째로 대부분의 판사들이 현상 유지적인 성향이 있어 현상을 변경시키는 것에 대한 거부감이 크기 때문이다. 또 일부 판사들은 피해자들이 어리석기 때문에 이를 적당히 징벌해야만 오히려 피해가 재현되지 않을 것이라는 믿음을 갖는 경우도 있다. 영미에서는 일반인들이 배심재판에 참여해서 손해배상액을 결정하므로 피해자에게 공감하는 것과는 사뭇 다른 것이다.

하지만 결국 무분별한 과실상계는 가해자만을 보호하고 피해자들의 피해는 간과하는 경향을 불러오기 때문에 결과적으로 가해자들에 의한 가해행위를 반복하게 할 우려가 있다. 불법을 저질러도 걸리지만 않으면 되고 걸리더라도 일부만 배상하면 되므로, 특정 상황에서 미리 선택할 수 있다면 피해자가 되기보다는 가해자가 되는 편이 유리하다는 풍조가 생길 수 있다. 증권금융 분야에서 범법자들에 대한 징벌이 솜방망이 처벌로 그칠 뿐만 아니라 피해자들에 대한 배상조차 일부만으로 때울 수 있다는 것은 참으로 공평하지 못한 결과를 불러올 수 있다.

이 과실상계의 문제는 대우전자 분식회계소송에서 1심에서부터 3심에 이르기까지 첨예한 쟁점이 되었고, 결국 이 쟁점에 대해 대법원판결까지 나오는 계기가 되었다.

천국과 지옥을 오간 8년간의 싸움

무려 4년 3개월이 소요된 1심재판

2000년 10월 24일에 제기된 소송은 4년하고도 3개월이 지난 2005년 1월 13일에야 겨우 1심판결이 선고되었다. 증권거래법상 손해배상 추정조항이 있으므로 쉽게 판결이 내려질 줄 알았지만 실상은 그렇지 못했다. 피고들이 당초 예상치 못했던 여러 가지 쟁점을 제기했기 때문이기도 했지만 분식회계에 따른 손해배상청구소송에 관한 선례가 충분치 않아서 재판부가 많이 어려워했던 점, 원고들의 숫자가 많아서 이들의 거래내역 등에 관한 피고측의 검증 등이 제때 이루어지지 못한 점, 재판부의 변동 등 여러 가지 요인이 있었다. 2002년 12월에는 담당재판부의 재판장이 병가를 내는 상황도 있었고 그후에는 선고기일이 지정되었다가 상대방의 요청으로 변론이 재개되기도 했다. 기다림에 지친 의뢰인들이 변호사를 원망하고 사무실에 전화를 걸어 불평하는 경우도 있었으며 중간에 비상대책회의를 소집하기도 했지만, 대부분의 의뢰인들은 인내심을 갖고 참아주었다.

1심판결은 피고들의 책임을 인정하되 과실상계를 60~80%로 보아 그 책임의 한도를 20% 내지 40%만 인정했다. 피고들의 책임을 인정했다는 점은 고무적이었지만 절반이 넘는 과실을 피해자인 원고들에게 돌렸다는 점은 너무 아쉬웠다. 1심판결에 가집행선고가 붙었지만 안진회계법인은 10억 원의 공탁금을 맡긴 후 강제집행 정지결정을 받았고, 나머지 피고들은 마땅히 집행할 재산이 없어 아무런 변상도 받지 못하는 점도 안타까웠다. 하지만 어차피 소송은 2심까지 가야 할 상황이었으므로 전열을 재정비하여 2심에 대비할 수밖에 없었다. 다음은 당시 1심판결을 보도한 기사이다.

대우전자 소액주주, 분식회계 손배訴 일부승소

서울중앙지법 민사합의 21부(박태동 부장판사)는 13일 대우전자 소액주주 최모씨 등 351명이 안진회계법인과 대우전자, 대우그룹 임직원 9명을 상대로 낸 145억 원의 손해배상청구소송에서 원고 일부승소판결을 내렸다.

재판부는 판결문에서 "피고들은 사업보고서의 허위공시로 낮은 가치의 주식을 높은 가격에 주고 매입토록 해 투자자들에게 피해를 입힌 사실이 인정된다"며 "당시 외부감사법인이었던 안진회계법인도 부실감사한 책임이 있다"고 밝혔다.

재판부는 이어 "대우전자 분식회계사실의 공포가 주가에 미친 영향이 없다고 하더라도 원고들에게 분식결산에 따른 손해가 없다고 단정할 수 없다"며 "회계법인의 경우 98 사업연도 회계감사 시 감사의견을 낼 때

'한정의견'이 아니라 '의견거절'을 냈어야 했다"고 덧붙였다.

재판부는 "회계법인의 경우 원고들이 입은 손해액 중 30%인 43억 2600만 원의 배상책임이 있으며 대우전자와 김우중 前 회장, 전○○·박○○ 이사 등은 40%(57억 6800만 원), 유○○ · 장○○ 이사와 이○○ · 석○○ 사외이사 등은 20%(28억 8400만 원)의 배상책임이 있다"고 판결했다. 아울러 양○○ 이사도 원고들에게 50억 3700원을 지급하라고 판결했다.

재판부는 "외부감사인인 안진회계법인은 실사를 벌이면서 재고자산을 구체적으로 파악해야 함에도 불구하고 재고품목만이 기재된 일부 수불부만을 제출받아 표본조사를 하는 데 그쳤다"며 "결국 재고자산의 실제 수량 존재 여부에 대한 검토나 장기체화 재고 등에 대한 검토를 하지 않은 책임이 있는 만큼 감사상의 과실이 인정된다"고 설명했다.

재판부는 그러나 "대우전자의 재무상태가 사업보고서와 달리 건실하지 못하다는 점이 알려졌던 사실에 비춰보면 원고들의 책임도 일부 인정된다"고 판결했다.

2005년 1월 13일 이데일리

분식회계와 부실감사는 맞다, 그러나 배상은 없다?
지옥과 천국을 왔다갔다한 2심재판

2005년 2월 원·피고 쌍방의 항소장 제출, 4월경 항소이유서 제출로 본격 시작된 2심재판은 1심에서 이미 여러 가지 쟁점이 정리된 관계로 비교적 신속하게 진행되었다. 이 2심재판과정에서 안진회계법인측이 주로 제기한 주장은 앞서 설명한 '손해 인과관계의 부재'였는데 이를 뒷받침하기 위해서 재무학자를 동원한 경제분석보고서, 한국재무학회에의 사실조회 등을 통해 대우전자의 분식회계사실이 드러난 후 분식회계로 인한 주가급락이라고 볼 만한 상황이 없다는 점을 중점적으로 피력했다.

솔직히 처음에는 이러한 주장에 대해 크게 신경쓰지 않았던 것이 사실이다. 어떻게 경제학자의 교묘한 궤변에 재판이 영향받을 수 있을까 싶었다. 분식회계로 인한 손해는 분식회계로 인해 부풀려진 주가에 주식을 취득한 데 따른 손해이지 분식회계사실이 밝혀진 이후 급락한 주가에 의한 손해가 아닐뿐더러, 대우전자의 경우 분식회계사실 공표 이후 주가가 지속적으로 급락하여 대우전자의 주가와 분식회계가 무관하다고 볼 수 없었다. 더 나아가 증권거래법 제15조는 강력한 손해배상액 추정조항과 입증책임 전환조항까지 두고 있지 아니한가. 그리고 경제분석보고서는 여러 가지 측면에서 허점이 많았다. 아무리 봐도 특정한 결론을 내기 위해서 억지로 끼워맞춰진 흔적이 역력했다.

그런데 웬걸, 대우전자 분식회계소송의 선행소송에 해당한 박모씨의 소송에서 재판부가 피고측의 감정신청을 받아들이는 등 심상치 않게 진행되더니, 2005년 9월 9일 1심의 일부승소판결이 취소되고 원고 전부패소의 판결이 내려지기에 이른 것이다. 분식회계와 부실감사는 맞지만, 그리고 투자자들이 피해를 본 것도 맞지만 이 두 가지 사이에 인과관계가 없다는 것이었다. 불법행위가 있고 손해가 있는데 배상은 없다니 참으로 기가 찰 노릇이었다.

한누리는 이 선행소송에도 2심부터 관여하고 있었지만 진짜 걱정된 것은 360여 명의 피해자들이 소송을 낸 후속소송이었다. 비록 다른 재판부에 계류중이었지만 같은 서울고등법원의 다른 재판부에서 기각판결이 난 마당에 이 재판부의 판결도 결정적인 영향을 받을 가능성이 높았다. 이 소송도 2심에서 뒤집어지면 3심에서 다시 바로잡기는 너무 힘들었다.

"그러길래 왜 우리를 건드렸냐?" 두려움에 사로잡혀 '전관예우의 유혹'에 빠질 뻔하다

선행사건의 패소판결이 난 후 후속사건의 변론기일 심리가 끝난 직후 법정 밖에서 안진회계법인을 대리하는 대형로펌의 중견변호사와 마주쳤다. 그 변호사는 만면에 미소를 지으면서 이렇게 말하는 것이었다. "그러길래 왜 우리(회계법인)를 건드렸냐"고. 대우전자와 임원들만 소송대상으로 삼고 회계법인은 그만두라고 넌지시 말했던 분이었다. 소위 KS(경기고-서울대) 출신에 고위법관 출신으로 전관에 해당하는 그 변호사의 자신만만한 모습을 보니 후속사건도 뒤집어질 수 있다는 두려움이 엄습했다. '아 재판이란 것이 이렇구나' '나 스스로 잘났다고 열심히 한다고 하다가 큰일날 수도 있구나' 하는 생각이 들었다. 선행사건 재판부의 재판장과 후속사건 재판부의 재판장은 그 변호사와 마찬가지로 똑같이 소위 KS 출신인 분이었다. 같은 사무실에 있는 아버님이 대법관 출신이셨지만 아버님은 농고와 농대를 나와 대법관까지 이르신 소위 비주류이시고 퇴임한 지 한참 되신 까닭에 의지하기에는 너무 멀게 느껴졌다.

두려움에 사로잡힌 나는 급기야 KS 출신으로 몇 개월 전 서울고등법원을 퇴직하신 한 변호사님을 찾아갔다. 내 힘만으로는 안 되겠다는 생각이 들었던 것이다. 사건의 내용과 지금의 상황을 설명드린 후 사건을 좀 맡아서 도와달라고 말씀드렸다. 그날이 금요일이었는데 그 변호사님은 즉답을 피하신 채 생각해보자고 하셨다.

그 변호사님을 만나고 돌아오는 길은 너무도 비참하고 서글펐다. 이 세상의 정의를 바로 세워보자고 시민운동에 참여했던 나였다. 전관예우의 구조를 비판하고 공의를 하수河水와 같이 흐르게 하자고 역설했던 나였다. 그런 내가 막상 절박한 상황이 되니 다른 사람들과 똑같이 전관예우에 의존하려 했던 것이다. 결국 나도 전혀 다를 바 없는 사람이라는 말인가. 전관 출신 변호사를 선임하느냐 마느냐의 문제가 아니라 결국 나조차도 인맥과 학맥에 의존하려 했던 것이 문제였다.

하지만 두려움에서 비롯된 나의 이 계획은 아주 희한한 계기를 통해 중도 포기되었다. 그날 내가 다니던 교회의 소그룹모임에서 무심코 이 일을 이야기했는데 교우들이 그것은 '악인의 꾀를 좇는 것'이라고 하면서 말렸기 때문이다. 나는 '의뢰인의 이익을 위해서는 내 소신을 굽힐 수도 있어야 한다, 지금 이대로는 해봤자 뻔한데 가만히 앉아 당할 수는 없지 않은가, 이건 상대방에 대한 최소한의 방어다'라고 구구한 항변을 했지만 결국 그것은 나의 두려움에서 비롯된 행동이었음을 인정하지 않을 수 없었다. 결국 그 다음주 월요일 그 변호사님을 찾아가 사과드리고 선임의사를 철회했다. 거대한 악에 직면했지만 내가 할 수 있는 것은 아무것도 없었다. 소송에 지는 것보다 힘든 것은 내가 아무것도 할 수 없다는 것을 인정하는 것이었다. 전신의 힘이 빠졌다. 역설적이지만 그 이후에 이루어진 재판은 내가 내 힘으로 하는 재판이 아니었던 것 같다.

부디 법에 따른 공정한 판결을 내려주십시오

선행사건의 패소판결이 난 후 우리는 정면승부를 하기로 결심했다. 상대방보다 먼저 선행사건의 판결문을 적극적으로 제출하면서 이 판결의 문제점을 조목조목 지적하는 준비서면을 제출하기로 했다. 대법원 판례와 헌법재판소의 판결례 등 모든 지식과 지혜를 모아 32쪽 분량의 준비서면을 2005년 9월 28일 제출했다. 그후 다시 법원행정처에서 2004년에 발간한 『신모델과 요건사실』이라는 책에 나온 증권거래법상 손해배상청구소송에서의 요건사실에 관한 기재내용을 인용하는 준비서면을 추가로 제출했다. 우리는 이론을 설득하는 데 그치지 않고 법에 따른 공정한 판결을 내려줄 것을 호소했다. 당시 제출한 준비서면의 일부를 그대로 옮겨본다.

1. 분식회계 · 부실감사에 따른 증권거래법상 손해입증책임

법원행정처에서 2004년에 발간한 『신모델과 요건사실』에 따르면, 증권거래법상 손해배상청구소송에서는 허위기재 등과 손해발생 사이의 인과관계가 부존재한다는 항변을 하려면 주식투자 손해의 경우에는 "허위기재 등과 관계없이 전체 주식시장 전반에 급격한 영향을 주는 외부적인 요인 등(외환위기에 의한 IMF구제금융의 발생, 단기간에 걸친 금리와 환율의 과도한 변동에 의해 초래된 주가변동, 국제금융 및 증권거래시장의 폭등락과 관련된 외부적 충격)에 관한 주장"이 있어야 하는 것으로 요건사실을 정리하고 있습니다.

역시 법원행정처에서 2002년도에 발간한 『증권재판실무편람』도

증권거래법 또는 외부감사에 관한 법률상 피고는 청구권자가 입은 손해액의 전부 또는 일부가 부실감사에 의한 것이 아님을 구체적으로 주장, 입증한 때에는 그 부분에 대하여는 배상책임을 면한다고 하면서 이러한 사유로는 "부실감사와 관계없이 전체 주식시장 전반에 급격한 영향을 주는 외부적인 요인, 예컨대 외환위기에 의한 IMF구제금융의 발생, 단기간에 걸친 금리와 환율의 과도한 변동에 의해 초래된 주가변동, 국제금융 및 증권거래시장의 폭등락과 관련된 외부적 충격 등을 들 수 있다"고 하고 있습니다.

요컨대 분식회계나 부실감사에 따른 배상책임을 증권거래법에 근거하여 구하는 이 사건에 있어서 피고들이 원고들이 입은 손해를 부정하기 위해서는 원고들이 입은 손해가 분식회계 내지 부실감사와 인과관계가 없다는 것을 적극적으로 주장 입증하여야 하며 보다 구체적으로는 원고들의 손해가 "부실감사와는 관계없이 전체 주식시장 전반에 급격한 영향을 주는 외부적인 요인"에 의해 발생했음을 주장, 입증해야 함은 너무도 상식적인 부분에 속하는 것이라 할 것입니다.

그런데 지난번 2002나65020호 판결이 인과관계를 부정하는 근거로 삼은 소외 박○○의 감정 결과는 원고들의 손해 또는 원고들의 주식매입 후 주가하락이 부실감사와는 관계없이 전체 주식시장 전반에 급격히 영향을 주는 어떠한 요인에 의해서 발생했음을 뒷받침하는 어떠한 내용도 포함하고 있지 않은 채, 그저 분식회계 발표 후의 주가하락이 분식회계로 인한 것이라고 통계적인 확증을 할 수 없다는 정도의 내용이며, 이를 근거로 위 판결 역시 과연 그렇다면 원고들이 주식을 취득한 후 처분할 때까지 부실감사 내지 분식회계와 무관한 어떠한 외부적 요인으로 인해서 주가가 하락한 것인지에 관한 아무런 설시說示도 없이 그저 원고들이 주식을 취득할 당시 이미 주가가 분식회계를 반영하여 상당히 떨어져 있었고, 그후에는 감정보고서에 비추어볼 때 주가가 비정상적으로는 떨어지지 않았다는 정도로 하여 인과관계를 부정하였는바, 이는 명백히 증권거래법상 배상책임의 요건사실 및 입증책임의 분배에 관한 법리를 위반한 것이라 할 것입니다.

2. 법에 따른 공정한 판결을 내려주시기 바랍니다.

주지하시다시피 이 사건은 피고 김우중을 비롯한 대우그룹의 경영진들이 회계법인의 묵인하에 대규모 분식을 행하고 이로 인하여 피해를 입은 주식투자자들 중에서 극소수에 해당하는 366명의 투자자들이 증권거래법에 정해진 투자자 보호장치인 배상청구권에 기하여 피해배상을 얻기 위해서 제기한 소송입니다.

분명 증권거래법에서는 이러한 경우 투자자들이 주식을 산 가격에서 판 가격을 뺀 나머지 금액을 배상하도록 규정하고 있음에도 불구하고, 분식회계사실이 알려진 시점 이후 주가하락이 통계학적으로 비정상적임을 확증할 수 없다는 이유로 배상을 부인하거나 막연한 투자자들의 책임을 들어 책임액수를 제한하는 것은 입법자의 의도에 반하는 것이며 분식회계나 부실감사를 한 불법행위 주체들을 합리적 근거 없이 면책하는 것입니다. 부디 법에 따른 공정한 판결을 내려주시기 앙망합니다.

후속사건의 심리도 종결되어 드디어 2006년 1월 18일로 2심의 선고기일이 지정되었다. 보통 판결선고일에는 변호사가 출석하지 않지만 이번 사건의 경우에는 다수의 피해자들이 관심을 갖고 있고 또 출석하는 의뢰인들도 있어 직접 법정에 나가서 선고를 들었다. 초조한 가운데 들은 선고 결과는 '원고 일부승소!', 최악의 상황은 면한 것이다.

결과적으로 나온 판결은 1심판결과 대동소이한 것이었다. 책임이 없다는 피고들의 항변은 모두 배척되었으며 특히 선행사건에서는 박모 교수의 감정 결과를 들어 분식회계와 인과관계가 있다고 볼 수 없다는 취지로 원고 패소판결을 했지만, 이번 사건에서는 박교수의 감정 결과에도 불구하고 인과관계를 부정할 수 없다는 정반대 결론을 내면서 피고측 항변을 배척했다. 다만 2심판결은 1심판결과 마찬가지로 원고들이 피고 대우전자의 주식을 취득하고 또 주식의 매도를 늦추어 손해가 확대된 데 과실이 있다는 점, 제1심 공동피고들로부터 합계 금 7억 6천만 원을 변제받은 점을 고려하여 피고들의 책임을 일률적으로 30%로 제한했다. 즉 1심에서는 피고들 별로 책임비율을 20%에서 40%까지로 차등적용했는데 2심에서는 일률적으로 30%까지만 책임지게 한 것이다. 7억 6천만 원 기지급분을 고려하여 30%로 인정한 것이므로 7억 6천만 원을 다시 배상액에서 차감하지는 않았다.

같은 사안 다른 판결, 3심은 어떻게 될 것인가

동일한 사안의 사건에 대하여 2심에서 엇갈린 판결이 내려진 터라 3심으로 가는 것이 불가피했다. 원고들 입장에서는 2심판결이 천만다행이라고는 하지만 여전히 피고들의 책임을 지나치게 제한하여 승복할 수는 없었다. 하지만 상고심의 경우 과실상계 과다와 같은 이유로 2심 판결이 파기되는 확률이 높지 않기 때문에 막대한 인지대를 들여서 상고하는 것이 부담스러웠다. 어차피 안진회계법인이 상고할 터이므로 대법원은 무조건 가야 하지만 돈을 들여 상고했다가 기각되면 원망을 들을 수도 있었다. 그래서 일괄 상고를 하지 않고 상고를 원하는 원고들만 선별적으로 상고를 제기하기로 했다. 상고를 원하는 사람은 상고심 인지대를 부담하도록 했다. 결과적으로 351명의 원고들 중 상고한 사람들이 223명이었고 128명은 상고하지 않았다.

상고심 역시 빨리 끝나지 않았다. 2006년도 다 지나가고 2007년이 지나도록 선고기일 지정이 없었다. 상고심은 변론을 열지 않기 때문에 도대체 심리가 어느 정도 진행되고 있는지, 언제 판결이 선고될지 알 도리가 없다. 그저 기다리는 수밖에 없다. 기다림 끝에 드디어 2007년 10월 25일로 판결선고기일이 지정되었다는 통보를 받았다.

엄숙하고도 처절했던 대법원 선고법정

2007년 10월 25일, 나는 변호사생활 15년 만에 난생처음 대법원 판결선고를 들으러 대법원의 법정으로 향했다. 대법원판결을 많이 받아보았지만 이번처럼 선고기일에 직접 출석했던 적은 단 한 번도 없었다.

그날 2심에서 패소판결이 내려진 선행사건과 2심에서 일부승소판결이 내려진 후속사건 두 건의 선고가 동시에 있었다. 그런데 재판부가 달라서 선고법정은 따로였다. 나는 후속사건의 법정에 가고 다른 직원과 의뢰인은 선행사건의 선고법정으로 향했다. 처음 가본 대법원 선고법정은 한마디로 살벌했다. 수백 명의 방청객들이 최종판결을 들으러 직접 출석했는데 흰색 제복을 입은 경비원들이 삼엄하게 경비를 펴면서 이들의 행동과 입을 통제하고 있었다. 법정의 법대는 멀고도 높아서 방청객 중 한 사람이 돌발행동을 하더라도 접근이 불가능할 것 같았다. 이제 더이상 돌이킬 수 없는 최종판결이 내려지는 와중이었으므로 엄숙하고 처절한 분위기가 법정 안팎에 흐르고 있었다.

나의 솔직한 희망은 선행사건은 파기환송이 되고 후속사건은 상고기각으로 확정되는 것이었다. 물론 후속사건도 우리가 주장한 사유(과실상계의 부당성)가 받아들여져서 파기되면 좋지만 과실상계의 잘못으로 파기되는 경우는 극히 드물기 때문에 적어도 2심판결이 유지만 되었으면 하고 바랐다. 최악의 시나리오는 선행판결이 확정되고 후속사건이 파기되는 경우였다.

조마조마하게 기다리던 중 우리의 사건번호가 불리고 판결선고가 있었다. '파기환송'이었다. 하늘이 무너지는 것 같았다. 도대체 정신이 하나도 없었다. '아…… 어떻게 된 것이란 말인가? 일부승소판결이 파기되었다면 패소판결이 맞다는 취지란 말인가? 또 재판을 다시 해야 한다는 말인가?' 절망적인 심정으로 선고법정을 나서는데 저멀리서 다른 법정에서 선고를 들었던 직원과 의뢰인이 이쪽으로 오고 있었다. 그런데 의외로 밝은 표정들이었다. 물어보니 선행사건도 '파기환송'되었다는 것이었다. 도대체 어떻게 된 것일까? 양쪽 다 파기라니…… 판결의 정확한 내용을 수소문하던 중 신호는 상대방 진영에서 감지되었다. 안진회계법인측이 대법원에서 진 것을 알고 배상금을 준비하고 있다는 소문이 들렸다. 결국 알고 보니 선행사건은 우리의 패소를 명한 것 자체가 뒤집혔고 후속사건에서는 과실상계비율의 과다와 손해액 산정과정에서의 인과관계에 대한 추가심리를 명한 부분 때문에 뒤집힌 것으로 밝혀졌다. 기대 이상의 성과였다. 이 대법원판결은 분식회계로 인한 손해배상액을 어떻게 정할 것인가, 그리고 과실상계의 합리적인 사유는 무엇인가 등에 관한 기준을 정하는 기념비적인 판결이었다. 아래는 상고심 판결내용을 의뢰인들에게 안내한 서신의 일부다.

지난 2007년 10월 25일 우리 사건에 대한 대법원의 판결선고가 있었습니다.

당초 서울고등법원에서는 대우전자 분식회계소송에 관하여 두 개의 엇갈린 판결을 내린 바 있습니다(우리 사건의 경우에는 원고 일부승소판결이 내려졌고 다른 사건의 경우에는 원고 패소판결이 내려졌습니다).

대법원에서는 같은 날 두 건에 관하여 모두 판결을 선고했는데 결론적으로 말씀드려 두 건 모두 원심판결을 파기하고 서울고등법원으로 환송하는 내용으로 판결이 내려졌습니다.

■ 대법원판결의 내용

우리 사건에 관한 대법원판결을 한마디로 설명드리자면 우리측이 당초 원하는 판결에 거의 흡사하다고 봅니다. 우리측 상고이유(과실상계가 부당하고 비율이 너무 높다는 주장)를 받아들였고 상대방 상고이유는 대부분 기각했기 때문입니다. 다만 상대방의 상고이유 중 1999년 10월 26일 언론보도로 분식회계가 널리 알려져 주가가 하락한 이후 주가변동분에 관해서는 분식회계와 부실감사 간 인과관계를 좀더 확인하여야 한다는 주장을 받아들였습니다. (참고로 2심에서 투자자가 패소한 동종사건은 원고측 상고이유가 받아들여져 패소판결이 취소되고 원심으로 환송되었습니다.)

대법원판결의 전문은 저희 사무실 홈페이지(www.hannurilaw.co.kr) 자료실에 올려 있습니다만 주요 내용을 말씀드리자면,

- 원고들의 손해배상청구권이 시효로 소멸되었다는 피고들의 상고는 이유 없다.
- 피고 안진이 과실이 없다는 항변도 이유 없다.
- 분식회계나 부실감사와 주식취득 사이에 인과관계가 없다는 주장도 이유 없다.
- 박○○의 감정 결과를 가지고 분식과 원고들 손해 전부 간에 인과관계가 없다는 입증이 되었다고 볼 수 없다. 다만 분식회계가 널리 알려져 부양된 주가가 다 제거되어 주가가 형성된 후에 주식을 매도하거나 변론종결일까지 계속 보유한 경우에는 총 손해

액 중 일부가 분식과 무관한 손해인지를 따져보아야 한다는 주장은 맞기 때문에 이 부분은 다시 심리를 해보아야 한다.

• 분식회계에 의하여 주식투자자가 입은 손해의 배상을 구하는 소송에 있어서 위험한 종목의 주식, 즉 자금사정이나 재무상태에 문제가 있다는 점이 알려진 회사의 주식을 취득하였다는 사정은 투자자의 과실이라고 볼 수 없다.
• 결과적으로 제때에 주식을 팔지 못하였다는 사정 즉, 분식회계 사실이 밝혀진 후 정상주가를 형성하기 전까지 주가가 계속 하락하였음에도 그 중간의 적당한 때에 증권을 처분하지 아니하고 매도를 늦추었다는 사정은 장래 시세변동의 방향과 폭을 예측하기 곤란한 주식거래의 특성에 비추어 특별한 사정이 없는 한 과실상계의 사유가 될 수 없다.
• 대우전자 등 피고들의 행위가 대규모의 분식회계라는 고의적인 기망행위여서 그 비난 가능성이 매우 크다는 점, 당시 종합주가지수는 상승 국면이었다는 점 등을 감안하면 원심이 피고들의 책임액수를 30%로 제한한 것은 형평의 원칙에 비추어 현저히 불합리하다.

■ 향후 예상되는 상황

결국 이번 사건은 대법원에서 사건이 종결되지 않고 다시 서울고등법원으로 환송되어 심리가 더 진행되어야 할 상황입니다. 다만 대법원이 우리측 주장을 대부분 인정하고 30%만 책임을 인정한 것이 형평에 심히 어긋난다고 했으므로 상고한 분들의 경우 환송 후 고등법원에서 원래 판결보다 더 많은 액수가 인정될 가능성이 높다고 생각됩니다.

앞으로 환송심은 6개월 내지 1년이 더 소요될 것으로 예상됩니다.

즉, 대법원에서 기록이 서울고등법원으로 내려가고, 새로운 기일이 잡히는 데 약 3개월이 걸릴 것이고 그 이후에도 상대방의 태도 여하에 따라서는 3개월 내지 6개월은 소요되리라 생각합니다. 물론 최대한 신속히 진행하도록 노력하겠습니다만 6개월에서 1년으로 예상하는 것이 적절할 것으로 판단됩니다. 하지만 이 또한 우리의 예상이고 손해인과관계에 관한 공방이 치열하게 이루어질 경우 보다 긴 시간이 소요될 수도 있습니다.

오랜 세월 동안 지속된 소송 결과를 기다리는 데 너무 지치셨으리라 생각됩니다. 하지만 당초 이 사건을 시작한 것은 금전배상도 있지만 진실을 가리고 책임을 묻자는 취지였음을 감안할 때 1년 정도 더 기다리더라도 보다 정의에 부합하는 결론이 나리라는 희망을 가지시고 좀더 기다려주시기 바랍니다.

그간 저희 사무실을 성원해주신 데 감사드리고 다시 한번 좋은 소식으로 여러분들께 연락드릴 수 있기를 기대합니다.

성공률 5%의 싸움, 실낱같은 희망 속 의외의 파기환송

대법원의 파기환송판결이 있었지만 곧바로 파기환송심이 개시되지는 않았다. 파기환송심은 대법원판결이 선고된 후 무려 6개월이나 지난

2008년 4월 23일 첫 재판이 열렸다. 하지만 더이상 서둘 필요는 없었다. 피고 안진회계법인의 자력은 충분하고 대법원판결은 분명했다. 그 후 파기환송심은 세 차례 더 기일을 진행한 후 2008년 9월 26일로 판결선고기일이 지정되었다. 그 과정에서 재판부가 대략 배상의 기준(손해액의 60%)을 제시했으므로 판결은 어느 정도 예상이 되는 상황이었다. 결국 파기환송심에서 예상대로 원고들의 손해액 중 60% 정도를 배상할 것을 명하는 판결이 내려졌다. 이자는 2000년 10월 말부터 연 5%씩 붙는 내용이었으므로 무려 8년에 가까운 기간의 이자가 붙어서 상고한 피해자들의 경우에는 손해액의 거의 100%를 회수할 수 있는 상황이었다. 기다린 보람이 있었다. 물론 상고하지 아니한 원고들은 억울해했지만 통계적으로 불과 5%의 확률을 가진 상고심 승소를 기대하고 상고를 일률적으로 행할 수는 없는 노릇이었다.

아래는 파기환송심판결을 다룬 기사이다.

옛 대우전자 주주들, 회계법인에 100억대 승소

옛 대우전자 주식에 투자했다가 손실을 본 소액주주들이 대우전자에 대한 감사보고서를 허위로 작성한 회계법인으로부터 100억 원대의 손해배상을 받을 수 있게 됐다.

27일 증권업계 등에 따르면 서울고등법원은 26일 옛 대우전자 소액주주 351명이 안진회계법인과 김우중 전 대우그룹 회장 등 대우전자 임직원을 상대로 낸 분식회계 관련 150억 원대 손해배상청구소송에서 "피고들은 원고들에게 투자손실액의 60%를 배상하라"며 원고 일부승소판결을 내렸다.

이번 판결에서 나온 배상비율은 지난 2006년 1월 이들 주주가 서울고법에서 받아낸 '투자손실액의 30%'의 배로 높아진 것이다. 당시 주주들은 서울고법판결에 불복해 상고했고, 대법원은 2007년 10월 상고심 선고공판에서 원심을 깨고 사건을 서울고법으로 돌려보냈다.

이번 판결로 인해 안진회계법인은 소액주주들에게 피해액 원금과 이자 등 총 100억여 원을 배상해야 할 처지에 놓였다. 그간 소액주주들이 회계법인을 상대로 한 소송에서 판결로 얻어낸 배상액 중 가장 크다.

법무법인 한누리의 김주영 변호사는 "회계감사를 부실하게 한 회계법인이 막대한 배상책임을 지게 됨에 따라 앞으로 증권시장에 대한 신뢰와 회계의 투명성이 한층 높아질 것으로 보인다"고 말했다.

옛 대우전자 일부 임직원은 1997년부터 3년간 재고자산 및 매출채권 허위·과다계상 등을 통해 수십조 원의 분식회계를 한 혐의로 1심에서 징역형을 선고받았다.

이에 따라 대우전자 소액주주들은 감사보고서를 작성한 안진회계법인과 대우전자를 상대로 지난 2000년 150억 원 규모의 손해배상청구소송을 냈다.

소액주주들은 그러나 소송 진행과정에서 파산한 대우전자에 대해서는 소송을 취하하고 회계법인만 상대로 소송을 진행해왔다.

2008년 9월 27일 연합뉴스

오랜 기다림 끝의 감격스러운 판결금 분배

파기환송심판결이 나온 후 1개월이 지난 2008년 10월 27일 드디어 감격스러운 판결금 분배가 이루어졌다. 파기환송심판결이 내려진 후 피고 안진회계법인에서는 다시 상고하지 않을 것이라는 기류가 예측되었다. 이미 대법원판결이 내려진 사안이어서 상고하더라도 결론이 바뀔 가능성은 전무했으므로 지당한 판단이었다. 상고할 경우 결국 연 20%씩 붙는 지연이자 부담만 늘어날 뿐이었다. 집단소송에서 가장 중요한 것이 바로 이 판결금의 분배이다. 돈을 다루는 것이기 때문에 그만큼 정확하고 분명해야 한다.

이런 집단소송에서는 피고들이 일일이 원고들을 접촉해서 판결금을 지급하는 것이 불가능하므로 원고측 대리인에게 지급을 하고, 원고측 대리인은 그중에서 성공보수를 공제하고 원고들에게 송금하는 과정을 거친다. 우리 사무실은 송금에 필요한 계좌번호 등을 원고들로부터 이미 확보하고 있는 상태였다. 송금 전에 판결금과 이자를 계산하는 과정 등이 필요하므로 판결금 지급시점을 미리 협의하여 정한 후 금액을 맞추고 그 시점에 송금하는 방식을 취한다. 이 사건의 경우 2008년 10월 중순부터 판결금 지급에 관한 협의가 이루어졌으며, 2008년 10월 23일자로 피고 안진회계법인의 보험을 인수한 삼성화재로부터 2008년 10월 27일자로 판결금과 이자를 지급하겠다는 연락을 받았다. 이에 한누리에서는 각 원고들에게 지급받을 판결금과 이자, 그리고 성공보수를 공제한 송금액수와 송금 예정 계좌번호를 기재한 안내서를 발송했다. 아래는 감격스러운 판결금 분배를 알리는 안내서신의 내용이다.

안녕하십니까?

대우전자 분식회계소송을 담당한 법무법인 한누리입니다.

지난 2008년 9월 26일자로 내려진 파기환송심판결과 관련하여 상고기한인 2008년 10월 20일까지 피고 안진회계법인이 상고하지 아니하여 드디어 판결이 확정되었습니다.

이어 금일(2008년 10월 23일) 피고 안진회계법인의 보험을 인수한 삼성화재로부터 오는 2008년 10월 27일자로 저희에게 판결금을 송금하겠다는 연락을 받았습니다. 삼성화재가 송금할 금액은 판결문에 명시된 원고들 개인별 인용금액에 2008년 10월 27일까지의 지연이자를 더한 금액입니다.

아직 돈을 송금받은 것은 아니지만 삼성화재측에서 2008년 10월 27일자 지급을 위한 절차가 완료되었다고 알려왔고, 금액도 저희들이 계산한 내역과 맞기 때문에 각 의뢰인들께 지급해드릴 금액을 미리 알려드리고 송금해드릴 계좌번호를 확인하기 위해서 이 서신을 띄우게 되었습니다.

의뢰인께서는 첨부된 내역에 적힌 '송금할 계좌'가 제대로 되어 있는지 확인하셔서 저희 사무실에 전화(02-537-9500), 이메일(hannuri@hannurilaw. co.kr), 또는 팩스(02-564-9889)로 신속히 연락 주시기 바랍니다.

저희는 정확한 송금을 기하기 위하여 위와 같은 방법들 중 한 가지 방법으로 확인해주신 분들에 한하여, 2008년 10월 28일부터 송금을 시행할 예정입니다(업무 폭주가 예상되므로 일단 계좌가 확인되신 분을 모아 다음날 오전에 송금하는 방식을 취하려 합니다. 송금은 아마 10월

27일 오후 늦게 이루어질 것이므로 아무리 빨라도 10월 28일부터 해드릴 수 있을 것 같습니다).

저희가 적어드린 계좌번호가 맞으면 이름을 확인하신 후 '맞다'고 확인해주시기만 하면 됩니다. 계좌번호가 없거나 바꾸어야 할 경우에는 저희에게 새로운 송금계좌번호를 알려주셔야 합니다. 다만 금전사고를 피하기 위하여 원고 본인명의의 계좌로만 알려주셔야 합니다. 만에 하나 원고 본인의 유고 등의 사유로 부득이 타인명의 계좌를 이용하셔야 하는 경우에는 저희 사무실에 원고 본인의 위임사실(또는 상속인인 사실)을 증명하는 서류를 보내주셔야 합니다.

판결문의 원문과 원고별 판결금액은 저희 사무실 홈페이지 자료실에 올려져 있습니다. 별첨 내역에 적힌 원고번호에 해당하는 금액이 본인의 판결금액이므로 대조해보실 수 있습니다.

무려 8년이 걸려서 끝을 보게 되었습니다. IMF 직후 대우그룹사태가 일어난 것이 기억에 선한데 이제 또 금융위기가 닥쳐오는 것을 보니 역사는 반복된다는 말이 맞는 것 같습니다. 그간 저희 한누리를 지속적으로 성원해주신 의뢰인 여러분께 진심으로 감사드립니다. 저희 사무실은 앞으로도 억울한 투자자들의 눈물을 조금이라도 닦아줄 수 있는 사무실이 되기 위해 계속 노력하겠습니다.

다시 한번 감사드리며 늘 평안하시기를 기원합니다.

※ 별첨 : 대우전자 개별정산금액

증권시장에 여전히 남아 있는 '악마의 유혹'

2000년 10월 소장 제출로 시작된 대우전자 분식회계소송은 2008년 10월 판결금 분배를 끝으로 무려 8년 만에 마무리되었다. 대우전자 분식회계소송은 기다림, 억울함, 두려움으로 인해 참으로 고통스러운 소송이었지만 나 자신에게도, 내가 속한 한누리 법무법인에도, 그리고 우리나라 증권시장에도 큰 영향을 끼친 소송이다.

특히 이 소송과정에서 전관예우의 유혹에 빠질 뻔했던 나는 그 유혹을 이겨낸 이후 그간 나를 줄곧 괴롭혀온 패소의 두려움에서 벗어나게 되는 의외의 선물을 얻었다. 소송을 전문으로 하는 변호사가 소송의 승패로부터 자유로워진다는 것은 정말 쉽지 않은 일이다. 이 소송과정에서 나는 내 안의 두려움이 결국 돈과 세상으로부터 인정받고 싶다는 욕심에 기인한 것임을 깨달았고, 그에 굴복하지 않음으로써 자유를 얻었다. 이 소송을 통해 가장 값진 것을 얻은 사람은 결국 나였던 것이다.

대우전자 분식회계소송이 마무리된 후 의뢰인들을 한번 모아서 뒤풀이라도 해야 한다는 의견이 있었다. 그래서 몇 개월 후 법무법인 한누리의 사무실이 있는 건물 지하의 뷔페식당을 빌려 뒤풀이 모임을 가졌다. 법정에 빠지지 않고 출석하면서 소액주주모임의 대표 노릇을 감당하셨던 분은 등산 중 입은 다리부상에도 불구하고 참석하셨고, 대우전자 주식투자 실패로 인해 인생이 크게 어긋났기에 〈PD수첩〉 등 언론보도에 자주 나왔던 분도 참석하셨다. 대다수의 분들은 근 8년여 만에 뵙는 분들이었다.

이분들과 대화 중 막노동으로 경제적으로 힘들게 사시는 어떤 분이 대우전자 분식회계소송으로 받은 판결금으로 다시 주식투자를 했다는 얘기를 들었다. 주식투자를 해서 날린 돈을 10년 만에 되찾아 다시 주식에 투자하다니…… 참으로 말리고 싶은 심정이었다. 그러면서 과연 내가 10여 년 동안 소송을 맡아 수행하면서 이들의 금전적 피해를 일부나마 보상받도록 한 것이 과연 이분들에게 어떤 의미가 있을 것인가 하는 회의감도 들었다. 환경이 바뀌는 것이 중요한 것이 아니라 가치관이 바뀌는 것이 중요한데, 내가 노력해서 가시적으로 누구를 돕는다는 것이 과연 어떤 의미가 있을까 하는 생각이 들었다.

우리는 모두 행복하기를 원한다. 돈을 많이 가지면 대개는 더 편안해지기 마련이므로 행복을 추구하면 돈도 추구하게 마련이다. 돈을 많이 벌 수 있다는 유혹에 쉽게 넘어가는 것도 생각해보면 인생의 목적을 행복에 두기 때문이다. 대우전자 분식회계소송은 끝났지만 여전히 증권시장에는 소박한 행복을 추구하는 많은 사람들의 '약점'을 이용하여 사람들을 오도하는 많은 유혹들이 존재한다. 이 때문에 증권시장에서 이와 비슷한 사건들은 계속 반복해서 발생하고 있다. "인생의 목적이 행복이라는 말이 이 세상에서 가장 큰 거짓말"이라는 정신의학자 스콧 펙 박사의 말이 새삼 머리에 떠오른다.

2장

애국심에 호소한 초대형 펀드의 위선

— 바이코리아펀드 소송

서울중앙지방법원 2000가합81625호 사건

국민들의 애국심에 호소해서
무려 12조 원 이상 팔린 바이코리아펀드가
불법 운용을 했다는 사실은 매우 충격적이었다.
현대투신운용은 읍소형 전략까지 구사했다.
문제가 있음을 인정하지만
지금 그걸 드러내면 회사도 망하고
금융시장이 큰 혼란에 휩싸인다는 것이었다.

'한국 경제를 확신합니다!'
이익치 회장의 호언장담에 12조 원이 몰리다

"한국 경제를 확신합니다!" "이 나라를 일으키는 펀드" "우리나라 경제회복의 결실을 고객들에게 돌려줍니다"라는 캐치프레이즈를 내걸고 판매된 바이코리아펀드는 이익치 현대증권 회장이 이끄는 현대그룹에 의해 1999년 3월부터 판매된 펀드이다. 바이코리아펀드의 설정액은 한때 12조 원에까지 이르렀는데, 당시 코스피 시가총액이 217조 원 정도였음을 감안할 때 정말 어마어마한 펀드였다. 당시 이익치 회장은 압구정동 현대백화점에서 열린 펀드 투자설명회에서 강남 부유층 주부들을 모은 가운데 "어려운 시절 나라를 구한 것은 여성입니다. 바이코리아펀드에 투자해 기업을 구합시다"라며 목소리를 높였으며 당시 700대였던 종합주가지수가 2005년에는 6천 선까지 오를 것이라고 호언장담하

기도 했다.[11]

가계자금을 싹쓸이하다시피 하면서 출시 13일 만에 설정액 1조 원을 돌파하고 두 달여 만에 5조 원을 돌파했던 바이코리아펀드는 자가발전식의 유동성장세를 일으켜 1997년 말 IMF 경제위기로 급락해 있던 증권시장을 활황으로 이끌었으며, 이는 전체적인 펀드 열풍으로 이어져 1999년 초 10조 원대에 불과했던 투신업계 전체의 주식형·혼합형 펀드 수탁액은 이듬해 70조 원대로 불어나기도 했다. 하지만 1999년 말 1천 선을 회복했던 코스피지수는 2000년부터 대우채사태에 따른 영향과 IT버블의 붕괴로 말미암아 다시 폭락했고, 이 때문에 전체 펀드 수탁액이 6개월 만에 20조 원 이상 빠져나갔으며 바이코리아펀드도 한때 수익률 -70%를 기록하기도 했다.

바이코리아펀드의 초기 성공요인은 몇 가지를 들 수 있다. 우선 1997년 말 IMF 경제위기로 인해 1998년 6월, 277선까지 추락한 코스피지수가 점차 회복되는 과정에서 증시 회복에 대한 기대가 만연해 있었고, 건설회사 사장 출신인 이익치 회장이 금융인이라면 도저히 감행할 수 없는 공격적인 마케팅을 전개했으며, 바이코리아펀드의 초기 성공이 다시 코스피의 상승을 가져오는 유동성 효과를 나타내어 자금이 대거 몰렸기 때문이라고 볼 수 있다. 당시 금융감독당국은 이익치 회장의 이러한 무지막지한 마케팅을 보면서도 특별히 제동을 걸지 않았는데 이는 부실한 투신사들의 회생과 자본시장의 활성화를 원하는 금융감독당

11 2005년 종합주가지수는 1천 선을 돌파하여 1380선까지 올랐을 뿐이고 현재도 겨우 2천 선을 넘나들 정도이니 6천 선까지 오른다는 이익치 회장의 장담은 허풍에 불과했음이 드러난 셈이다.

국의 의중에도 부합했기 때문이 아닌가 생각된다.

바이코리아펀드 소송은 바이코리아펀드의 공격적인 마케팅을 문제삼은 소송은 아니고, 바이코리아펀드의 활황을 틈타 부실자산을 정리하고자 한 현대투신운용의 불법적인 펀드 운용을 문제삼은 소송이다. 하지만 바이코리아펀드의 위선적인 면을 벗겨내어 무모한 펀드 열풍과 투신업계의 구조적인 비리를 노출시킨 의미 있는 소송이었다.

'이렇게 큰돈이 몰리면 무슨 문제가 터질 것 같다' 어느 날 묘한 예감과 함께 바이코리아펀드에 가입하다

예금 위주의 안전한 자금 운용을 선호하는 내가 주식이나 펀드에 투자하는 경우, 십중팔구 이는 업무와 밀접한 관련이 있다. 내가 난생처음 주식에 투자한 것은 1997년 12월 말로 당시 내가 속한 참여연대가 SK텔레콤에 대한 소액주주운동을 개시한 직후였다. 이듬해 3월에 열리는 SK텔레콤의 정기주총에 참석하기 위해서는 SK텔레콤의 1997년 12월 31일 기준 주주명부에 이름을 올려야 했다. 이를 위해서 나는 당시 주당 40만여 원에 달하는 SK텔레콤의 주식 10주를 취득했다. 그리고 내가 주식형 펀드에 가입한 것도 감시 목적으로 가입한 바이코리아펀드가 난생처음이었다. 나는 바이코리아펀드가 발매를 시작한 1999년 3월경 바이코리아-르네상스펀드 1호(안정형)에 250만 원을, 바이코리아-나폴레옹펀드(주식형)에 250만 원을 내고 가입했다. 난생처음 취득한 SK텔레콤의 주식 10주가 참여연대의 소액주주운동에 활용되어 1998년 3월 SK텔레콤의 정기주총에서 사상 최초로 소액주주가 지명하는 사외이사가 선임되고, 정관 변경을 통해 일정 규모 이상의 계열사 거래에 대하여 사외이사들이 거부권을 갖도록 한 성과를 냈다. 또한 내가 난생처음 취득한 주식형 펀드인 바이코리아펀드가 이 글에서 다루는 바이코리아펀드 소송을 낳았다. 비록 수치화할 수 없는 것이기는 하지만 내가 행한 투자는 투자금액 대비 매우 탁월한 성과를 올린 셈이다.[12]

물론 당시 바이코리아펀드에 어떤 문제점이 발견되어서 가입해본 것은 아니고, 그저 바이코리아펀드가 워낙 무섭게 팔리고 있었기에 직감적으로 이렇게 많은 돈이 몰리면 무슨 문제가 날 것 같다는 예감이 들었기 때문이었다. 가입 당시에도 나는 펀드 가입을 통해 얻을 수익보다는 펀드 가입의 절차, 펀드 가입 시 제시하는 약관과 투자설명서 등에 관심이 더 많았다. 그래서 나는 가입 당시 보통 사람들은 신경쓰지 않는 가입서류와 약관 등을 꼼꼼히 챙겼다.

12 참고로 SK텔레콤 주식은 그후 많이 올라서 2~3년 후에 상당한 수익을 올리고 팔았으나, 바이코리아펀드의 경우에는 한때 높은 수익이 났지만 나중에 결국 손실을 보고 환매한 것으로 기억한다.

호루라기 부는 변호사

호루라기 부는 자, 영어로 휘슬블로어Whisle-blower란 정부 또는 기업의 내부고발자를 의미한다. 나는 비록 내부자는 아니었지만 주로 대기업이나 금융기관들의 행동을 모니터해서 문제점이 드러나면 이를 심층분석하여 공개하고 시정을 촉구하는 활동을 했으므로 호루라기 부는 변호사라고 할 수 있겠다. 본래 호기심과 탐구심이 강한데다가, 대형로펌에서의 기업변호사 활동경험에 참여연대 활동경험을 접목했으므로 나는 많은 기업들을 괴롭히는, 꽤 성가신 휘슬블로어 역할을 했다.

하지만 이러한 휘슬블로어의 역할에는 치명적인 위험이 따르기도 한다. 상대방으로부터 비난받거나 공격당할 위험을 말하는 것이 아니다. 바로 내가 마치 누구든 비판할 도덕성을 가진 양 착각하는 병에 걸릴 수 있다는 위험성이다. 비판도 하면 할수록 늘기 때문에 비판하는 일을 거듭하면 할수록 더욱 예리하고 신랄한 비판을 할 수 있다. 그래서 점점 더 비판에 더 몰입하게 되고 그 누구나 판단의 대상으로 놓고자 하는 병에 걸리고 만다. 그러나 명심해야 할 것은 휘슬블로어로서의 역할도 하나의 역할에 불과할 뿐 결코 그 사람의 도덕적 능력이나 자격을 의미하는 것은 아니라는 점이다. 내가 옳기 때문에 비판하는 것이 아니라 나도 문제투성이지만 그래도 그 시점에서 그것을 하는 것이 내 역할이므로 비판하는 것이어야 한다. 그렇지 않으면 결국 비판이라는 것은 내가 옳다는 것을 증명하고 나의 문제를 가리기 위한 이기적인 몸부림에 불과하다. 애정 없는 비판은 아무리 논리적이고 치밀해도 상대방에게 설득력을 갖지 못하고 그를 변화시키지도 못한다. 그 애정은 나 자신의 문제를 철저히 직면할 때 비로소 생기게 되는 것 같다.

크리스마스이브와 명절에 뿌려지는 보도자료를 조심하라

1999년 12월 24일 금융감독위원회는 현대 및 SK 계열 금융기관에 대한 연계검사 결과 및 조치 결과에 관한 보도자료를 냈다. 금융감독원은 1999년 9월 11일 현대 금융계열사에 대한 특별검사에 착수한 바 있는데, 이번 결과는 이 특별검사의 결론이라고 볼 수 있었다.

하지만 금융감독원은 보도자료를 통해 이번 검사 결과가 5대그룹 계열 금융기관에 대한 연계검사의 결과라는 점을 애써 강조했다. 그리고 드러난 사안의 중대성이나 제재의 수위(현대투신운용 및 현대투신증권에 대한 검찰통보)에 비해서 보도자료에 담긴 내용들은 지극히 추상적이었다. 실제로 이 보도자료에 이은 언론의 보도도 '재벌의 제2금융권 사금고화'를 지적하는 지극히 추상적이고 일반적인 내용에 불과했다. 당시까지 선풍적인 인기를 끌고 있었던 '바이코리아펀드'가 바로 이 보도자료와 관련이 있다는 점은 전혀 언급되지 않았고 보도되지도 않았다. 보도자료의 배포시점, 보도자료의 추상성 등 어느 모로 보나 감독기관이 시장에 가져올 충격 등을 우려하여 문제점을 축소하는 모습이었다. 아래는 1999년 12월 24일자 금융감독원 보도자료 중 현대투신운용 관련 부분을 발췌한 내용이다. 다른 지원 주체 및 객체는 실명으로 표시하면서도 '바이코리아펀드'는 단순히 '신탁재산'이라는 일반명사로 표시했음을 알 수 있다.

■ 현대투신운용(주)이 현대투신증권(주)에게 부당이익 제공

• 현대투신운용(주)은 '98. 6. 25~'99. 3. 26 기간 중 현대투신증권(주)의 상품 및 인수채권을 신탁재산에서 고가로 매입하는 방법 등으로 2033억 원의 채권매매이익 제공.
• 현대투신운용(주)은 '99. 3. 23~'99. 3. 27 기간 중 현대투신증권(주)이 보유중인 부도채권 및 CP를 장부가액 1520억 원으로 신탁재산에서 매입.
• 현대투신운용(주)은 '98. 3. 2~'99. 9. 10 기간 중 현대투신증권(주)에 시중 콜금리보다 낮은 금리로 콜론[13]을 제공하여 168억 원의 이익을 제공.

■ 콜론 제공을 통한 계열사 지원

• 현대투신운용(주)은 '98. 7. 28~'99. 9. 10 기간 중 현대투신증권 등 3개 계열사에 대하여 연계대출 한도를 초과하여 신탁재산에서 최고 1조 748억 원의 콜론을 제공.
• 현대투신운용(주)은 '98. 11. 30~'99. 9. 10 기간 중 수익증권 판매회사인 계열사 현대투신증권(주)에 펀드별 콜론한도(10%)를 최고 2433억 원 초과하여 콜 운용.

■ 운용 및 투자 한도를 초과한 계열사 지원

13 Call loan, 주식중개인에게 증권을 담보로 주는 대출금.

• 현대투신운용(주)은 '98. 10. 31~'99. 8. 28 기간 중 신탁재산의 계열사 주식 투자한도(10%)를 최고 7억 원 초과하여 현대전자 등 10개 종목에 투자.

• 현대투신운용(주)은 '98. 6. 23~'98. 7. 24 기간 중 계열사 유가증권 투자한도를 위반하여 대한알루미늄(주)이 발행한 CP에 투자(평잔 100억 원).

■ 계열사 및 특수관계인의 유가증권 등 취득

• 현대투신운용(주)은 '98. 4. 1~'99. 6. 19 기간 중 울산종금 등 계열사가 발행한 CP(평잔 4123억 원)를 신탁재산으로 매입.

■ 특정 투자신탁 편중관리

• 현대투신운용(주)은 계열사(현대투자신탁증권) 가입펀드의 신용 리스크를 축소할 목적으로 '99. 7. 14~'99. 8. 4 기간 중 대우 204회 등 910억 원의 무보증채권 등을 타 펀드로 편출.

■ 비계열 금융기관을 통한 계열사 우회지원

• 현대투신운용(주) '98. 7. 27~'99. 7. 26 기간 중 성우캐피탈 CP를 매입하고 성우캐피탈은 동 자금으로 계열사인 대한알루미늄 및 금강기획 발행 CP를 매입(평잔 603억 원)하는 방법으로 계열사 투자한도를 회피.

참여연대가 소액주주운동의 대상으로 삼았던 SK텔레콤의 경우에도 SK텔레콤이 보유하고 있던 대한텔레콤(현 SK C&C)의 지분을 최태원 회장 등에게 헐값에 매각한 것에 대한 공정거래위원회의 조치가 시발점이 되었는데, 공정거래위원회 보도자료 역시 1997년 12월 24일 크리스마스이브 날 배포된 바 있다. 이러한 경험들에 비추어보면 크리스마스이브 또는 명절 직전에 배포되는 보도자료는 더욱더 철저하게 검증할 필요가 있는 것 같다.

지금 이 장부를 열면 금융시장이 엄청난 혼란에 빠진다!

당시의 증권투자신탁업법에는 "수익자는 위탁회사에 대하여 영업시간 내에 당해 수익자에 관련된 신탁재산에 관한 장부·서류의 열람이나 등본 또는 초본의 교부를 청구할 수 있으며, 위탁회사는 정당한 사유 없이 이를 거절하지 못한다"는 조항(제28조)이 있었다. 이 조항은 투자신탁 수익자의 장부열람권을 규정한 조항이지만, 이 조항에 근거하여 장부열람권을 실제 행사했다는 사례는 그때까지 보고된 바 없었다. 숨은 법조문을 뒤져 소수자의 권리를 찾는 일을 많이 했던 참여연대는 이 조항을 근거로 현대투자신탁운용을 상대로 한 장부열람권 행사를 시도했다.

1999년 12월 24일 나는 내가 가진 수익증권 통장을 지참하고 영업시간 내에 현대투신운용을 예고 없이 방문하는 과감한 방법으로 장부열람을 시도했다. 그 자리에는 KBS 카메라 기자가 동행했다. 지금 생각해보면 다소 무례한 장부열람 시도였고 당연히 현대투신운용측에서 장부를 보여줄 리 없었다. 하지만 이미 금감원의 조사 결과가 발표된 상황이었고 문제의 펀드가 바로 '바이코리아펀드'라는 진실이 밝혀지는 것은 시간문제였다. 따라서 현대투신측에서도 마냥 장부열람을 거부할 상황은 아니었다. 나는 장부를 보여주지 않으면 곧 장부열람청구소송을 제기할 것임을 밝혔다. 장부열람청구소송을 제기한다면 큰 뉴스거리가 될 것이고, 애써 성탄절 전야에 발표한 금감원의 보도자료 내용이 다시 부각될 것이 뻔했다.

1차 방문 시 장부열람을 거부했던 현대투신은 전화상으로 장부열람을 허용할 것임을 고지하여 나는 2000년 1월 10일 오전 다시 현대투신운용을 방문했다. 하지만 장부열람은 형식적으로 그쳤으며 사실상 문제점을 확인하기는 어려웠다. 다음은 현대투신운용에 대한 2차 방문을 마치고 작성한 보고서이다.

현대투자신탁운용 방문 결과보고서

1. 일시

• 2000년 1월 10일 오전 10시 30분부터 12시 30분까지

2. 장소

• 현대투자신탁운용주식회사(현대투자증권 17층)

• 현대투자신탁운용주식회사는 현대투신증권(전 국민투자신탁)의 운용부서를 분리한 회사로 신탁재산의 운용업무를 담당하고 있는 현대투신증권의 자회사임.

3. 방문자

• 김주영 변호사, 박응조 회계사, 박근용 간사(참여연대)

4. 회사측 면담자

• 김○○ 대표이사, 성○○ 채권운용본부장, 컴플라이언스팀 이○○ 팀장, 투자지원팀 박○○ 대리

5. 방문목적

• 1999년 12월 24일 1차 방문 결과 열람을 거부하였던 회사측이 전화상으로 장부의 열람을 승낙하여 1차 방문 시 요청한 자료의 열람 및 등사물을 요구하기 위하여 재방문함.

〈요청자료명세서〉

① 펀드 운용내역

② 신탁계정원장

③ 신탁재산 명세서

④ 수익증권대장

⑤ 수익증권기준가격대장

⑥ 신탁재산운용지시서

⑦ 기타 위 펀드와 관련하여 증권투자신탁업법 제28조에 따라 작성, 비치되도록 한 일체의 장부 및 서류

6. 방문 상황

이○○ 팀장의 안내로 인도된 회의실에는 회사의 자료를 검색할 수 있는 컴퓨터 한 대가 설치되어 있었으며 출력물은 없는 상태였음. 김○○ 대표이사가 대화를 요청해와 차를 마시며 약 20~30분간 대화를 가짐. 회사측은 대한투신, 한국투신과 달리 투자신탁증권회사와 운용회가 분리되어 있어 상대적으로 불이익을 받고 있다고 주장함. 금감원에서 지적받은 사항은 뿌리깊은 업계의 관행으로 자신들만의 책임은 아니라고 항변하며, 7월 이후 채권시가평가제도가 도입되면 많은 부분이 개선될 것이라고 함. 대표이사와의 대화가 끝난 후 회의실로 돌아와 박○○ 대리의 안내로 회사컴퓨터를 통해 화면상으로 회사의 장부를 열람함. 기본적으로 확인이 가능했던 장부는 신탁재산명세부와 기준가격장이었으며 검색가능일은 1일밖에 안 되었음. 즉 기간검색이 안 되어 개별일자를 입력해야만 신탁재산명세부 및 기준가격장을 조회할 수 있었음. 운용지시와 관련된 장부는 열람할 수 없었으며 컴퓨터 작동을 안내했던 박○○ 대리는 운용에 관한 사항은 관할업무가 아니므로 잘 알고 있지 못하다고 함. 개별일자만을 입력해야만 검색이 가능하므로 열람 시 많은 시간이 요하고 어려웠음. 부실채권명세서를 요청하였으나 잘 모른다고 답변함. 컴퓨터

화면상으로 열람이 어려워 출력물의 등사를 요청하자 회사측에서는 검토해보겠다고 답변함. 김주영 변호사와 성○○ 채권운용본부장은 서로의 입장을 정리하여 추후 다시 연락하기로 함.

7. 방문 결과

회사측에서는 금감원에서 지적받은 부실채권의 상각문제에 대해 시인하며 10~15일에 걸쳐 간헐적으로 시장상황에 따라 부실채권을 부당하게 주식형 펀드에 편입하여 상각했음을 인정함. 이에 김주영 변호사는 성○○ 채권운용본부장에게 자료의 열람 및 등사를 요청하자 부실채권과 관련된 자료는 열람이 가능하나 등사는 불가능하다고 함. 또한 향후 참여연대의 대응방안이 무엇인지를 물어보며 언론으로 확대되는 것은 회사의 영업을 난처하게 만드는 것이라며 자료의 등사 요청 거부사유를 댐. 회사측과 참여연대의 입장정리를 위해 회사측에서는 1월 14일까지 회사측의 입장을 알려줄 것을 약속하였으며 일행은 일단 철수함.

그다음부터 2개월에 걸쳐 장부열람을 위한 지루한 줄다리기가 시작되었다. 현대투신운용은 장부열람에 일부는 협조하고 일부는 비협조하면서 읍소형 전략까지 구사했다. 문제가 있음을 인정하지만 지금 그걸 드러내면 회사도 망하고 금융시장이 큰 혼란에 휩싸인다는 것이었다. 실제로 당시는 대우사태로 금융시장이 크게 혼란스러운 상황이었다. 1999년 7월에는 대우그룹의 위기로 수익증권 환매사태가 있었고 8월에는 금융위원회가 환매제한조치까지 내렸던 상황이었다. 1999년 11월 초에는 대우채 관련 손실의 투신사 및 증권사 분담 내용을 포함한 금융시장 안정대책이 발표되면서 한투, 대투 등 투신사에 공적자금이 투입되는 상황이었다. 현대투신은 재벌계 투신사여서 공적자금이 투입될 수 없는 형편이었고, 이 때문에 고객을 상대로 증자까지 실시한 상황이었는데 이 상황에서 바이코리아펀드의 불법운용이 밝혀질 경우 현대투신은 망하고 금융시장도 큰 혼란에 빠진다는 것이 현대투신의 주장이었다.

참여연대에서는 막바로 장부열람소송을 내는 방법과 다소 시간을 주면서 계속 압박하여 자료를 징구하는 방법 사이에서 고민했는데 소송을 할 경우에도 상당한 시일이 소요될 것이라는 점을 감안하여 지속적으로 현대투신을 압박하면서 자발적으로 장부를 제공하고 문제점을 공개할 것을 요구했다. 그후 약 3개월간의 지루한 협상 및 압박의 과정을 통해 결국 2000년 3월경 바이코리아펀드의 장부열람을 마무리했다.

다음은 바이코리아펀드의 장부열람 결과를 최종 요약한 자료이다.

바이코리아펀드 장부열람 결과

1. 조사대상 펀드 이름

바이코리아 르네상스1-1, 바이코리아 나폴레옹1-1

2. 조사대상 기간

참여연대는 현대투자신탁운용주식회사에 바이코리아 르네상스 1-1과 나폴레옹1-1의 설정일로부터 1999년 11월 말까지의 펀드와 관련된 일체의 장부열람을 증권신탁업법 제28조에 의거하여 1999년 12월 말에 청구했고 회사는 1999년 3월부터 1999년 10월까지의 신탁재산명세부, 분개장, 운용지시서를 제출하여 조사에 착수함.

3. 바이코리아펀드의 운용주체

현대투자신탁운용주식회사는 현대투신증권의 자회사로 바이코리아펀드의 운용업무를 담당하고 있음. 바이코리아펀드는 현대증권과 현대투신증권을 통해 판매되고 있으며 현대투자신탁운용주식회사는 현대투신증권의 자회사임. 현대투신증권은 1982년 설립된 국민투자신탁이 1997년 4월 현대그룹 계열사로 편입되고 나서 회사의 이름을 현대투신증권으로 개명한 회사로 수익증권을 판매하는 회사임.

4. 조사 목적

1999년 12월 금융감독원은 현대계열 금융기관에 대한 연계검사를 실시했으며 현대증권, 현대투자신탁증권, 현대투자신탁운용은 각종 불법행위에 대해 지적받음. 특히 바이코리아펀드는 부실채권이 0%로 투명하게 운용되고 있다는 현대측의 광고에도 불구하고 운용을 책임지고 있는 현대투자신탁운용주식회사 또한 임의로 부실채권을 상각한 것 등으로 금융감독원의 지적을 받음. 참여연대는 과연 바이코리아펀드가 현대측 주장대로 투명하게 운용되고 있는지, 고객의 재산에 부당하게 손해를 끼치지 않았는지 여부를 확인하기 위해 장부열람권을 행사함.

5. 조사 결과

현대측 주장과는 달리 현대투자신탁운용주식회사는 르네상스1-1 펀드와 나폴레옹1-1 펀드에 고객 몰래 부실채권을 편입하여 상각함으로써 고객에게 재산상 손해를 끼쳤음. 특히 주가가 급등하던 6월부터 7월 사이에 집중적으로 르네상스 1-1에 부실채권 360억 원, 나폴레옹1-1에 120억 원을 편입하여 평균 50%씩 상각하여 6월부터 7월 사이에 상각한 금액만 르네상스1-1의 경우 180억 원, 나폴레옹1-1의 경우 60억 원이나 됨.

6. 조사 결과 요약

1999년 3월부터 11월까지 상각한 금액은 다음의 표와 같음.

펀드명	수익증권 편입금액	채권매매 손실금액	손실률
르네상스1-1	134,561,076,174원	22,322,096,310원	16.59%
나폴레옹1-1	21,756,134,995원	6,716,515,884원	30.87%
합계	156,317,211,169원	29,038,612,194원	18.57%

특히 집중적으로 부실채권을 상각한 1999년 6월부터 7월까지의 상각한 금액은 다음의 표와 같음.

펀드명	수익증권 편입금액	채권매매 손실금액	손실률
르네상스1-1	36,845,980,887원	18,049,047,135원	48.99%
나폴레옹1-1	12,316,122,345원	6,035,965,104원	49.01%
합계	49,162,103,232원	24,085,012,239원	48.99%

7. 고객에게 미치는 영향

현대투자신탁운용주식회사가 집중적으로 부실채권을 상각한 6월부터 7월까지의 르네상스1-1 및 나폴레옹1-1의 평균펀드금액이 약 6500억 원 및 1천억 원임을 감안할 때 부실채권 상각금액이 펀드에서 차지하는 비율은 각각 2.7% 및 6%에 해당됨. 즉 1천만 원을 르네상스1-1 펀드에 투자한 사람은 27만 원, 나폴레옹1-1 펀드에 투자한 사람은 60만 원의 손해를 본 것과 같은 것임.

8. 부실채권 상각방법

부실채권이 원래 발생한 채권형 펀드 등으로부터 부실채권을 분리하여 불법적으로 임의설정한 부실채권 상각전용펀드(일명 배드펀드 Bad fund)에 편입한 뒤 이 배드펀드에서 발행한 수익증권을 르네상스1-1 및 나폴레옹1-1 같은 주식형 펀드에서 매입함. 이 배드펀드에서 발행한 수익증권을 매입한 당일 50% 정도를 채권평가 손실로 계상한 뒤 통상적으로 다음날 고유재산을 거쳐 다시 매각함으로써 평가손실을 채권매매 손실로 현실화시킴.

9. 시사점

주가가 상승하는 날 부실채권을 편입하여 부실채권의 상각을 전혀 부담할 이유가 없는 주식형 펀드의 고객에게 손해를 전가하는 것은 정당화될 수 없으며 특히 부실채권 편입이 전혀 없다고 광고까지 한 바이코리아펀드에서 이러한 일이 발생한 것은 바이코리아를 믿고 투자한 투자자의 신뢰를 저버리는 행위임.

10. 불법금액

① 불량수익증권 편입

펀드명	수익증권 편입금액	채권매매 손실금액	손실률
르네상스1-1	41,110,011,906원	22,288,038,813원	54.22%
나폴레옹1-1	18,222,640,042원	5,537,071,955원	30.39%
합계	59,332,651,948원	27,825,110,768원	46.89%

11. 기타

① 배드펀드에 근거한 수익증권의 매매거래에서는 고유자산을 경유하여 이루어짐. 즉 르네상스펀드에서 수익증권을 매입하면 장부가액에 해당하는 현금은 고유자산을 거쳐 원래 부실채권이 발생한 펀드로 배분됨. 반대의 경우에도 동일함.

② 배드펀드의 유형은 크게 장기공사채형 배드펀드와 단기공사채형 배드펀드로 구별되며 단기공사채형 배드펀드는 상각을 위해 일시

적으로 만들어졌다 없어지는 펀드임. 이 밖에 주식형 펀드도 부실채권 상각을 위해 설정한 것이 있으나 상각금액은 상대적으로 작음.

③ 장기공사채형 배드펀드는 '장기 41호'라고 함.

④ 단기공사채형 배드펀드는 KR500XXXXXXXX의 일련번호로 나감.

⑤ 운용지시서를 검토해본 결과 운용지시서는 원본이 아니라 출력물이기 때문에 결재란에 표시가 없어 누가 지시했는지도 알 수 없으며 증권부장 참조로만 되어 있음.

※ 별지 : 1999년 3월부터 11월까지의 상각내역

더이상 침묵할 순 없다! 세상을 발칵 뒤집어놓은 바이코리아펀드 불법 운용에 대한 기자회견

참여연대는 2000년 4월 24일 드디어 바이코리아펀드의 장부열람 결과를 발표했다. 참여연대는 이날 기자회견을 통해 바이코리아펀드 르네상스 1호와 나폴레옹 1호 펀드의 장부열람 결과 각각 1345억 원과 217억 원의 불량유가증권을 고객재산에 편입하여 고객들에게 각각 223억 원 및 67억 원의 재산상 손실을 끼친 것으로 드러났다는 점을 밝혔으며 철저한 실태조사와 피해보상, 재발방지대책 마련으로 투신업계 전반에 뿌리깊은 불법관행을 근절하는 계기로 삼아야 한다고 주장했다. 다음은 이날의 기자회견을 다룬 언론보도 내용이다.

바이코리아 펀드 불법 운용… 참여연대 밝혀, 계열사 부실債 무단 편입

참여연대는 현대투자신탁운용이 지난해 바이코리아펀드의 대표상품인 '르네상스 1호'와 '나폴레옹 1호'를 운용하면서 1천 5백 62억 원 어치의 불량채권을 불법편입해 고객에게 모두 2백 90억 원어치의 손실을 입혔다고 밝혔다.

장하성 참여연대 경제민주화위원회 위원장(고려대 교수)은 24일 금융감독위원회 기자실에서 회견을 갖고 바이코리아펀드의 장부를 열람한 결과 이 같은 불법 자금운용 실태가 드러났다고 발표했다. 장위원장은 현대투신운용이 펀드자산의 5%까지 다른 펀드의 수익증권을 매입할 수 있다는 점을 악용했다고 설명했다. 계열사인 현대투신증권이 보유했던 부실채권을 모아 부실채권 상각전용펀드(일명 배드펀드)를 만든 뒤 여기서 발행한 불량수익증권을 바이코리아펀드에 편입했다가 상각하는 수법을 썼다는 것이다.

고객재산 피해 현황=참여연대가 밝힌 고객들의 손실액은 '르네상스 1호' 펀드에 223억 원, '나폴레옹 1호' 펀드에 67억 원이다.

참여연대 김주영 변호사는 르네상스 1호(펀드 규모 약 6천 5백억 원)는 2.7%, 나폴레옹 1호(펀드 규모 1천억 원)는 6%의 수익률 하향조정 효과가 있었다고 설명했다.

참여연대는 현대투신운용이 운용하고 있는 425개 펀드를 조사한 결과 작년 7월 16일부터 8월 23일 사이에 펀드별로 대우채권 편출입이 빈번하게 이뤄져 이로 인해 고객들이 더욱 큰 피해를 입었을 가능성이 있다고 주장했다.

장경제민주화위원장은 "대한투신과 한국투신의 펀드도 조사할 예정"이라고 말했다.

문제점과 전망=참여연대는 현대투신운용이 불법 운용에 따른 손실만큼 바이코리아 투자자에게 보상해줘야 한다고 주장했다.

그러나 금감원 관계자는 "금감위가 고객손실에 대해 보상명령을 할 권한이 없다"고 말했다.

현대투신운용 관계자도 부실채권의 상각을 안분하기 위해 배드펀드를 편입시켰으므로 오히려 이익을 본 고객도 있을 것이라고 주장했다.

참여연대 김변호사도 "집단소송제가 도입돼야 소송을 통한 해결이 가능할 것"이라며 대안을 제시했다.

금감원이 펀드의 회계처리를 투명하게 하기 위해 외부회계감사를 실시하는 등 제도적 장치를 마련했지만 근본적으로는 집단소송제가 도입돼야 고질적인 편출입 관행이 뿌리뽑힐 수 있을 것이란 지적이다.

2000년 4월 24일 한국경제

수만 명의 피해자들 중 소송에 참가한 것은 불과 17명, 그러나 선례를 남기기 위한 싸움

바이코리아펀드의 불법 운용 결과 발표는 예상대로 큰 반향을 일으켰다. 국민들의 애국심에 호소해서 무려 12조 원 이상 팔린 바이코리아펀드가 불법 운용을 했다는 사실은 매우 충격적이었다. 그다음 단계는 피해자에 대한 실질적인 배상이었다. 장부열람 결과 밝혀진 피해액수는 안정형인 바이코리아 르네상스 1호의 경우 223억 원이었으며, 나폴레옹 1호의 경우에는 67억 원이어서 총 290억 원에 달했다. 하지만 문제는 이들 펀드의 가입자들이 수만 명이어서 투자자 1인당 개별적인 피해액수는 너무 적었고, 당시까지는 아직 바이코리아펀드 르네상스 1

호와 나폴레옹 1호가 손실을 내지 않고 수익을 내던 상황이어서 투자자들의 참여가 불투명했다는 점이었다.

하지만 이런 사안에 대하여 소송을 내서 선례를 남기는 것은 매우 중요한 일이었다. 따라서 참여연대는 내가 속한 법무법인 한누리와 더불어 실제 바이코리아펀드 가입자들을 모아 손해배상청구소송을 내기로 하고 원고 모집에 착수했다. 예상대로 피해자들의 참여는 매우 저조해서 최종적으로 모인 피해자의 수는 총 17명이었고 이들의 피해액은 약 5천만 원가량이었다.

결국 참여연대는 2000년 8월 7일 바이코리아펀드에 가입했다가 손해를 입은 17명의 투자자들을 대신해서 원고들 1인당 일단 10만 원씩을 청구하는 소장을 서울지방법원에 제출했다. 소장에서 우리는 "바이코리아 르네상스 1호 펀드와 나폴레옹 1호 펀드에 대한 장부를 열람한 결과 현대투신운용의 불법적인 운용으로 르네상스 1호 펀드에 투자한 고객은 1천만 원을 맡겼을 때를 기준으로 27만원, 나폴레옹 1호 펀드에 투자한 고객은 60만 원의 손실을 입었다"며 "이 같은 손해는 현대투신이 보유한 부실채권을 엄격히 분리운용하도록 돼 있는 신탁상품으로 떠넘긴 결과"라고 주장했다. 아울러 "이는 신탁재산으로 수익자가 아닌 자의 이익을 위한 행위를 할 수 없도록 규정한 증권투자신탁업법 제32조를 위반한 것이며 아울러 고객의 이익을 보호해야 한다는 같은 법 17조를 어긴 불법행위인 만큼 구체적인 손해가 정해질 때까지 원고 각자에게 10만 원씩을 배상하라"고 주장했다.

이 소송 자체가 금융 정상화를 가로막는 행위다? 재판을 가로막는 움직임들, 그리고 오랜 고민 끝의 결단

이미 바이코리아펀드의 불법 운용이 밝혀졌으므로 승소 가능성은 매우 높았지만 액수가 적고 배상액에 관한 입증은 그리 녹록지 않았다. 나는 원고들의 펀드가입액을 토대로 추정손해액을 산정하여 청구취지를 확장했으며 이를 기초로 합의부로 이송신청을 하여 합의부에서의 재판기일이 2000년 12월 5일로 지정되었다. 이후 원고측은 금감원의 조사기록에 대한 송부촉탁신청을 하는 한편, 장부열람 결과를 요약한 준비서면을 제출했다.

이에 대하여 피고측은 부실자산 상각을 위한 배드펀드의 설정이 사실상 금융감독당국의 허가 아래 이루어진 것이고, 부실자산의 발생원인이 그 당시까지 투자신탁의 운용제도 및 실무관행에 따라 투신사가 어쩔 수 없이 떠안게 된 것이기 때문에 이를 여러 펀드들이 나누어 부담할 수밖에 없는 것이라고 항변했다. 아울러 피고측은 이 사건 소송이 현대투신의 경영 정상화를 저해하여 투신권 구조조정을 무산시킬 수 있다는 취지도 주장했다. 그후 몇 차례 서면공방과 재판기일 진행에서 1심판결을 위한 분위기가 무르익어가던 중 피고측 변호사로부터 판결에 의하지 않고 자발적인 배상을 하는 방향으로 해결하자는 제안이 들어왔다. 참여연대는 이 제안에 대하여 여러 가지로 고민했다. 판결을 받아내어 의미 있는 선례를 남기자는 의견도 있었지만, 자발적으로 배상하게 하는 선례를 남기는 것도 의미가 있었고, 의뢰인의 이익을 위해서는 실질적인 배상이 조속히 이루어지는 것이 바람직하다는 점들을 감안하여 합의에 의한 종결 쪽으로 분위기는 기울어졌다. 결국 소송을 제기한 지 1년 4개월 정도 이후인 2001년 11월 27일 원고측과 피고측은 청구금액의 90% 자발적 배상안에 합의하고 소송을 종결시켰다. 다음은 이러한 합의사실을 다룬 언론보도 내용이다.[14]

참여연대, 펀드 '수익률 물타기' 제동

관행적으로 이뤄져온 '펀드 수익률 물타기'에 대해 제동이 걸렸다.

투신운용사를 상대로 한 소송에서 투신운용사가 처음으로 자신들의 잘못을 인정, 고객들에게 합의금을 지급했다.

참여연대는 4일 서울 여의도 증권거래소에서 기자회견을 갖고 2000년 4월 '바이코리아펀드'의 부실운용과 관련, 현대투신운용을 상대로 제기했던 손해배상청구소송을 최근 합의금을 받고 취하했다고 밝혔다.

참여연대측은 "현대투신운용이 소송 청구액의 90%에 해당하는 4500만원을 배상한다는 전향적인 자세를 보이고 지난 1일 이를 지급함에 따라 소송을 종결했다"며 "이번 합의금 지급은 신탁재산 간 수익률을 조정하기 위한 편법 운용은 허용될 수 없다는 점을 확인하고 투자자들의 장부열람권과 부당 운용에 대한 손해배상청구권 등 법조문상에만 존재하던 각종 권리들이 빛을 보는 계기를 마련했다"고 밝혔다.

참여연대는 2000년 4월 장부열람권을 통해 현대투신운용이 신탁재산으로 보유하던 부실채권을 한데 모아 부실채권 상각전용펀드(일명 배드

14 당시 합의서에 따라 합의사실에 대한 공표는 2002년 2월 1일 이후에 하기로 했다.

펀드)를 조성한 뒤 여기서 발행된 불량수익증권을 바이코리아펀드(르네상스 1-1호, 나폴레옹1-1호)에 편입, 상각한 사실을 폭로한 뒤 소송을 제기했다. 이는 수익률이 높은 펀드에서 불량수익증권을 사줌으로써 수익률을 맞춘 것이다.

이번 합의에 따른 혜택은 바이코리아펀드 투자자들 중 소송에 참여한 17명에게만 미친다. 그러나 개인적으로 소송을 제기해 손해배상액을 받을 수 있는 길은 열려 있어 투자자들의 소 제기가 잇따를지 주목된다.

현투운용측은 그러나 이날 "펀드 간 부실채권 상각은 당시 전체 투자자를 보호하기 위한 불가피한 운용이었다"며 "이번 합의는 향후 투신업계 발전 및 해외매각에 도움을 주기 위한 것"이라고 설명했다.

2002년 2월 5일자 한국일보

다수에게 약간씩 피해를 끼치며 위기를 넘겼던 투신사들, 그후의 이야기

바이코리아펀드 소송은 소송 자체보다도 소송에 앞서 펀드 수익자의 장부열람권을 활용하여 펀드의 불법운용사실을 밝힌 것에 의미가 있는 소송이었다. 만약 집단소송제가 있었다면 수만 명에 달하는 불특정다수의 투자자들이 입은 290억 원 상당의 피해를 보상받을 수 있었을 것이다. 2005년 도입된 증권 관련 집단소송에도 펀드의 불법 운용과 관련한 손해는 집단소송의 대상에서 제외됨으로써 펀드의 불법 운용을 통해 불특정다수에게 소액 다수의 피해를 입힌 경우 사법절차를 통해서 구제받기란 여전히 어려운 실정이다. 하지만 바이코리아펀드에 대한 장부열람과 손해배상소송을 계기로 투신업계에서 비일비재하게 이루어지던 펀드의 불법 운용이나 부당 편출입은 많이 줄어들었다고 하니 나름대로 큰 의미가 있는 소송이라고 생각한다.

한편 이 소송은 당시 내가 함께 일하던 후배 변호사와 헤어지는 계기가 된 사건이기도 하다. 이 소송 중간에 화해와 관련한 협상이 진행되던 중 후배 변호사가 나의 동의 없이 기자에게 관련 내용을 말하여 대서특필되는 일이 있었다. 외향적이어서 나서기를 좋아했던 그 후배는 기자들과의 접촉이 잦았으므로 능히 있을 수 있는 일이었지만……

3장

피해자들을 두 번 울게 한 비운의 집단소송

— 세종하이테크 주가조작소송

대법원 2003다55486호 사건

다들 금융기관이었으므로 돈을 돌려받는 일에는 달인들이 아닌가?
'대량학살'이 따로 없었다.
피해자들은 두 번 죽어야만 했다.
주가조작에 참여했던 기업주와 펀드매니저들은
유죄가 인정되었지만,
대부분 집행유예로 풀려났고 단 한푼도 배상하지 않았다.

주가조작은 유죄, 배상은 무, 통한의 소송

세종하이테크 소송은 내가 가장 아픈 기억을 갖고 있는 소송 중 하나이다. 342명이 원고로 참여한 소송의 1심에서 21억 원의 배상판결이 내려졌으나 그후 2심에서 원고 승소판결이 완전히 뒤집어져 원고 청구가 전부 기각되었다. 그후 원고들이 대법원에 상고했지만 상고가 기각됨으로써 원고가 패소한 2심판결이 확정되었다. 원고들은 가집행선고가 붙은 1심판결을 기초로 피고들을 상대로 집행하여 일부 배상을 받기도 했지만, 그후 판결이 완전히 뒤집어지면서 받은 돈을 다시 돌려주어야 했다. 더 나아가 피고들 중 일부가 변호사비용까지 청구하여 원고들을 대리했던 우리 사무실에서 그 비용까지 물어줘야만 했다. 주가조작에 참여했던 기업주와 펀드매니저들은 유죄가 인정되었지만, 대부분

집행유예로 풀려났고 단 한푼도 배상하지 않았다.

비록 아픈 상처를 남긴 사건이지만 투자자 소송이 반드시 승소로 이어지는 것만은 아니라는 것, 일반인의 기대와 법원의 판결은 얼마든지 다를 수 있다는 것, 재판과정에서의 설득은 상식적인 수준을 훨씬 넘어서야 한다는 것을 가르쳐준 사건이기도 하다.

유수 금융기관의 펀드매니저가 개입한 충격적인 주가조작사건

2000년 7월 4일 신문지상을 도배한 세종하이테크 사건은 국내 유수 금융기관들의 펀드매니저들까지 개입하여 코스닥에 신규상장한 회사의 주가를 조작한 사건으로 증시에 매우 큰 충격을 주었다. 몇몇 작전세력이 서로 짜고 주가를 끌어올렸던 이전의 주가조작사건과는 근본적으로 성격이 달랐다. 한양증권, 삼성투신, 국민은행 등 국내 유수 금융기관들의 유명 펀드매니저들이 기업의 대주주와 결탁해 그것도 고객의 돈을 이용해 주가를 띄웠다는 점에서 증권시장에 상당한 파문을 일으켰던 사건이다. 아울러 당시 소문으로만 나돌던 코스닥 신규등록기업의 주가조작이 사실로 확인됐다는 점에서 공모주 시장에도 적지 않은 영향을 미쳤다.[15]

---

15 2000년 7월 5일자 한국경제신문 참조.

코스닥 청약시장에 찬물을 끼얹은 세종하이테크의 몰락

세종하이테크는 1992년에 설립되어 반도체부품을 생산하는 등의 기업활동을 벌인 매출액 약 300억 원 규모의 벤처기업으로서 1999년 12월 14일 공모가 5만 원(액면가 5천 원)으로 코스닥에 신규상장된 회사였다. 세종하이테크는 상장 직후 무려 13일간 연속 상한가를 기록했으며 이후 잠시 조정 양상을 보이다 1월 말 다시 상승하기 시작하여 그 당시 1만 1천 원 수준이었던 주가는 3월 말에 3만 3천 원 선으로 3배로 뛰었다. 물론 이런 '상장 후 급등' 현상은 세종하이테크에 국한된 현상은 아니었다. 당시 신규상장 종목들에서 세종하이테크와 같은 폭발적인 주가 상승을 쉽게 발견할 수 있었다. 이 때문에 코스닥 공모주 청약시장은 신규상장 종목의 주가 급등을 기대한 수많은 소액투자자들이 모이는 형국이었다. 세종하이테크 사건은 비슷한 시기에 이루어진 코스닥 신규상장 종목들의 상장프리미엄이 과연 진실한 것인지를 의심케 하여 코스닥 공모주 청약시장의 전반적인 위축을 가져오기까지 했다.

다음의 신문기사는 당시 세종하이테크 주가조작사건 관련 보도이다.

[세종하이테크 수사] 코스닥 '주가조작' 쇼크

"터질 것이 터졌다."

세종하이테크 주가조작사건이 알려진 4일 여의도 증권가는 충격에 휩싸인 채 주가 하락을 지켜봐야 했다. 특히 그동안 소문만 무성하던 코스닥시장의 주가조작이 추가로 밝혀질 경우 코스닥은 다시 한번 150선 아래로 곤두박질칠 것이란 불안감이 급속도로 번졌다.

이날 오전 장까지 강보합을 유지하던 증시는 검찰이 일부 펀드매니저들의 세종하이테크 주가조작사건 전말을 공개하면서 거래소는 16포인트나 밀렸고 코스닥도 2포인트 하락으로 마감했다.

증시전문가들은 최근 부실공개 등으로 자금 유입이 기대되던 투신권이 이번 사건으로 다시금 주저앉을 수 있다고 우려하고 있다. 투자심리가 위축되고 수익증권 등에 대한 자금유입이 봉쇄되면 기대하던 유동성 장세는 물거품이 될 수도 있다는 전망이다.

대한투신 관계자는 "펀드매니저의 심각한 도덕적 해이 발생으로 투자자에게는 분노와 허탈감을 안겨주고 있다"며 "특히 공적자금을 수혈받아 신뢰를 회복하려는 노력에 찬물을 끼얹은 악재"라고 말했다.

이번 사건에 연루된 한국 · 대한 · 삼성 등 대형투신사는 긴급대책회의를 갖고 투자자 설득 방안을 강구하느라 부산하게 움직였지만 시장의 안전판 역할이 줄어들 것으로 우려했다. 펀드매니저들이 기업가치와 상관없이 주가조작을 위해 종목을 편입하는 투신권의 매매행태가 드러난 이상 개인투자자들이 이 같은 지표를 신뢰하지 않을 것으로 예상되기 때문이다. 증권가에서는 세종하이테크 사건은 빙산의 일각에 불과하다고 지적하고 있다. 코스닥증권시장 관계자는 "지난해 말 묻지마 투자 열풍 속에 주가조작 소문에 휘말리지 않은 종목이 없을 정도였다"며 "제2, 제3의 세종하이테크가 나올 개연성은 충분하다"고 말했다. 이미 검찰에선 세종하이테크에 이어 G사에 대한 내사에 착수한 것으로 알려져 코스닥 종목 투자가들의 심리를 얼어붙게 만들고 있다.

2000년 7월 4일 한국일보

대형투신사 간판매니저들까지 총체적으로 뛰어든 주가조작사건의 전말

1999년 11월경 세종하이테크의 대표이사이자 대주주인 최모씨는 H증권 명동지점 부지점장인 피고 이모씨에게 소외 세종하이테크가 코스닥에 등록되면 주가관리를 해줄 것을 부탁하면서 15억 원을 건네주었다. 이후 같은 해 12월 11일 세종하이테크는 코스닥에 등록됐으며 이모씨는 전 직장동료 또는 학연 등 친분이 있는 펀드매니저들에게 주가를 올려달라고 청탁한 뒤 위 15억 중 합계금 9억 원을 주었다. 세종하이테크는 액면가 5천 원을 기준으로 5만 원에 공모주 청약이 이루어진 후 코스닥 등록 후 3주가 채 안 된 2000년 1월 6일 22만 9천 원까지 4.1배나 급등한 후 11만 5천 원까지 하락하고, 다시 급등세로 돌아서 같은 해 3월 28일에는 33만 2900원까지 폭등했다.

수사 및 재판과정에서 드러난 바에 따르면 이들은 계속적, 순차적으로 소량, 대량, 분할, 집중 매수하는 방법, 시초가 고가매수, 당일 최고가 형성을 위한 고가매수, 종가 상승을 위한 고가매수, 허위주문 등의 방법으로 세종하이테크의 총 주식 75만 주 가운데 20%가 넘는 15만에서 18만 주를 주가조작에 동원하여 수백억 원대의 시세 차익을 얻었으며 세종하이테크의 주가가 '상투'[16]까지 오르자 자신들이 관리해주는 개인투자자들의 계좌로 주식을 넘겨버리는 등 일반투자자들은 물론 자

16 주가가 큰 폭으로 오르락내리락할 때, 최고점으로 여겨지는 가격대.

신들이 관리하는 고객들에게도 손해를 입힌 것으로 드러났다.

세종하이테크 주가조작 혐의로 유죄판결을 받은 펀드매니저 중에는 몇몇 투신사를 대표하는 간판급 매니저들이 포함되어 있었다. 그중 가장 큰 파장을 일으킨 장본인은 D투신의 백모 펀드매니저였는데, 세종하이테크 주식 4만 주 취득 사례비 조로 무려 3억 원을 수수한 것으로 드러났으며 그 외에도 S투신 등의 유명 펀드매니저들이 연루된 것으로 드러났다.

이들은 사회적으로 큰 파장을 일으키며 구속기소되었지만 이들에 대한 처벌은 결국 솜방망이로 그쳤다. 우선 펀드매니저들에게 15억 원을 주고 주가를 조작한 회사대표는 특정경제범죄가중처벌 등에 관한 법률상 징역 2년에 집행유예 3년을, 그로부터 15억 원을 받고 주가조작을 주도한 H증권 부지점장에 대해서는 징역 3년에 추징금 6억 원이 선고되었다. 하지만 이 부지점장으로부터 '세종하이테크 주가를 올려달라'는 청탁과 함께 1억~3억 원의 사례비를 받고 주가조작에 참여한 백모 매니저 등 펀드매니저 6명에게는 각각 징역 2년 6월에 집행유예 4년씩이 선고되었다.

부도덕한 펀드매니저를 고용한 금융기관에도 책임을 묻다

피해자들의 문의가 이어지는 가운데 법무법인 한누리의 사무실에서는 홈페이지상의 온라인 프레젠테이션을 통한 의뢰인 모집이 진행되었다. 모집 대상 피해자들은 주가조작기간 중 고가에 주식을 매입했다가 손해를 입은 사람이었는데, 작전이 시작된 시점은 1월 말로 추측되었기 때문에 일단 2000년 1월 30일부터 검찰의 사건 발표시점 다음날인 2000년 7월 3일까지 주식을 매수한 사람을 대상으로 원고를 모집했다. 다만 이 기간 중 세종하이테크의 주식을 구입했다가 중간에 매수가격보다 높은 가격으로 매도하여 이익을 본 사람은 제외했다.

피고에는 주가조작을 주도한 세종하이테크 대표이사와 H증권 부지점장 그리고 주가조작에 관여한 펀드매니저들이 일차적으로 포함되었고, 그 외에도 펀드매니저들이 소속된 금융기관들을 모두 포함했다. 이토록 피고의 범위를 넓게 잡은 것은 법적으로 볼 때 사용자책임을 물을 수 있다고 판단했기 때문이고 한편으로는 이 사건을 통해서 국내 유수 금융기관들의 경각심을 불러일으키고 배상책임의 재원을 확실히 확보하고자 하는 의도도 있었다.[17] 당시 피고측을 대리한 변호사 사무실들은 법무법인 우방, 화백, 바른, 지평 등이었다.

주가조작이 없었다면 정상주가는 얼마였을까

위와 같이 모집한 원고들은 총 348명이었는데 우선 소장에서는 편의

17 하지만 지나치게 많은 피고들을 상대로 소송을 제기하여 소송과정에서 합의나 협상은 어려웠다. 이 때문에 1심 승소판결 이후 가집행할 수밖에 없었는데, 이 가집행이 피고들의 격렬한 반발을 일으켰다는 점에서 과연 그 당시의 판단이 최선이었나 하는 의구심이 들기도 한다.

상 원고들이 취득한 주식 1주당 1천 원의 손해를 보았다고 보아 총 7억 6천만 원가량의 손해배상을 청구하는 소송을 제기했으며 추후 청구액을 확장하기로 했다. 그후 손해배상액 산정과정에서 원고들 중 6명이 소를 취하하여 이들을 제외한 342명이 총 43억 9700만 원으로 청구금액을 늘려 소송을 진행했다.

이 소송에서 가장 첨예하게 다퉈진 것은 손해배상액의 산정방식이었다. 분식회계의 경우에는 증권거래법에 손해배상액 산정방식이 구체적으로 나와 있는 반면, 주가조작의 경우에는 '위반행위로 인하여 형성된 가격에 의하여 유가증권시장에서 당해 유가증권의 매매거래 또는 위탁을 한 자가 그 매매거래 또는 위탁에 관하여 입은 손해'라고만 규정하여 구체적으로 손해액을 어떻게 산정하는지에 관해서는 확립된 기준이 없는 실정이었다.[18]

기존의 판례들은 1) 증권거래법 제15조에 따른 산정방식을 원용하는 방법(취득가격에서 처분가격 또는 미처분주식의 경우 변론종결시의 가격을 공제하는 방법)과 2) 매입가격과 정상주가와의 차액을 손해액으로 보는 방법 등이 시도된 바 있었는데 매입가격과 정상주가의 차액을 손해액으로 보는 경우에도 정상주가를 어떻게 산정하는지에 관한 일정한 룰이 없어서 이른바 '대한방직 주가조작사건'에서는 과거에 거래되었던

---

18 증권시장의 역사가 오래된 미국에서도 증권사기에 따른 손해배상액을 산정할 때는 단일한 산정방식을 적용하지 않고, 사안에 따라 다양한 방법을 채택하면서 이들 방법 중 원고들에게 가장 유리한 방법을 채용하는 것이 일반적이었는데, 미국 법원에서 가장 많이 사용되고 있는 손해평가방식은 '원고가 증권을 매입한 가격과 거래 당시 당해 증권의 진정한 가치와의 차액'을 손해액으로 보는 방법이었다(이른바 'Out-of-Pocket 방식').

최고시세를 정상주가로 간주하기도 했다.

이번 세종하이테크 소송에서는 미국 법원의 선례와 국내 학자들의 견해, 기존 판례를 감안하여 '원고들의 실제매입가에서 매입시점의 정상주가를 공제한 금액'을 손해액으로 주장하기로 하고 정상주가는 경제학자를 감정인으로 선정하여 사건연구방식에 의해서 이를 산출하도록 하는 방법을 쓰기로 했다. 이는 국내 주가조작사건에서 처음으로 시도한 방법이었다. 무릇 정상주가란 피고들의 시세조종행위가 없었더라면 원래 원고들이 시장에서 매수할 수 있었던 시가를 말하며, 여기서 시가란 불특정다수인의 자유롭고 정상적인 거래에 의하여 시장에서 형성된 객관적인 교환가격을 뜻한다. 그러나 시세조종기간 동안에는 실제 이와 같은 정상적인 거래가 이루어지지 못하여 객관적인 교환가격이 형성되지 않기 때문에, 어차피 당시의 정상주가는 감정 등을 통해서 추단해낼 수밖에 없는 노릇이었다. 미국 법원의 경우에는 이런 정상주가를 산출하기 위해서 '사건연구event study'방식이라는 통계학적 방법론을 활용하고 있는데 이번 세종하이테크 소송에서는 이러한 방법론을 채용했다.

1심재판중에는 이러한 사건연구방식에 의한 정상주가 산정방식이 과연 우리나라 증권거래법상 적절한지에 관한 다툼이 많이 이루어졌다.

미진했지만 의미 있었던 1심판결, 새로운 방식의 정상주가 감정과 피해액을 인정받다

1년 반가량의 1심재판이 진행된 후 2001년 12월 13일 드디어 1심판결이 선고되었다. 재판부는 판결문을 통해 피고들의 주가조작사실과 이러한 주가조작으로 인해 세종하이테크의 주가가 실제 가치보다 높게 형성된 사실을 인정하고, 피고들은 세종하이테크의 주식을 실제 가치보다 높은 가격으로 취득한 원고들의 손해를 배상할 책임이 있다고 밝혔다. 또 손해배상액의 산정방식에 관해서는 원고측이 주장한 바와 같이 주가조작이 없었더라면 형성되었을 가격으로서 투자자가 매수할 수 있었던 가격(정상주가)과 주가조작으로 인하여 형성된 가격으로서 피해자가 실제로 매수한 가격(조작주가)과의 차액으로 보는 방식이 타당하다고 밝히고, 감정 결과에 따라 위 정상주가를 산정했다. 다만 재판부는 원고들이 주식과 관련된 제반 상황을 제대로 확인하지 않은 채 이 사건 주식을 매수한 점을 원고들의 과실로 보고, 그 비율을 30%로 하여 위 손해액에서 제했다. 또한 주가조작으로 인해 상승된 가격으로 주식을 매도했을 경우 그 매도가격과, 주가조작이 없었더라면 매도하게 되었을 가격과의 차액은 주가조작으로 인해 이득을 본 부분으로 볼 수 있으므로 이 역시 손해액에서 공제해야 한다고 보았다. 이러한 손해액 산정과정을 거쳐 약 280명의 원고들에 대해서는 일부승소판결이 내려졌으나 62명의 원고들에 대해서는 패소판결이 내려졌다.

패소한 원고들 62명 중 15명은 감정 결과에 따랐을 경우 손해가 없다고 본 원고들이며, 나머지 47명의 원고들은 감정 결과에 따른 손해가 인정되었으나, 30%의 과실비율과 손익공제를 적용하자 결국 배상받을 수 있는 금액이 없는 것으로 계산된 원고들이었다.

1심판결은 언론에서 큰 주목을 받았으며 특히 주가조작소송에서 진일보한 손해배상 산정방식을 채용한 것으로 평가되었다. 아래는 이와 관련한 당시 신문보도내용이다.

감정인 산출 '정상주가' 기초 첫 배상판결

주가조작으로 발생한 투자자들의 피해액은 시세조종 이전의 최고주가가 아니라 기업의 영업실적 및 국내외 시장환경을 감안해 산정한 정상주가를 기준으로 산출해야 한다는 법원의 판결이 나왔다.

서울지법 민사합의 21부(재판장 최철 부장판사)는 17일 '세종하이테크 주가조작사건'으로 손해를 봤다며 김지은씨 등 투자자 342명이 작전세력인 최종식(53)씨 등 8명과 대한투신증권, 삼성투신운용 등 6개 법인을 상대로 낸 손해배상소송에서 "원고 280명에게 21억 1250만 원을 배상하라"고 판결했다.

재판부는 판결문에서 "최씨 등이 시세조종이 있던 시기(2000년 1월 10일~3월 말)에 1만 4000원~3만 1000원까지 상승한 세종하이테크의 주가는 코스닥지수와 벤처지수, 회사의 당시 영업실적, 부채비율 등을 감안할 때 실제가치보다 높게 형성된 것"이라며 "피고는 원고들이 높은 값에 주식을 사게 된 만큼 손해를 배상할 책임이 있다"고 밝혔다.

재판부는 그러나 "김씨 등이 매수하려는 주식과 관련된 상황을 제대로 확인하지 않은 잘못이 있다"며 "이들의 과실책임 30%를 피해액에서 제외한다"고 덧붙였다.

이번 판결은 법원이 한국개발연구원 교수 등 전문가에게 의뢰, 시세조종이 없는 상태에서 회사의 영업실적 및 자산상태, 금리 등 국내 경제상황을 반영해 산출한 주가(정상주가)를 피해액 산정을 위한 기준주가로 인정한 첫 판결이다. 지금까지 법원은 시세조종 이전의 최고주가를 정상주가로 인정해 이 정상주가와 시세조종으로 형성된 주가의 차액을 피해액 산정으로 인정해왔다.

한편 김씨 등은 재작년 7월 증권사 펀드매니저에게 커미션을 제공하고 세종하이테크 주가를 조작한 혐의로 이 회사 대표 최씨와 증권사 지점장 등 8명이 구속되자 최씨와 증권사를 상대로 소송을 냈다.

2002년 2월 18일 매일경제

1심판결 후 피해액을 강제집행한다는 것

1심판결은 최종적으로 확정된 것은 아니지만, 가집행 권한이 포함되어 있으므로 원고측으로서는 항소심의 진행과 관계없이, 1심판결을 근거로 피고들의 재산에 대한 강제집행을 통해 피해금액을 지급받을 수 있었다. 물론 피고들이 강제집행 전 위 피해금액을 법원에 공탁하고 강제집행 정지신청을 하게 되면 원고들은 이와 같은 강제집행 권한을 행사할 수 없었으나, 다수의 피고들은 설마 자신에게 강제집행이 들어오지는 않을 것으로 방심했는지 강제집행 정지는 신청하지 않았다. 당시 우리 사무실은 피해를 신속하게 회복하기 위하여 가집행을 고려했다. 가집행의 대상으로는 한양증권과 국민은행 두 곳을 정했다.

우리는 이들 두 곳을 상대로 전격적으로 진행한 강제집행을 통해 승소원리금 약 22억 원 중 17억 원의 배상금을 집행했다. 한양증권 5억 원, 국민은행 12억 원인데 당초 피고들을 대상으로 원금 및 이자까지 약 22억 원을 전부 집행할 예정이었으나 상대방측이 중도에 강제집행 정지절차를 밟는 바람에 전액 집행에는 이르지 못했다.

나로서도 다수 당사자 소송에서 이렇게 1심판결을 가집행한 것은 이 소송이 처음이었다. 결국 전격적인 가집행은 가집행의 대상이 되었던 피고들의 큰 반발을 야기했고, 나중에 1심판결이 번복되어 가집행된 금원을 되돌려주는 사태가 발생함으로써 큰 곤란을 야기했다. 이 때문에 나는 신속한 집행이 꼭 필요한 경우가 아니면 1심에서 승소하더라도 이에 따른 강제집행은 하지 않는 것이 좋다는 교훈을 얻게 되었다. 지나친 확신은 오만을 의미하고 결국 화를 불러일으키기 마련이다.

치밀한 주가조작, 계산기 두드리는 감정인, 불안감을 드리운 항소심 심리

한국·대한투신증권, 삼성투신 등 세종하이테크 주가조작사건에 연루된 6개 기관은 법원의 배상판결과 관련해 즉각적으로 항소방침을 밝혔으며 원고들도 패소 부분을 다투기 위해 항소장을 제출했다. 이로써 사건은 서울고등법원으로 넘어가게 되었다. 그런데 항소심재판부를 맡은 재판장은 변호사들 사이에서 예측이 어렵고 강압적인 재판 진행으로 유명한 이모 부장판사였다.[19] 나는 그 부장판사가 지방법원 부장판사 시절 담당했던 형사사건에서 아주 좋지 않은 경험을 한 터라 일말의 불안감을 떨칠 수 없었다.

그 이후의 항소심재판은 주로 1심에서 행해진 사건연구방식의 정상주가 감정의 적정성에 초점을 맞추어 진행되었다. 몇 차례의 변론준비기일이 지난 후 피고측은 우리측의 감정 결과를 다투고 자신들의 주장사실을 입증하기 위해서 감정신청을 했는데, 추천감정인으로는 경희대학교 국제경영학부의 박모 교수와 명지대학교 경영학과의 이모 교수를 지정했다.

통상 부동산 시가감정 등의 경우에는 법원에 감정인 명단이 있기 때문에 법원이 임의로 감정인을 지정한다. 하지만 사건연구와 같은 경제학적 감정의 경우에는 감정의 사례나 절차가 표준화되어 있지 않기 때문에 법원이 감정인을 지정할 수 없는 문제가 있었다. 따라서 누군가의 추천에 의존할 수밖에 없는데 대개는 감정을 신청하는 측의 추천감정인 중에서 감정인을 선정하게 된다. 이럴 경우 감정인은 자기를 추천한 감정신청인측의 입장을 두둔하는 쪽으로 감정의견을 표명할 가능성이 높다. 이는 감정인의 직업윤리나 감정에 대한 절차적 통제가 발달하지 않은 우리나라의 경우에는 늘 발생할 수 있는 위험이다.

이 소송에서 경희대학교의 박모 교수가 감정인으로 최종 선정되었는데 우려는 결국 현실로 드러나고 말았다. 박교수는 독자적인 사건연구를 통해 주가조작기간의 정상주가 산출을 하기보다는 1심 감정인의 감정 결과를 탄핵하는 내용의 의견서 방식으로 감정의견을 개진하면서

19 이모 부장판사는 나중에 법관직을 퇴직한 후 변호사 개업을 하고자 했을 때, 일선 변호사들이 강력히 반대하는 바람에 6개월간 변호사협회 등록이 보류되는 사상 초유의 사태를 겪기도 했다.

시세조종에도 불구하고 주가에 미친 영향이 없다는 의견을 개진한 것이다. 박교수는 형사판결문에 기재된 구체적인 시세조종행위의 시기 및 방법을 살핀 후 이들 시세조종행위가 당시 유동주식수 및 거래량 등에 비추어 주가에 어떠한 영향을 주었는지 여부를 따지지 않고, 단순히 주가조작이 개시되었다고 하는 2000년 1월 10일 이후의 주가가 다른 시장지수와 연동해서 변동될 것이라고 가정한 후 시장지수와 차이를 보인 비정상수익률에서 액면분할[20] 공시에 따른 비정상수익률을 공제하는 방식으로 정상주가를 추정했다. 또한 박교수는 주가조작과 독립적이라고 보기 어려운 호재성 공시인 '액면분할 공시의 효과'를 주가조작과는 무관한 독립변수로 인정하면서 그 효과를 매우 크게 평가하여 결국 "주가조작기간 중 세종하이테크의 주식에 관하여 액면분할 공시와 액면분할이 이루어졌으며 이러한 사건이 주가조작과는 별개의 사건으로서 그 자체가 주가에 다대한 영향을 주었으므로 그에 따른 영향을 공제하면 주가조작의 영향은 거의 없다"는 결론에 이르렀다.

그럼에도 불구하고 나는 시세조종행위가 주가에 영향을 미친 객관적인 증거가 너무 많았으므로 이러한 감정 결과가 채택될 것이라고는 생각지 않았다.

---

20 액면분할이란 자본금은 기존과 같이 유지하고 주식의 액면가를 일정 비율로 분할하여 발행주식의 수를 늘리는 것을 일컫는다. 예를 들어 5천 원짜리 1주를 둘로 나누어 2500원짜리 2주로 만드는 것이다. 액면분할은 특정 주식의 시장가격이 너무 비싸게 형성되어 주식 거래가 부진하거나 신주 발행이 어려운 경우에 행해진다. 이런 경우 액면분할을 단행함으로써 주당 가격을 낮추어 주식 거래를 촉진할 수 있다. 보통 액면분할을 하면 주가가 많이 오른다. 액면분할 후에는 1주당 가격이 낮아지기 때문에 투자자들이 우량주의 주가가 싸졌다고 느끼기 때문이다.

세종하이테크는 단순히 호재성 공시를 띄우거나 사업 전망을 과장하는 식으로 이루어진 막연한 주가조작이 아니었다. 주가조작에 관여한 피고들은 주가를 얼마로 조작할 것인지 목표주가를 미리 정하기까지 했으며, 공모한 내용대로 주가가 상승하는 것을 보고 그에 대한 대가를 주고받았다.

회사의 대표이사인 최모씨는 수사기관에서 "증권사 직원 등에게 돈을 주어 인위적으로 주가를 올리는 한이 있더라도 일단 주식을 상장했으면 주가를 올려야 하니까 그 방법을 강구하라는 지시"를 내렸으며, "세종하이테크의 주가를 20만~30만 원 선까지 올리려면 주식 15만 주에서 20만 주는 계속해서 매수를 해주어야 그 정도 선까지 오를 수 있고, 그렇게 하려면 서로 짜고 계속 매수를 해주어야 가능하다고 하면서 그 비용이 15억 원 정도는 든다는 보고를 받았다"고 진술했다. H증권사의 부지점장인 이모씨도 대표이사 최모씨에게 위와 같은 내용을 전하면서 주가를 20만~30만 원대까지 올리는 방법에 대하여 "주식이 상장되어 일정기간은 상한가로 거래되다가 하한가로 떨어질 때를 기다려 집중적으로 매입하게 되면 주가는 상승하기 때문에 개인적으로 알고 있는 사람들에게 위 주식을 매입해주는 대가로 일정액의 돈을 지불하면 그들은 위 주식을 매입해줄 것이기 때문에 충분히 약속했던 대로 주가를 올릴 수 있을 거라고 확신했다"고 진술했다. 또한 대표이사 최모씨는 "틀림없이 주가가 오르는 상황을 확인해가면서 한꺼번에 돈을 주지 말고 오르는 것을 보아가면서 조금씩 조금씩 돈을 줄 수 있도록 지시"하기까지 했으며, "2000년 1월 말경 피고 이모씨에게 금 5억 원을 전달해주었을 때 주식이 계속 상한가를 치면서 상승"했고, "2000년 2월 초순 5억 원을 전달할 때에도 한 번도 하한가를 치지 않고 계속 상한가를 치면서 상승"했으며, "2000년 2월 중순경에도 금 5억 원을 전달했는데 이때도 계속 주가가 상승"하여 "나중에는 겁이 날 정도로 무섭게 주가가 상승을 거듭했다"고 진술했다.

당시 세종하이테크는 자체적으로 주가가 상승할 요인이 없었으며, 피고인들이 계속 시세 관여 주문 및 허위매수주문으로 시세를 조종하지 않으면 주가가 오를 수 없는 상황이었던 점은 피고들 모두 수사기관에서 인정한 바 있었다. 이런 상황에서 단순히 통계학적 분석 내용만으로 주가조작과 시세급등 간의 인과관계가 부정되리라고는 생각지 않았다.

주가조작은 했어도 손해 입은 사람은 없다? 충격적인 항소심판결

하지만 놀랍게도 항소심재판부는 피고측 지정 감정인의 감정 결과를 모두 받아들여 원고들의 청구를 전부 기각하는 판결을 선고했다. 항소심재판부는 판결문을 통해, "손해액의 산정에 있어, 시세조종행위가 없었더라면 형성되었을 가격으로서 피해자가 매수할 수 있었던 가격(정상주가)과 시세조종행위로 인하여 형성된 가격으로서 피해자가 실제로 매수한 가격(조작주가)의 차액을 따져야 한다"고 하면서, 피고들의 시세조종행위로 소외 회사의 주가가 영향받았다는 점을 뒷받침하는 제1심 감정인 함상문, 김우찬의 감정 결과를 몇 가지 이유를 들어 배척한 후, "위 감정 결과 외에는 피고들의 이 사건 시세조종행위가 소외 회사의 주가에 영향을 미쳤음을 인정할 증거가 없다"고 판시했다.

아울러 항소심재판부는 피고측이 지정한 감정인의 감정 결과를 인용하면서 이 사건 주가조작을 전후한 200일 정도의 기간 중 정상주가가 실제주가보다 높게 형성된 기일은 1월 27일, 28일, 31일, 이렇게 3일에 불과하므로(즉 이 기간 중 해당일 외에는 주가조작에도 불구하고 오히려 주가가 정상주가를 밑돌았다는 논리임) 이 사건 시세조종행위가 실제주가에 영향을 주지 않은 것으로 보인다고 하면서, 원고들에게 손해가 발생했다고 인정할 수도 없는 이상 나머지 점에 대하여 더 나아가 판단할 필요 없이 이유 없다고 결론 내렸다.

작전세력에게 배상책임 없다?

2심의 패소판결은 너무도 충격적이었다. 아무리 전문가의 감정의견이 있다 하더라도 한 경제학자의 분석 의견만 가지고 수사과정과 형사재판과정에서 밝혀진 수많은 증거들이 무용지물이 되고 일반인의 상식에 어긋나는 결론이 내려지리라고는 생각지 않았다. 항소심판결에 대해서 많은 언론들도 납득하기 어렵다는 내용의 기사를 쓰고 있었다.

작전세력 배상책임 불인정
"시세조종이 주가에 영향 준 증거 없어"

코스닥 주가조작으로 부당이득을 취한 혐의가 인정돼 형사처벌을 받은 '작전세력'에 대해 민사상 손해를 배상하라는 1심판결을 뒤집은 항소심 판결이 나와 논란이 예상된다. 현행 증권거래법은 시세조작에 따른 배상책임을 명시하고 있지만 손배액 산정방식에 관해 별다른 규정을 두지 않고 있는데다 주가산정방식이 감정인마다 차이를 보여 법적 정비가 시급하다는 지적이다.

서울고법 민사1부는 16일 김모씨 등 주식투자자 342명이 "세종하이테크(주)의 시세조종으로 손해를 봤다"며 세종하이테크 대표 최모(60)씨 등 작전세력 8명과 관련 투신사 및 증권사 등 6개 법인을 상대로 낸 22억여 원의 손해배상청구소송에서 원고 패소판결했다.

재판부는 "시세조종으로 인한 손해액은 '시세조종이 없었을 경우 형성됐을 것으로 추정되는 가격'(정상주가)과 '시세조종에 따라 투자자가 실제 매수한 가격'(조작주가) 사이의 차액으로 보는 게 타당하다"며 "당시 시세조종이 주가에 영향을 줬다고 인정할 증거가 없어 원고들에게 손해가 발생했다고 볼 수 없다"고 밝혔다.

재판부는 "1심 감정인은 시세조종행위기간 중 일어난 액면가분할 공시가 주가에 미친 영향을 전혀 반영하지 않았다"며 "액면분할이 주가에 미친 영향을 고려한 항소심 감정인의 감정 결과에 따르면 조작주가가 정상주가보다 현저히 높게 형성된 것은 3일에 불과해 시세조종행위가 실제 주가에 영향을 미쳤다고 인정할 수 없다"고 덧붙였다.

앞서 재판부는 "특정 시점에서 특정한 행위 또는 조건에 따른 정확한 정상주가를 산정하는 게 사실상 불가능하므로 결국 시세조종행위기간에 형성됐을 것으로 추정되는 주가를 정상주가로 볼 수밖에 없다"며 "조작주가가 정상주가보다 현저히 높게 형성됐다면 시세조종행위가 주가에 영향을 미쳤다고 인정할 수 있다"고 전제했다.

세종하이테크는 2000년 1월 총 주식 75만 주 중 15만 주를 주가조작에 동원, 11만 원 선이던 주가를 33만 원까지 급상승시켰으나 주가조작이 끝나자 주가는 15만 원 선으로 다시 하락했다. 검찰은 수사 당시 시세 차익 규모가 최소 390억 원대에 달할 것으로 추정했다. 손해를 봤다고 주장한 투자자들은 소액주주소송 전문로펌을 통해 집단민사소송을 제기, 지난해 2월 1심에서 21억여 원의 승소판결을 받았었다.

2003년 10월 16일 문화일보

하지만 아무리 납득할 수 없다 하더라도 판결은 판결이므로 오로지 할 수 있는 일은 통상의 사법절차를 통해서 상고함으로써 2심판결을 번복시키는 것뿐이었다. 우리는 의뢰인들에게 서신을 보내어 상고심을 진행할 것임을 알리고 위임장을 제출하여 협조해줄 것을 촉구했다. 의뢰인들에게 면목이 없었던 상황이므로 상고심 진행에 따른 모든 비용은 사무실에서 일단 부담한 후 추후 승소시 공제하기로 했다.

세종하이테크 주가조작소송 의뢰인 여러분,

이번 소송을 진행한 법무법인 한누리입니다.

2003년 9월 19일 세종하이테크 주가조작 손해배상사건의 2심판결이 내려졌습니다. 그 결과는 매우 유감스럽게도 1심판결이 인정한 원고 승소 부분을 모두 파기한 원고 패소판결입니다. 저희는 최근 위 2심판결문을 받아보았는바, 판결문을 첨부하오니 참고하시기 바랍니다. 2심재판과정에서 피고들은 피고들의 시세조종행위가 세종하이테크의 주가에 아무런 영향을 미치지 않았다는 전문가의 감정 결과를 제출했으며, 재판부는 위와 같은 2심 감정인의 감정 결과와 이를 내세운 피고들의 주장을 전적으로 받아들여 피고들의 시세조종행위가 주가에 영향을 미쳤다고 보기 어렵고, 따라서 원고들의 손해도 인정되기 어렵다는 논리로 원고 패소판결을 내린 것입니다. 그러나 시세조종행위 자체가 주가를 인위적으로 상승시키는 행위, 즉 주가에 인위적으로 영향을 주는 행위라는 점에서 시세조종행위는 있었으나 주가가 영향을 받지 않았다는 2심의 판단은 그 자체로 모순일 뿐만 아니라, 대주주와 펀드매니저가 수십억 원의 커미션을 주고받으며 결탁하여 480억 원대의 자금을 동원하여 주가를 조작하고 피고들이 얻은 시세차익만도 330억 원이 넘는 주가조작사건을 두고 주가가 아무런 영향을 받지 않았다는 2심의 결론은 일반인의 상식에도 어긋납니다. 또한 이번 사건과 같이 조직적이고도 대규모로 이루어진 주가조작사건에서조차 피고들의 배상책임이 인정되지 아니한다면 앞으로 어떤 경우에도 주가조작행위로 인한 배상책임을 묻기 어려울 것이며, 주가조작행위자들의 배상책임을 규정한 증권거래법의 규정은 사문화되고 말 것입니다. 이러한 2심의 결론이 대법원에서도 유지될 수 있을 것이라고는 결코 믿지 않습니다.

저희 사무실은 이번 사건의 중요성을 감안하여 기필코 대법원의 상고심에서 이번 사건에 관한 올바른 판단이 내려지도록 해야겠다는 판단을 했으며 이에 여러분들이 다시 한번 저희 사무실에 이 사건을 맡겨주셨으면 하는 당부를 드리고자 합니다. 저희 사무실에서는 현재의 상황을 고려하여 인지대, 착수금 등 상고심에서 소요되는 모든 비용을 일단 저희 사무실이 부담하여 원고분들께 추가부담을 드리지 않기로 했습니다. 따라서 이번 상고심을 위해 의뢰인들께서 해주셔야 하는 것은 단지 별첨 위임장을 서명 또는 날인하여 저희에게 팩스(02-564-9889) 또는 우편(서울 서초구 서초동 1339-9 강남메트로빌딩 3층 법무법인 한누리)으로 보내주시는 것입니다. 상고심 진행을 위하여 10월 17일까지는 보내주시기 바랍니다. (…) 2심에서 좋은 결론을 못 내어 송구하오며 최종적인 승리를 위해 계속 노력하겠습니다.

의문사항이 있으시면 저희 사무실 홈페이지(www.hannurilaw.co.kr)로 연락주시거나 한○○ 실장(02-537-9500)에게 전화 주시기 바랍니다.

변호사에게는 '객관적 체휼'이 필요하다
억울함과 두려움, 분노를 추스르며 작성한 상고이유서

상고장은 원심인 서울고등법원에 제출하는데 우리는 상고장을 2003년 10월 2일 제출했다. 서울고등법원은 상고장에 대하여 인지 첨부 등의 형식적 요건을 검토한 후 문제가 없으면 소송기록을 대법원으로 넘기는데 여기에 3~4주가 소요된다. 대법원에서 소송기록을 받으면 그 사실을 당사자들에게 통지한다. 이 '소송기록 접수통지'를 받은 후 20일 내에 상고인은 상고이유서를 제출하게 되어 있다. 이 사건의 경우 우리는 2003년 10월 30일 소송기록 접수통지를 받았다.

상고심은 법률심이므로 따로 변론기일을 열지 않고 상고이유서와 이에 대한 답변서 등 서면에 기초하여 심리를 한다. 따라서 무엇보다도 상고이유서를 충실하게 작성하는 것이 중요하다. 대법관과 재판연구관이 상고이유서를 처음 읽어본 후 뭔가 감흥이 느껴져야만 상고심에서 성공할 가능성이 있다는 말이 있다. 상고이유서를 읽어보아도 별 감흥이 없으면 아예 기록 검토로 들어가지 않을 수도 있다. 상고이유서를 읽어본 후 뭔가 문제가 있을 수도 있겠구나 할 때 비로소 상대방의 답변서를 검토한다고도 한다.

가슴에 가득한 억울한 심정, 상고가 받아들여지지 않을 경우 벌어질 사태에 대한 두려움, 2심재판부와 감정인에 대한 분노 등 격한 감정을 잘 추스르지 않고는 냉정하고 설득력 있는 상고이유서가 작성되기 어렵다. 이 사건에 관한 상고이유서를 작성하면서 제일 힘든 것도 이 부분이었다. 변호사가 사건이나 의뢰인의 처지에 너무 냉담해서는 좋은 변론을 할 수 없다. 변호사라는 직업이 타인의 고통을 자신이 공감해서 해결책을 강구하는 것이므로 변호사가 의뢰인에게 감정이입하는 것은 꼭 필요하다. 하지만 지나치게 사건의 승패나 의뢰인의 처지에 몰입하게 되면 객관성을 잃게 되고 감정에 치우쳐 재판부를 효과적으로 설득할 수 없다. 따라서 변호사는 항상 사건의 승패와 의뢰인의 감정으로부터 적절한 거리를 유지하는 것이 필요하다. 이것을 나는 '객관적 체휼'이라고 부르는데 체휼을 하기는 하되 객관적으로 해야 하기 때문이다.

나는 감정을 추스르고 그간 1심에서부터의 재판과정을 반추해본 후

기록을 검토하고 관련 증거들을 검토하여 상고이유서를 작성했으며, 제출기한이 임박한 2003년 11월 18일에 이를 대법원에 제출했다.

나는 상고이유서에서 우선 이 사건의 배경과 중대성에 관하여 개진한 후 이 사건의 기초적 사실관계를 다루었다. 세종하이테크 주가조작사건은 사건 발생 당시에는 세상을 떠들썩하게 한 사건이지만 이제는 3년이 넘었으므로 재판부에 이 사건의 중대성을 설명할 필요가 있다. 그후 나는 원심판단의 요지를 설명한 후 네 가지에 해당하는 상고이유를 개진하고 결론을 맺었다. 비록 상고이유서가 27쪽 정도로 그리 길지는 않았지만 나로서는 심혈을 기울여 2심판결의 문제점을 지적하고 파기환송을 촉구하는 내용을 담았다. 아래는 상고이유서의 목차이다.

세종하이테크 주가조작사건 상고이유서의 목차

1. 이 사건의 배경 및 중대성

가. 소위 '세종하이테크 주가조작사건'

나. 이 사건 소는?

다. 이 사건의 중대성

2. 이 사건의 기초적 사실관계

가. 이 사건 피고들은 서로 수억 원의 금품을 주고받으며 소외 회사 자본금의 10배가 넘는 돈을 동원하여 수백 회 시세조작 주문을 하였으며, 위 시세조종행위 사실에 대하여 유죄판결을 선고받고 위 판

결이 확정되었습니다.

나. 시세조종행위 기간 동안 코스닥 주가지수는 40포인트 넘게 하락하였으나 유독 이 사건 주식은 2배가 넘게 폭등하였습니다. 또한, 시세조종행위가 끝난 직후 이 사건 주가는 급락하고 그후에도 계속 하락하였습니다.

다. 원고들의 이 사건 주식 매수

3. 원심 판단의 요지

가. 원심은 피고들에 대하여 증권거래법 제188조의 5 제1항의 규정에 의한 시세조종행위 자체는 인정하였습니다.

나. 그러나 원심은 이 사건 시세조종행위가 소외 회사의 주가에 영향을 미치지 않았으며 따라서 원고들에게는 손해가 없다고 판단하였습니다.

4. 상고이유 제1점

원심은 하나의 판결문에서 상반된 사실을 인정하는 '이유모순의 위법'을 범하였습니다.

원심은 한편으로는 피고들의 시세조종행위 및 이에 따라 주가가 변동한 사실을 인정한 제1심을 인용하면서도, 별다른 설명 없이 피고측 감정 결과에만 의존하여 시제조종행위가 주가에 영향을 미치지 않았다고 인정하는 등 이유모순의 위법을 범하였습니다.

5. 상고이유 제2점

원심은 시세조종의 주가에 대한 영향 여부를 판단함에 있어서 감정인 박○○의 주관적인 감정 결과에만 의존하여 각종 주가 및 지수통계와 같은 객관적인 자료는 물론 심지어 피고들의 진술 내용(자인사실)까지 무시하는 채증법칙 위반의 오류를 범하였습니다.

가. 각종 통계자료와 피고들의 자인사실

나. 시세조종 목적의 구체적인 행위와 그 규모

다. 시세조종행위의 효과에 관한 피고들의 자인내용

6. 상고이유 제3점

원심은 손해배상액 인정과 관련하여 심리미진 및 판단유탈의 위법을 범하였습니다.

앞서 설시한 바와 같이 원심은 1심의 판결을 인용하여 시세조종에 따른 주가조작사실을 인정하면서도 이에 모순되게, 피고측이 내세운 감정인의 감정 결과에 터 잡아 "시세에 준 영향이 없다"고 판단한 후 더 나아가 다른 주장은 살펴볼 필요 없다고 간단히 원고들의 청구를 배척하였습니다. 이러한 원심판단은 손해배상액의 존부 및 범위에 관하여 원고들의 주장을 제대로 심리, 판단하지 않은 심리미진 및 판단유탈의 위법을 범한 것입니다.

7. 상고이유 제4점

원심은 경험칙에 현저히 반하는 감정 결과를 원용함으로써 경험칙 및 논리칙에 위배하는 결론을 내린 잘못이 있습니다.

8. 결론

늘 이겨왔다는 오만, 억울한 사람은 없어야 한다는 교만, 결코 져서는 안 될 싸움에서 진 고통이 내게 일러준 것들

우리 상고이유서에 대하여 상대방(화우, 바른, 김모 변호사)측에서 답변서를 제출했고 우리는 2004년 1월 30일 다시 보충상고이유서를 제출했다.

그후 약 4개월이 지난 후 우리 사무실에는 한 장의 기일통지서가 날아들었다. 2004년 5월 27일 오후 2시에 대법원 1호 법정에서 대법원판결 선고가 있다는 통지서였다. 예상보다 빠른 기일 지정에 약간은 불안한 느낌을 가졌지만 일말의 희망을 가지고 선고 결과를 기다렸다. 그러나 결과는 '상고기각'이었다. 우리 편의 패소가 확정된 것이다.

이 세상에는 내 힘으로 도저히 어쩔 수 없는 일들이 늘 발생한다. 갑작스러운 천재지변이 닥치기도 하고, 불치의 질병에 걸리기도 하며 사업이 부도나기도 한다. 어떤 상황이 닥치면 우리는 그 상황을 어떻게 하든 벗어나보려고 노력한다. 하지만 내 힘으로는 도저히 어쩔 수 없는 상황에 직면할 때 고통스럽더라도 그것을 받아들여야 하는 상황에 처하게 된다. 변호사로서 대법원에서 확정판결이 내려져 패소했을 때 바로 그런 상황에 직면하게 된다. 도저히 어쩔 수 없는 것이다. 아무리 결백한 사람이라도 유죄판결이 확정되면 죄인이 되는 것이고 살인죄의 진범이라 하더라도 무죄판결이 확정되면 피해자들은 그 광경을 그대로 보고 있을 수밖에 없다. 재판도 연약한 인간에 의해서 이루어지기 때문에 그 결과는 우연한 요인에 의해서 좌우되기도 한다. 그래도 재판에는 승복해야 하는 것이 정해진 이치이다. 어쩌면 그 결과도 하나님이 미리 정하신 뜻일 수도 있다. 나는 내가 피해자들을 대변한다고 해서 너무 자신만만했고 너무 의로웠으며 그래서 오만했다. 그 오만함이 실패의 원인일 수도 있다. 무엇보다도 신은 나는 항상 이겨야 하고, 억울한 일을 당하지 않아야 한다는 교만을 손보셨어야 했을 것이다. 세종하이테크는 나에게는 정말 고통스러운 사건이었지만 그만큼 나를 되돌아보도록 한 사건이기도 했다.

'돈 돌려받기의 달인들'에게 두 번 죽은 피해자들

이제 대법원에서 패소확정되었으므로 가집행을 통해서 받은 돈을 되돌려주어야 했다. 우리 사무실은 1심에서 가집행을 통해 받은 성공보수를 2심 패소 이후에 의뢰인들에게 일괄 반환했으며, 이제 한양증권과 국민은행은 의뢰인들을 상대로 가집행금을 돌려받기 위한 서신을 보내는 등 압박을 높였다. 다들 금융기관이었으므로 돈을 돌려받는 일에는 달인들이 아닌가? '대량학살'이 따로 없었다. 피해자들은 두 번 죽어야만 했다. 우리 사무실은 한동안 억울함과 분노, 한누리에 대한 실망을 호소하는 의뢰인들의 항의전화에 시달려야만 했다. 하지만 눈을 뜨고 귀를 열고 그 불만과 원망들을 그대로 받아들이는 일이야말로 변호사가 해야 하는 가장 중요한 일이었으므로, 나와 직원들은 나름 성심껏 답변하고 설명했다. 의뢰인이 변호사를 가장 필요로 할 때가 바로 '패소'했을 때가 아닌가?

그런데 그것이 끝이 아니었다. 몇몇 피고들은 소송비용 확정신청을 통해 원고들을 상대로 소송비용(대부분은 변호사비용)을 돌려받기 위한 절차에 착수했다. 억울하게 져도 진 것은 진 것이다. 그리고 우리나라 법체계상 패소자가 그 경위를 불문하고 상대방 소송비용을 물어내도록 되어 있다. 보통의 경우 그 비용이 그리 크지는 않지만 이 사건은 우리가 여러 피고들을 상대로 거액의 배상을 청구한 것이므로 합계 액수가 만만치 않았다. 1억 원이 훨씬 넘는 비용이 예상되었다.

소송비용 확정신청이 내려지고 원고들에게 다시 그 금액을 내라는 통지가 갈 경우 의뢰인들이 받을 감정적 고통은 상당할 것이었다. 또 그 고통은 바로 나와 우리 사무실 식구들에게 고스란히 전가될 터였다. 우리 사무실에서는 심사숙고 끝에 이 비용을 사무실에서 부담하기로 결정했다. 다행히 소송비용을 돌려달라는 피고는 많지 않아서 소송비용을 청구하는 피고들을 상대로 협의하여 약 4천만 원 정도로 비용부담을 마무리할 수 있었다. 속이 쓰렸지만 어쩔 수 없는 일이었다. 원고들을 모아 집단소송을 내는 것이 얼마나 위험한 일인지 다시금 일깨워

주는 사건이었다.

세종하이테크 사건이 발발한 지 14년, 그리고 대법원에서 확정적으로 패소판결이 내려진 지 이제 10년이 넘었다. 그 당시의 충격은 이제 어느 정도 잊혔지만 세종하이테크 사건은 결코 잊을 수 없는 사건이 되었다. 이때의 아픈 기억을 경험 삼아 다른 후속 소송에서는 같은 실수들이 반복되지 않도록 노력했다. 전문가 감정을 하는 경우에는 반드시 복수의 감정인이 선정되도록 한다든지, 1심판결에 기한 가집행은 특별한 이유가 없는 한 자제했던 것, 그리고 내 자신의 주장과 논리에 집중하기보다는 상대방의 논리와 재판부의 생각에 보다 집중하려 한 것들이 세종하이테크 사건을 통해 내가 얻은 교훈들이었다.

고통 없이 어떻게 성장할 수 있겠는가? 또 나처럼 모든 혜택을 받고 자란 사람이 변호사로서의 이런 패소 경험이 없다면 간접적으로나마 어떻게 고통을 경험할 수 있겠는가? 세종하이테크는 가장 고통스러웠지만 가장 의미 있는 사건이었을지 모른다. 하지만 세종하이테크 소송을 우리 사무실에 맡겼던 의뢰인들께는 다시 한번 깊은 위로의 말씀을 드리고 싶다. 그분들이 같은 사건으로 두 번이나 고통을 겪은 것이 너무도 안타깝다. 그리고 그분들에게도 그때의 쓰라린 기억이 불쾌한 경험만으로 그치지 않고 어떤 식으로든 유의미한 경험이 되었으면 하는 바람이다. 세종하이테크 소송으로 인해서 우리 사회의 실상이 보다 분명히 드러남으로써 우리 사회가 좀더 발전하는 데 도움이 되었다고 믿어주시기를 바란다.

변호사의 오만은 패소의 지름길

교만은 패망의 선봉이라는 말이 있다. 변호사에게도 오만은 패소의 지름길이다. 나는 작은 사무실을 이끌면서 비교적 큰 로펌들을 상대로 소송을 했고 상당수 사건에서 승소를 거두었다. 내가 잘해서라기보다는 상대방이 나와 내가 속한 사무실을 얕잡아 보았기 때문이 아닌가 싶다. 처음에는 우리 사무실의 이력에 관해 듣고 약간 긴장하기도 하지만 이내 자신들의 화려한 진용에 도취되어 자만에 빠지는 경우가 적지 않다. 상대방을 얕보면 해서는 안 될 말을 하기도 하고, 증거자료에 담긴 약점을 제대로 검토하지 않고 제출하기도 하며, 상대방의 주장에 숨겨진 무기를 간과하기도 한다. 또 결국 중요한 것은 최후의 승리인데 이를 위해서는 끝까지 겸손함을 유지하는 치열한 자기와의 싸움이 필요하다.

누구나 이기고 또 이기기를 원한다. 하지만 영원한 승리가 없는 이유는 승리하면 자만에 빠지게 되고 상대방을 얕잡아 보는 오만함이 생기기 때문이다. 특히 1심에서 이겼을 경우에 조심해야 한다. 1심에서 이겼으나 2심에서 뒤집혔을 경우 이를 3심에서 바로잡기는 쉽지 않다. 반면, 1심에서 졌더라도 1심판결의 문제점을 치밀하게 검토하여 2심에 임할 경우 오히려 2심에서 이길 수 있고 이는 최종적인 승리로 이어질 수 있다. 판례가 충분히 집적되지 않은 증권소송을 다루면서 나는 유독 엎치락뒤치락하는 싸움을 많이 치렀다. 그래서 이제는 1심에서 이겨도 져도 너무 좋아하지도 또 실망하지도 않는다.

같은 맥락에서 나는 진정한 '전문가'란 자기가 모른다는 사실을 솔직히 인정할 수 있는 자라고 생각한다. 전문가일수록 자기의 전문적 지식 때문에 자기가 모른다는 사실을 인정하길 거부하고 왜곡된 사고를 하는 경우가 많다. 그래서 자기와 자기의 전문지식을 신뢰하는 자까지 오히려 위험에 빠뜨릴 수 있다. 자기가 모를 수도 있고 틀릴 수도 있다는 사실을 항상 생각할 수 있는 자가 진정한 전문가이다.

나는 세종하이테크 사건이 당연히 승소해야 마땅하다고 생각했으므로 상대방의 전략이나 재판부의 의중에 크게 개의치 않았다. 도덕성을 결여한 상대방의 주장은 일고의 가치도 없다고 생각했다. 상대방은 여러모로 불리한 상황이었으므로 그 불리한 상황을 반전시키기 위해 궁리에 궁리를 거듭했을 것이다. 반면 나는 내 자신의 확신에 지나치게 빠져 결국 재판부에 대한 설득을 게을리한 것이었다. 물론 각오나 결심을 한다고 겸손함을 유지할 수 있는 것은 아니다. 환경에 상관없이 끝까지 오만하지 않기란 인간의 의지로는 불가능하다. 그래서 세종하이테크와 같은 뼈아픈 경험이 필요한 것인지도 모른다.

4장

심판대에 오른 재벌총수의 재테크

— LG그룹 주주대표소송

서울남부지방법원 2003가합1176호 사건

LG 주주대표소송은 재벌그룹 총수로 하여금 원리금을 포함하여
모두 470억여 원의 배상금을 지불하게 한,
당시로서는 역대 주주대표소송 중 최대금액의 배상액이
지급된 소송이다.
되사주기 거래를 비롯해 LG그룹 오너 일가가
LG석유화학의 주식을 사고파는 과정을 거쳐 얻은
자본차익은 무려 2640억 원이었다.
피고는 LG 이사진 8명 전원,
법률대리인은 김앤장 법률사무소였다.

재벌총수에게 470억 원을 토해내게 한 역대 최대 배상금액의 주주대표소송

2003년 1월 27일 제기되어 약 3년 반 만인 2006년 8월 17일 제1심 법원의 판결이 내려지고 그후 쌍방의 항소포기로 확정된 LG 주주대표소송은 재벌그룹 총수로 하여금 원리금을 포함하여 모두 470억여 원의 배상금을 지불하게 한, 당시로서는 역대 주주대표소송 중 최대금액의 배상액이 지급된 소송이다.[21] 이 소송은 회사의 이사들이 회사가 소유한 비상장주식을 매각하고자 할 때 그 가격을 어떻게 정해야 하고 어

21 1심판결을 기준으로 할 때는 약 1317억 원의 배상이 명해진 대선주조 주주대표소송(부산지방법원 2002가합16791, 2003가합10660 병합사건)과 약 977억 원의 배상이 명해진 삼성전자 주주대표소송(수원지방법원 98가합22553 사건)이 있지만 대선주조 사건의 경우에는 2심에서 취하되었고, 삼성전자 사건의 경우에는 2심에서 인용금액이 197억 원으로 줄어들었다. 따라서 최종 확정금액을 기준으로 할 때는 LG 주주대표소송이 가장 큰 규모의 판결이 내려진 건이 아닌가 싶다.

떤 절차를 거쳐 매각해야 하는지에 관한 법적 기준을 제시한 소송이라는 점에서도 의미가 있지만, 시민단체가 검찰수사를 거치지 않고 순전히 민사소송절차를 통해 비상장주식의 헐값 매각을 밝혀내고 그에 따른 배상책임을 물었다는 점에서 의미가 있다.

재벌그룹은 다수의 상장, 비상장 계열사들로 구성되어 있는데 상장계열사의 주식은 시장에서 가격이 형성되어 있는 반면, 비상장계열사의 주식은 시장가격이 형성되어 있지 않다. 그래서 비상장계열사의 주식을 거래할 때는 시가가 아닌 적정가로 거래할 수밖에 없는데 그 적정가를 어떻게 정해야 하는지에 대한 원칙이 없다보니 여러 가지 평가방법이 활용될 수밖에 없다. 거래의 당사자가 이해관계가 없는 제3자 간이라면 상호 협상을 거쳐서 가격이 결정되므로 문제가 없다. 하지만 거래당사자가 재벌기업과 그 재벌기업이 속한 재벌그룹의 총수라면 얘기가 달라진다. 아무래도 재벌기업이 보유하고 있는 비상장계열사의 주식을 총수에게 팔 때는 가급적 싸게 팔고, 총수로부터 비상장주식을 살 때는 가급적 비싸게 사는 식으로 거래가 이루어질 위험이 크다. 특히 신규사업을 비상장자회사의 형태로 시작했다가 성공할 것 같으면 총수일가에게 싸게 팔고, 실패할 것 같으면 공개된 상장계열사에 떠안기는 일도 종종 있다. 비상장계열사의 주식은 재벌총수들의 편법상속, 재산증식에 이토록 많이 활용되지만 외부에서 이를 견제하기란 쉽지 않은 노릇이었다.

LG그룹은 지주회사를 개편하여 각 계열사에 흩어져 있는 총수 일가의 지분을 지주회사 LG의 지분으로 전환하는 과정에서 계열사와 총수 일가 간의 주식거래를 다수 감행했다. LG그룹은 비상장계열사의 주식 가치를 고무줄처럼 늘였다 줄였다 할 수 있음을 이용해서 그룹총수가 보유하고 있던 비상장계열사의 지분은 비싸게 사주고 상장계열사가 보유하고 있던 비상장계열사의 지분은 싸게 팔도록 함으로써 결국 그룹 총수 일가의 지주회사 LG에 대한 지분율을 많이 높일 수 있었다. LG그룹 주주대표소송은 이러한 LG그룹 지주사 전환과정에서 총수 일가의 이익을 위하여 부당한 조건으로 이루어진 비상장주식거래에 제동을 걸고 그에 따른 총수 일가의 이익을 회사로 환원시킨 대표적인 사례에 해당한다.

주주대표소송이란

주주대표소송이란 임무를 게을리하여 회사에 손실을 끼친 경영진을 상대로 소수주주가 회사를 대표하여 제기하는 손해배상청구소송을 의미한다. 원래 회사의 경영진이 부실경영을 하여 회사에 손해를 끼치면 회사가 그 경영진을 상대로 소송을 제기하는 것이 마땅하다. 하지만 회사의 경영진이 자기 자신이나 동료 경영진을 상대로 소송을 제기하려 하지 않을 것이기 때문에 상법은 일정지분을 가진 소액주주에게 주주대표소송을 제기할 권한을 부여해놓았다. 주주대표소송을 제기한 소액주주는 회사를 대표하여 소송을 제기하므로 승소하더라도 그 승소금은 자신이 아닌 회사에 돌아가게 된다.

3800억을 쏟아부은 LG화학의 수상한 주식거래

LG그룹 주주대표소송은 1999년 6월 29일 구본무 회장, 허창수 회장 등을 비롯한 8명의 LG화학 이사들이 LG화학이 100% 보유하고 있던 LG석유화학 지분 중 70%(2744만 주)를 구본무 회장, 허창수 회장 등 경영진 자신과 그 일가친척들에게 주당 5500원이라는 싼 가격에 매각한 사안에 관하여 제기된 소송이다.

하지만 정작 이 소송의 발단이 된 것은 1999년 6월 29일자 거래가 아니라 약 9개월 후인 2000년 4월 4일 이루어져 시장에 충격을 준 또 다른 비상장계열사 주식거래였다.

2000년 4월 4일 금감원 전자공시사이트에는 LG화학이 구자경 명예회장 등 27명의 총수 일가로부터 LG칼텍스정유의 보통주 118만 주를 주당 11만 원, 총 1298억 원에 구입하고, 같은 날 구본무 회장 등 25인의 총수 일가로부터 LG유통의 보통주 1,644,998주를 주당 15만 원, 총 2467억 4970만 원에 구입했다는 내용이 공시되었다.

대주주 거래 직후의 주가급락

LG화학이 무려 3800억 원에 달하는 자금을 들여 대주주들이 보유하고 있던 비상장계열사 지분을 사주었다는 내용이 공시되어 시장에 유포되자 주로 외국인 기관투자자들을 중심으로 LG화학의 주식에 대한 대량 투매가 발생했고 LG화학의 주가는 급락을 면치 못하게 되었다.

시장에서 이토록 민감한 반응을 보이자 매우 이례적으로 국내 기관투자자들이 반발하고 나섰다. 즉 LG화학의 지분을 약 4% 보유하고 있는 한국투신 등 주요 기관투자자들이 LG화학이 대주주로부터 계열사 주식을 지나치게 높은 가격으로 매수해 소액주주들에게 손실을 입혔다면서 거래취소를 요청하고 만약 거래를 취소하지 않을 경우 임시주주총회를 소집하겠다고 나선 것이다.[22]

당시 LG그룹의 수상한 비상장계열사 거래와 이에 따른 LG그룹 주가 급락을 다룬 기사를 아래에 소개한다.

[이슈 따라잡기] LG그룹 주가 동반폭락 배경과 전망

LG그룹 주요 계열사 주가가 동반 폭락하고 있다. LG그룹 주가 동반폭락의 가장 큰 이유는 그동안 시장에서 형성됐던 '스캔들 없는 LG'의 이미지가 증시에서 상실됐기 때문. 이른바 '시장의 불신'이 LG그룹 계열사 주가를 사정없이 끌어내리고 있다는 얘기다.

LG를 대표하는 LG전자는 올 초 대비 47%나 주가가 떨어지고 있으며 LG화학은 38%가 하락하고 있다. 이 밖에 LG산전은 49%가 하락중이고 LG증권 또한 57%의 주가하락을 보이고 있다. 더욱이 LG가 최대주주인 데이콤은 정보통신 주가하락이라는 대세와 맞물려 무려 65%나 주가가 떨어졌다.

◆具씨 일가 소유 비상장주 고가 취득이 사건 발단

22 2000년 4월 28일자 매일경제 참조.

이번 LG 주가급락은 따지고 보면 LG측에서 원인을 제공한 자업자득이라는 평가를 받고 있다. 지난 4월 4일 LG화학이 '최대주주와의 유가증권 매수거래'라는 내용의 공시를 한 것이 시장의 불신을 사게 만든 촉발점이었다. LG화학은 구자경 명예회장 등으로부터 비상장주인 LG정유 주식 118만 주를 주당 11만 원에 매입했다. 또 구본무 회장 등 25명에게서 같은 비상장업체인 LG유통 주식 164만 주를 주당 15만 원에 사들인 것이다.

LG화학이 이처럼 시세와 다르게 터무니없는 높은 가격을 지불하고 비상장업체 주식을 매입한 사실이 밝혀지자 "총수 일가를 봐주기 위한 작태"라는 비판이 일기 시작했다. 이 같은 비판이 기관투자가들 사이에서 확산되면서 LG화학 주가는 공시가 있던 4월 4일 종가 3만 700원에서 급락의 물결을 타기 시작했다. 15일 오후 2시 30분 현재 이 회사의 주가는 2만 3000원대를 오가고 있다. 문제는 LG에 대한 시장 불신이 LG화학에서 그치지 않고 전체 계열사로 확산되고 있다는 점이다.

◆15개 종목 중 14개 종목 급락

지난 주말(5월 12일) 증시에서 LG그룹 15개 상장종목(우선주 포함) 중 14개 종목이 하락했다. 이 급락 추세는 15일 증시에서도 그대로 이어져 LG애드를 제외한 14개 종목이 추풍낙엽처럼 동반하락을 면치 못했다. 특히 시장불신의 주범인 LG화학과 LG전자, 데이콤 등 LG그룹 대표주자들의 하락폭이 두드러졌다.

현대투신 김성수 수석 펀드매니저는 "시장의 신뢰회복은 단기간에 회복되지 않는다는 것이 특징"이라며 "시장불신을 제공한 측에서 투자자들이 흔쾌히 동의할 수 있는 넥스트 스텝(다음 단계)을 속히 제시하는 것이 우선적인 과제"라고 말했다. 신뢰회복의 단초를 제공하지 못할 경우 주가폭락은 당분간 불가피하다는 것이 기관들의 공통적인 진단이다.

LG측은 이와 관련 "업종 전문화를 위한 지분 정리과정에서 나타난 오해일 뿐"이라며 "주식매입대금도 세법상 정당한 과정과 절차를 통해 이루어졌다"고 강조했다.

2000년 5월 15일 동아일보

깨어 있는 주주, 행동하는 주주를 위하여

상장기업이 주가에 부정적인 영향을 미치는 행동을 취했을 때 펀드매니저들이 이의를 제기하는 것은 종종 있는 일이다. 하지만 이러한 일이 실제 실력행사로 이어지는 일은 거의 없다. 재벌기업들은 기관투자자들의 최대고객이기도 하고, 통상 국내기관주주들은 피투자대상 회사와 분쟁을 일으킬 경우 장기적으로 비즈니스에 좋지 않은 영향을 끼친다는 생각을 갖고 있기 때문이다. 그래서 한번 볼멘소리를 낸 후 후속조치 없이 그저 벙어리 냉가슴 앓듯 잠잠해지는 경우가 대부분이다.

2000년 당시 참여연대는 이런 경우에 바통을 이어받아 문제를 제기하고 이를 끝까지 끌고 감으로써 기관투자자들이나 일반소액주주들이 하지 못하는 '깨어 있는 주주' '행동하는 주주'로서의 역할을 수행하고 있었다. 참여연대는 2000년 5월 17일 자칫 찻잔 속의 태풍으로 끝날 수도 있는 이 사안에 관여하기 시작했다. 즉, 당시 장하성 교수가 이끌고 있던 참여연대 경제민주화위원회가 LG화학과 기관투자자들에게 논란이 되고 있던 LG화학의 총수 일가 소유 계열사 주식 고가매입과 관련한 자료들을 제공해줄 것을 요청한 것이다. 아래 글은 이와 관련하여 2000년 5월 17일 참여연대가 발표한 성명이다.

LG화학과 대한·한국투자신탁에 적정주가 산정자료 및 투자설명회 관련자료 등 요청

1. 참여연대 경제민주화위원회(위원장: 장하성 고려대 경영학과 교수)는 17일 LG화학과 대한투자신탁, 한국투자신탁에 최근 논란이 되고 있는 LG화학의 총수 일가 소유 계열사 주식 고가매입과 관련한 자료를 공식 요청했다.

2. 참여연대는 지난 4월 4일 LG화학이 구본무 회장 등 총수 일가와 특수관계인들이 가지고 있던 LG칼텍스정유와 LG유통 등 비상장 계열사의 주식을 적정주가보다 높은 고가에 대량 매입하여 총수 일가에게 부당한 이득을 제공했다는 의혹과 관련하여, LG화학과 한국투신 등에 공문을 보내 기관투자자들이 문제로 지적한 내용 및 적정주가 산정 등 근거자료, LG화학이 개최한 5월 10일 투자설명회 관련 자료, 기관투자자들과 LG화학과의 협의 내용 등을 참여연대에 제공해줄 것을 요청했다.

3. 참여연대는 한국투신 등 기관투자자들이 주주의 권익을 보호하기 위해 LG화학에 대해 부당거래 의혹을 제기하는 등 적극적인 행동을 취하고 있는 것에 대해 긍정적으로 평가하며, 참여연대 차원에서도 공시 내용 등 관련 자료를 수집하여 LG화학의 부당주식 매입 의

혹 문제를 조사할 계획이다.

참여연대 경제민주화위원회

공정거래위원회에 조사를 요청하다

참여연대는 기관투자자들로부터 입수한 자료들과 공시자료 등을 토대로 자체적으로 사안을 분석한 후 2000년 6월 7일 LG그룹 5개 계열사들을 부당주식거래 혐의로 공정거래위원회에 조사 요청하기에 이른다. 참여연대가 조사 요청한 LG그룹 계열사들은 LG화학, LG전자, LG정보통신, LG캐피탈, LG텔레콤 등 총 5개사였는데, 이 조사요청서에서 참여연대는 LG그룹 계열사들이 1) 특수관계인들이 소유했던 주식을 고가로 매입하거나 또는 2) 특수관계인들에게 계열사 소유 주식을 저가로 매각하여 특수관계인들이 부당한 이득을 취득하게 했던 점과 3) 계열사 주식을 정당한 절차 없이 특수관계인들에게 배당하여 부당이득을 취할 수 있게 한 점을 밝히고, 이를 공정위가 조사할 것을 요청했다. 참여연대가 공정위에 조사 요청을 한 주식거래에는 1999년 6월 29일자 거래를 포함하여 2000년 4월까지 이루어진 총 11건의 주식거래가 포함되었다.

참을 수 없는 그룹총수 일가의 '꼼수'

이 사건이 실제 주주대표소송으로 이어질 정도로 커진 것은 크게 두 가지 사건에 힘입었다고 볼 수 있다. 첫째는 2001년 1월에 내려진 공정위의 시정조치이고 또하나는 2002년 4월에 이루어진 LG화학의 대주주 보유 LG석유화학 지분 되사주기 거래였다.

공정거래위원회의 시정조치에 행정소송으로 맞대응한 LG

공정거래위원회는 2001년 1월 15일 전원회의를 거쳐 LG의 계열사 부당지원행위에 관한 의결을 내렸다. 이 의결에서 공정위는 LG화학이 1999년 6월과 2000년 4월에 각각 대주주로부터 LG칼텍스정유와 LG유통의 주식을 고가매입한 부분에 관해서는 이를 인정할 증거가 없다는 이유로 제재하지 않았으나, 1999년 6월 오히려 LG화학이 보유하고 있던 LG석유화학 지분 70%를 구본준 등 23명의 LG 총수 일가에게 매각한 것이 현저히 낮은 가격에 매각함으로써 총수 일가를 지원한 것이라고 판단하고 이에 관하여 시정명령과 법 위반사실 공표명령과 더불어 과징금 79억 4천만 원을 납부하라는 명령을 내렸다.

이에 대해서 LG측은 이의신청을 했으나 공정위는 2001년 5월 31일 이의신청을 기각했으며 LG측은 서울고등법원에 행정소송을 제기하기에 이른다.

5500원에 판 지 3년도 되지 않아 15000원에 되사주다

2002년 4월 24일 LG화학이 원래 대주주에게 팔았던 LG석유화학 주식을 되사기로 하고 이사회를 열기로 했다는 사실이 장중에 알려지면서 LG화학의 주가가 하한가까지 폭락하는 사태가 발생했다. 1999년 6

월에 주당 5500원에 매각한 LG석유화학 주식을 불과 3년도 되지 않아 다시 주당 15000원에 매입해준다는 사실에 시장이 극도의 실망감을 표현한 것이다. 이러한 주가의 약세는 실제로 매매거래가 이루어진 25일까지 이어져서 25일에도 LG화학의 주가는 8.4% 하락했으며 이러한 주가하락세는 LG화학뿐만 아니라 LG그룹주 전반에 걸쳐서 나타났다. (2002년 4월 24일과 25일 양일간 LG그룹의 시가 총액이 무려 2조 원이나 허공으로 날아갔다.)

당시 LG석유화학은 이미 상장된 상태였고 거래가격은 당시 시가에 따라 이뤄졌으므로 사실 2002년의 되사주기 거래 자체는 큰 문제는 아니었다. 하지만 2002년의 거래로 인해서 1999년 6월에 있었던 지분매각거래의 타당성은 더욱 의심을 받게 되었고, 대주주와 회사 간의 비상장계열사 주식거래에 따라 야기된 LG의 지배구조에 대한 불신은 더욱 가중된 것이었다. 이러한 되사주기 거래를 비롯해 LG그룹 오너 일가가 LG석유화학의 주식을 사고파는 과정을 거쳐 얻은 자본 차익은 무려 2640억 원이나 되는데 그 과정을 도표로 표시하면 다음과 같다.

LG 그룹 오너 일가의 자본 차익 실현과정

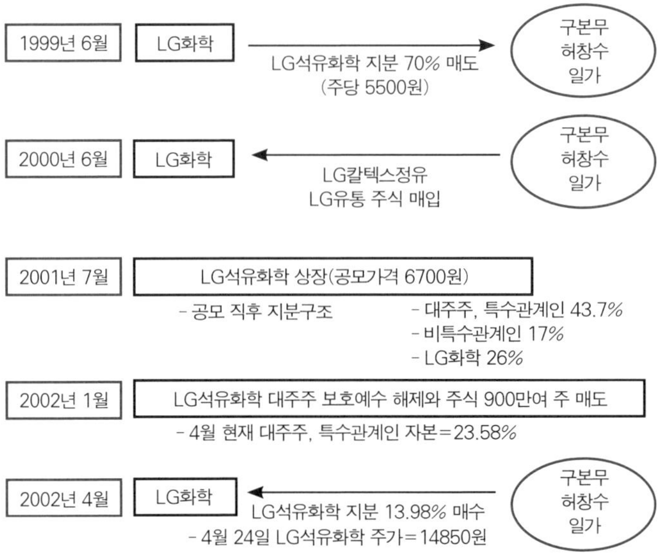

2640억, LG그룹 총수 일가가 얻은 시세 차익

주주대표소송과정에서 나는 좋은기업지배구조연구소에 의뢰해 LG그룹 구본무 회장 등 총수 일가가 LG석유화학 주식거래로 얻은 시세 차익을 산출해본 바 있다. 그 결과 LG석유화학과 관련한 시세 차익만 무려 2640억 원에 달하는 것으로 나왔다.

우선 구본무 회장을 비롯한 구씨와 허씨 일가 총 29명은 1999년 6월 LG

화학으로부터 LG석유화학의 주식 2744만 주를 주당 5500원에 매입했으므로 이들이 지분매입에 들인 돈은 총 1509억 2천만 원이었다.

이후 이들 총수 일가는 2002년에 LG석유화학 보유 지분 전부를 처분한 것으로 보이는데, 이들의 처분금액은 총 4149억 5100만 원으로 추정되었다. 우선 공시상으로 드러난 16명은 LG화학으로부터 매입한 주식 총 1977만 4천 주를 LG석유화학이 상장된 이후인 2002년 1월 30일~12월 2일 사이에 모두 매각했다. 이러한 주식매각은 2002년 3월과 4월에 집중해서 일어났는데 이 두 달 동안 총 1273만 8천 주가 매각되었다. 이들 16명이 매각한 1977만 4천 주 중 1345만 4천 주는 시장에서 불특정다수인에게 매각했으며, 나머지 632만 주는 2002년 4월 29일에 LG에 주당 15000원에 되팔았다. 16명의 총 매각금액은 2990억 2500만 원으로서 평균 매각단가는 15122.14원이었다. 지배주주 일가 29명 중 나머지 13명의 매각내역은 공시되지 않았으나 이들은 구본무 회장을 비롯한 다른 지배주주 일가들과 공동으로 지분을 매입했으며, 매각내역이 공시된 다른 지배주주 일가들의 매매행태에 비추어볼 때 29명의 매수인들 전체가 보유와 처분을 같이하는 것으로 추정되었다. 이들 13명의 주식매각 단가를 지분매각이 공시된 사람들의 평균매각가인 15122.14원으로 적용해 매각금액을 계산하면 매각대금은 총 1159억 2600만 원에 이른다. 따라서 구본무 회장 등 LG그룹 지배주주 일가는 주식매각금액 4149억 5100만 원에서 매입금액 1509억 2천만 원을 차감한 약 2640억 3100만 원의 매각 차익을 얻은 것으로 추정되었다.

참여연대의 자진시정 요구를 거부한 LG

참여연대는 2002년 7월경 LG그룹측에 '1999년 6월 29일 LG석유화학 주식거래 관련 참여연대의 제안'이라는 제목의 문건을 송부하고 7월 말까지 답변해줄 것을 요구했다. 이 문건에서 참여연대는 당해 거래로 인해서 대주주 일가 34명이 LG화학에 끼친 손해액 규모가 최소한 823억 2천만 원이라고 지적한 후, 이러한 거래가 LG그룹이 지주회사로 개편하는 과정에서 발생한 사건이며 이로 인해서 대주주들의 지분이 늘었음을 감안하여 823억 2천만 원 상당의 지주회사(당시는 LGCI) 지분을 자진 무상소각할 것을 촉구했다. 현금으로 배상금을 지급하라는 것은 현실적으로 LG그룹 대주주들이 받아들이기가 어려울 것으로 예측되었고 지배주주의 지분을 무상소각하면 그만큼 소액주주들의 지분적 이익이 증가하므로 823억 2천만 원 이상의 이익을 얻을 것으로 보았기 때문이었다.

이에 대해서 2002년 7월 말경 LG측은 '참여연대의 제안에 대한 검토'라는 문건을 통해 "1999년 6월 29일의 주식거래가 기본적으로 적법한 절차에 따라 아무런 하자 없이 이루어졌으며 주식거래 가격 결정에 있어서도 당시 입수할 수 있는 자료와 가격 결정기준에 대한 논의를 거쳐 적정한 가격으로 결정한 것"이라는 입장을 견지하면서 다만 서로의 오해를 풀고 입장 차이를 좁히기 위해서 평가기준에 관해 미리 합의한 후 공정한 제3의 평가기관을 선정하여 당해 주식거래 가격 결정의 적정성에 대한 평가를 의뢰하여 그 결과를 가지고 다시 협의할 것을 제안했다.

기본적으로 참여연대는 소송을 제기하기 전에 회사측이 자발적으로 문제점을 시정하도록 요구하는 것을 원칙으로 삼고 있었다. 이는 한편으로는 회사측에 자발적 시정 기회를 부여하여 상호 간에 시간과 비용을 들이지 않으면서도 문제를 해결하고자 하는 것이고 다른 한편으로는 향후 이어질 수 있는 소송의 명분을 더욱 강화하기 위함이다. 실제로 자발적 시정 요구에 따라 시정조치하여 소송에까지 이르지 않은 경우가 소송으로 간 경우보다 더 많았다.

결국 법정으로, 발행주식 총수의 0.01%를 모아라!

참여연대는 LG측에 총수 일가의 부당이득 일부를 회수할 것을 요구했으나 거부당하자 본격적으로 소 제기 준비단계에 돌입하고 원고 모집에 착수했다. 주주대표소송을 제기하기 위해서는 먼저 소송요건을 검토하여 소 제기 대상 및 원고 자격 등을 확정해야 한다. 그러고 나서 위임장 및 사건위임계약서 양식 등을 준비한 후 원고 모집에 나서게 된다.

당시 증권거래법상 원고는 소 제기 당시를 기준으로 발행주식 총수의 0.01%를 6개월 이상 보유하고 있어야 했는데 2002년 당시 LGCI의 발행주식 총수가 97,132,058주(보통주는 94,769,898주이고 우선주가 2,362,160주)임을 감안할 때 9714주 이상을 6개월 이상 보유한 주주(들)이 필요한 상황이었다.

참여연대는 이러한 분석 결과를 토대로 2002년 10월 1일자로 성명을 내고 LG측이 자발적 시정을 하지 않았으므로 부득이 주주대표소송을 제기한다는 방침을 발표하고 주주 모집에 착수할 것임을 공표했다.

이러한 성명은 참여연대의 입장발표인 동시에 원고 모집을 위한 광고에 해당하는 것이었다. 그후 원고 모집작업은 참여연대로 전화를 걸어오는 소액주주들 명단을 정리하여 이들로부터 필요한 서류를 받고 위임장 및 사건위임계약서를 접수하는 절차로 진행되었는데, 당시 원고 소송 대리인은 내가 속한 법무법인 한누리로 정해졌다. 주주명부를 입수하여 광범위하게 주주 모집에 나서는 방안도 검토했으나 달랑 9700여 주를 모으는 방법으로는 너무 번잡스럽다는 판단하에 연락이 오는 주주들로부터 위임을 받는 소극적 방식을 취했다.

이 소송에 뛰어든 6인의 소송참여 주주들은 누구인가

소송에 참여한 주주들은 총 6명으로서 모두 개인 주식투자자들이었다. 이중 가장 많은 주식인 37,843주를 갖고 참여한 원고는 미국에 거주하는 재미교포 1세였으며 나머지 원고들은 적게는 9주에서 많게는 645주까지 6개월 이상 보유한 주식을 갖고 이 사건 소송에 참여했다. 이 사건 소송에 대한 판결이 내려진 이후 판결에 대해 비판적인 칼럼을 기고한 모 교수는 마치 이 사건 원고 중 외국계 펀드가 있는 양 주장했으나 이는 사실관계를 제대로 확인하지 않은 주장이었다. 외국계 펀드는 소제기 청구단계에서부터 소송의 종료에 이르기까지 일절 참여한 바가 없다. 물론 외국계 펀드의 참여를 배제한 것은 아니었다.

실제로 한 외국계 투자신탁회사가 이 사건 주주대표소송에 참여할 것을 고려했다가 내부의 결재과정에서 사내 법무파트의 승인을 얻지 못해서 참여가 무산된 경우가 있었다. 기본적으로 일반적인 기관투자자는 여간해서는 피투자회사의 경영진에 대해서 적대적인 소송을 걸기 쉽지 않음을 보여주는 대목이다. 펀드가 피투자회사에 적대적인 액션을 취하면 비단 당해 회사와의 관계만 경색되는 데 그치지 않고 다른 피투자회사들과의 관계에도 부정적인 영향을 미치는 것으로 알려져서 주주대표소송에 기관투자자가 참여하기는 극히 어렵다. 실제로 참여연대가 제기한 주주대표소송에 국내외를 불문하고 기관투자자가 참여한 사례는 전혀 없다. 이는 6개월간 0.01% 지분 소유 요건이 왜 부담이 되는지를 알려주는 것이며 궁극적으로는 우리나라도 일본이나 미국처럼 주주대표소송 제기권이 단독 주주권화되어야 함을 말해준다.

손해액 최소 823억! 그러나 소송 제기를 외면한 감사위원회

참여연대의 주도하에 원고 모집작업을 마친 후 9731주를 보유한 6명의 원고들로부터 위임을 받은 법무법인 한누리는 2002년 12월 16일자로 드디어 LGCI의 이사회에 '소 제기 청구서'를 발송하기에 이른다. 이 소 제기 청구서에서 법무법인 한누리는 1999년 6월 거래의 문제점을 지적하고 이에 따른 회사의 손해가 최소한 823억 2천만 원이라는 점을 지적한 후, 당시 거래를 승인한 이사들 8명 전원을 상대로 최소한 823억 2천만 원 이상의 손해배상을 청구하는 소송을 제기할 것을 상법 제403조 제1항에 의거해 청구했다. 이 소 제기 청구서는 이사회에 보낼 것과 감사위원회에 보낼 것 2부를 준비하여 각각 내용증명 형태로 송부했다. 이는 임원들에 대한 소 제기 시에는 회사의 감사위원회가 회사를 대표하기 때문에 그리한 것이다.

소 제기 청구는 주주대표소송을 제기할 때 원칙적으로는 반드시 선행되어야 하는 전제 절차로서 소 제기 청구를 한 후 30일을 기다려야 주주대표소송을 제기할 수 있도록 상법에 규정되어 있다. 이는 주주대표소송이 원래는 회사가 그 임원들을 상대로 제기해야 할 소송을 소액주주들이 대신하여 제기하는 '대표소송'으로서 소권이 회사로부터 유래하기 때문이다.

이러한 소 제기 청구에 대해서 LGCI는 감사위원회 위원장인 구자정 이사 명의의 2003년 1월 14일자 회신을 통해서 감사위원회가 관련 자료 등을 토대로 신중히 검토하고 논의한 결과, 당해 이사들이 법령 또는 정관에 위반한 행위를 하거나 그 임무를 해태하여 회사에 손해를 끼친 것으로 볼 수 없어 소 제기를 하지 않기로 결정했다고 하면서 소송을 제기하지 않을 뜻을 분명히 했다.

피고는 LG 이사진, 법률대리인은 김앤장

법무법인 한누리는 2003년 1월 27일자로 법원에 소장을 제출했다. 주주대표소송은 반드시 사건 본인 회사의 본점 소재지를 관할하는 법원에 제기하도록 되어 있다. LGCI주식회사는 여의도에 본점을 두고 있었는데 이를 관할하는 법원은 서울남부지방법원이었다. 해당거래가 일어난 것이 1999년 6월 29일이고, 참여연대가 처음으로 해당거래에 관해 이의를 제기하고 관여하기 시작한 것이 2000년 5월경이므로 해당 거래가 일어난 지 3년 7개월 만이자, 본격적으로 문제를 삼기 시작한 지 2년 8개월 만에 소송이 정식으로 제기되기에 이른 것이다. 소장은 2003년 2월 21일경 피고들에게 발송되어 모두 송달이 완료되었다.

소송의 원고는 소 제기 청구에 참여한 6명의 개인 소액주주들이었으며 피고는 1999년 6월 29일자 결의 당시 등재된 이사들 8명 전원이었다. 원래 LG화학이 LG그룹의 모기업에 속하므로 당시 이사진에는 현재의 LG그룹 회장인 구본무 회장을 비롯해 현재 GS그룹 회장인 허창수 회장, 그리고 당시 LG그룹 구조조정본부장인 강모 부회장이 포함되었다. 8명의 이사들 중에서 2명의 사외이사들도 피고에 포함되었다. 그리고 피고들은 김앤장 법률사무소가 일괄하여 소송대리를 맡았다.

청구금액은 당초 소 제기 청구에 적시한 823억 2천만 원이었는데 주주대표소송의 경우, 소가訴價는 지방법원 합의부 관할금액인 5천만 100원으로 의제되어 있었기 때문에 청구금액이 거액이었음에도 불구하고 인지대는 23만 원에 불과했고 송달료 24만 3천 원을 합하여 도합 47만 3천 원이 소요되었다. 물론 이 금액은 순수하게 소장 제출과 관련하여 법원에 납부한 비용이었으며 소 제기 시까지 투입된 인력과 시간에 따른 비용은 포함하지 않은 것이다.

구조조정의 결단인가, 개미들에 대한 기만인가

막대한 금액을 투자해 이제 막 정상궤도에 오른 사업체를 헐값으로 매각한 이유는 무엇인가?

원고들을 대리하는 법무법인 한누리에서는 나와 더불어 하승수 변호사가 주로 사건을 수행했다. 원고들은 소장에서 1999년 6월 29일 이루어진 이 사건 주식매매 거래가 "LG화학이 막대한 자금을 투자하여 이제 그간의 누적결손을 털어내고 잉여를 창출하기 시작한, 더 나아가 상장을 앞둔 LG석유화학의 지분을 자본조달비용에도 훨씬 못 미치는 헐값에 피고들 자신을 포함한 경영자 겸 대주주 또는 그 일가에게 넘기는 거래"로 규정했다. 그후 이 거래가 1) 단순히 과거의 수익만 반영되는 상속세 및 증여세법상의 주식평가방법만을 사용하여 가격을 산출한 점, 2) 보다 높은 가격을 산출한 내부검토 결과를 무시하고 객관적 평가를 위한 아무런 노력도 없이 당초 예측한 가격보다 낮은 가격에 주식거래를 실행한 점, 3) 제반 정황에 비추어 볼 때 주당 8500원에 근접한 가격에도 매각할 수 있었던 점, 4) 외부평가기관으로부터 널리 인정되는 평가방법에 의해서 평가를 했더라면 거래가격인 5500원보다 훨씬 더 높은 가격에 팔 수 있었을 것이라는 점, 5) 자산 재평가만 제대로 했더라도 훨씬 높은 가격에 팔 수 있었을 것이라는 점 등의 문제가 있음을 지적했다. 따라서 원고측은 만약 제대로 가치평가를 했더라면 매각가격이 최소한 8500원은 되었을 것이라고 주장하면서 주당 3천 원(8500-5500원)씩의 손해로 총 823억 2천만 원을 청구했다.

당시 원고측은 소장에서 단순히 이 사건 거래의 가격이 당시 그 시점에서의 적정가격에 의해서 이루어진 것이 아니라는 주장(정태적인 측면에서의 문제점 지적)에 그치지 않고 이 거래의 전후 상황을 충분히 설명함으로써 재판부로 하여금 이 사건 거래를 일종의 '사업적 기회business opportunity'의 유용이라는 측면으로 이해하도록 설득하려 했다는 점이 중요하다. 이는 원고가 소장에서 이 사건 주식매각의 문제점을 다음과 같은 한 문장으로 요약한 데서 잘 드러난다.

"LG화학은 무려 20년 전에 100% 자회사 형태로 LG석유화학을 설립한 이후 막대한 자본을 투하하여 이 회사의 지분 100%를 보유하고 있었는데 이중 3분의 2가 넘는 70%의 지분을, 이제 바야흐로 사업이 본격적인 성과를 거두는 단계에 돌입하여 누적결손을 털어냈고, 상장(기업공개)까지 바라보는 중요한 시점에 공개적인 입찰절차를 통하지 않고 수의계약隨意契約[23] 방식으로 현 경영진 및 대주주와 그 일가에게 중립적인 가치평가를 거치지 않고 투입비용에도 못 미치는 가격에 전격 매각했습니다."

그룹구조조정 및 수익 극대화 차원의 경영상 결정이었다?

피고측의 주장은 기본적으로 이 사건 주식매각이 LG화학의 중장기적인 구조조정계획의 일환으로 LG칼텍스정유 및 LG유통과의 계열관계를 강화함으로써 경영 및 영업상의 효율성을 제고할 필요성에 입각

23 경쟁계약을 하지 않고 임의로 적절한 상대자를 선정해 체결하는 계약.

해서 이루어진 것("구조조정 추진을 위한 이 사건 주식매각의 필요성")이었을 뿐만 아니라 이 사건 주식보다는 LG칼텍스정유나 LG유통의 주식을 매입하는 것이 회사의 장래성이나 주가동향에 비추어 보다 투자가치가 높다는 판단에 근거한 것("투자가치 극대화를 위한 이 사건 주식매각의 필요성")이라고 주장했다.

아울러 이 사건 주식 매각조건의 적정성과 관련해서는 이 사건 주식이 비상장주식이어서 법상 확립된 정상가격 내지 객관적인 가치 산정방법이 없으므로, 결국 구舊 상증세법시행령 제54조 1항에 의하여 이 사건 주식의 주당 순자산가치와 순손익가치의 합계액을 2로 나눈 3621원에다가 최대주주의 특수관계인이 매수자임을 감안하여 10%를 할증한 3983원보다 높은 주당 5500원에 거래가 이루어졌으므로 매각가격이 적정했다고 주장했다.

LG의 항변을 무력화시킬 전략을 짜다

따라서 이 사건의 주요 쟁점은 1) 과연 이 사건 주식을 매각할 경영상의 필요성이 있었는가? 2) 이 사건 주식의 매각가격은 적정했는가? 3) 과연 피고 이사들이 이 사건 주식의 매각과 관련하여 선량한 관리자로서의 주의의무를 다했는가? 하는 문제로 집약되었다. 이들 주요 쟁점들과 이에 대한 1심법원의 판단을 살펴보면 다음과 같다.

과연 그룹 구조조정 차원의 경영판단이었는가?

첫번째 쟁점은 과연 LG화학이 LG석유화학의 지분을 최대주주 일가에게 매각한 것이 LG그룹 구조조정과정의 일환이었는가에 관한 공방이었는데 피고들은 이에 관하여 상당히 방대한 주장을 펼쳤으며 원고측은 상당기간 동안 이러한 주장이 모두 현출되도록 기다렸다. 사실 원고측으로서는 그간 오랫동안 LG그룹의 구조개편과정을 모니터하고 있었으므로 LG그룹 내부자료를 포함하여 상당한 분량의 자료를 축적하고 있었다. 따라서 피고측의 주장이 모두 현출된 후 이에 반대되는 LG그룹측 자료를 제시함으로써 피고측의 항변을 무력화시키고자 전략을 수립했다. 2003년 1월 27일에 소 제기가 이루어지고 3년이 넘게 지난 2006년 4월 12일 제출한 준비서면에서 원고측은 이 사건 주식거래가 피고측이 내세우는 출자구조 개편방향에 정면으로 역행하는 거래라는 점, 오히려 구본무를 비롯한 대주주들은 당초부터 이 사건 주식거래를 통해 취득한 LG석유화학 주식을 조만간 다시 매각할 목적으로 취득한 것이라고 볼 수밖에 없다는 점, 중장기 사업전략상 LG칼텍스정유 및 LG유통의 지분을 취득할 필요가 있어서 이를 위한 재원을 마련하고자 주식을 매각할 필요가 있었다는 피고측의 항변도 이미 LG그룹이 LG칼텍스정유와 LG유통의 지배지분을 보유하고 있었으므로 전혀 설득력이 없다는 점 등을 피력했다.

결론적으로 1심판결은 이 쟁점에 관하여 "이 사건 주식을 대주주 등에게 매각하여 LG정유와 LG유통의 주식취득을 위한 자금을 확보해야 할 필요성이 있었음을 인정할 수 있다"고 하여 피고측의 항변을 인정한 듯한 판시를 했다. 하지만 재판부는 곧이어 "위와 같이 이 사건 주식을 매도할 필요가 있었다는 사정이 있었다 하더라도 그것만으로는 피고들이 이 사건 주식에 대한 가치평가를 잘못하여 적정거래가액보다 낮은 가격으로 매도한 것을 정당화할 수 없다 할 것이다(그뿐 아니라 그 시점에 LG석유화학 발행주식의 70%나 되는 주식을 매도하면서 LG정유와 LG유통의 주식을 매수할 필요가 있었다는 시기적인 급박한 사정은 보이지 아니한다)"라고 판시하여 이 사건 주식거래가 경영상 꼭 필요한 조치였으므로 광범위한 경영상의 재량이 인정되어야 한다는 피고측의 항변을 사실상 배척했다.

공정한 감정인 없이는 승리하기 어렵다

이 사건 주식의 당시 매각가격(주당 5500원)이 적정했는지 여부에 관해서는 경제학적 감정을 중심으로 하여 다툼이 전개되었다. 즉 당시 정상주가를 어떻게 보아야 하는지에 대한 감정이 이루어진 것이다. 정상주가 감정과 같은 경제학적 감정을 시행할 때는 감정인이 어떠한 방법론을 채택하고 여러 가지 변수를 어떻게 고려하는지에 따라 결과가 판이하게 달라지는 것이 현실이다. 따라서 감정인 선정 때부터 쌍방 간의 첨예한 대립이 전개되었다.

기본적으로 경제학자나 각종 학회, 회계법인, 신용평가회사 등 감정을 시행하는 주체들은 대부분 기업들과 직간접적인 연관을 맺는 것이 일반적이다. 따라서 감정인 선정과정이 엄격한 통제하에 이루어지지 않을 경우 원고측은 절대적으로 불리할 수밖에 없다. 따라서 원고측은 처음부터 이 사건의 주가감정을 쌍방이 각자 추천한 감정인을 통하여 복수감정 형태로 할 것을 계획하고 또 추진했다. 복수감정을 얻은 후 서로 상대방의 감정 결과를 탄핵하도록 한 후 재판부로 하여금 신빙성이 높은 감정 결과를 채택하든지 아니면 감정의견을 종합하여 법원이 판단하도록 하는 것이 원고측 입장에서는 보다 안전하다고 생각한 것이다.

원고측 감정인으로는 연세대학교 경영학과의 교수이자 재무학자인 신진영 교수를 추천했고, 피고측에서는 한국신용정보의 정모 박사를 추천했는데 법원은 쌍방이 추천한 감정인들을 각각 채택하여 복수감정이 시행되었다. 결과는 예상대로 신진영 교수는 정상주가가 높게, 정모 박사는 정상주가가 낮게 나와서 각각의 입장을 지지하는 내용이었는데 이에 대하여 각각 쌍방이 상대방의 감정 결과를 탄핵하는 의견서를 또 다른 재무전문가들을 활용해 제출했다. 결론적으로 재판부는 어느 쪽 감정의견도 전적으로 채택하지 아니하고 각 감정인의 의견을 종합하여 재판부 스스로가 정상주가를 산정하는 방식을 취했는데, 재판부는 정상주가를 보수적으로 산정하더라도 1주당 정상거래가격은 최소 주당 7810원으로 보아야 한다고 판단했다.

졸속 이사회, 이사들은 과연 의무를 다했는가?

마지막으로 피고 이사들의 선관주의 의무善管注意義務 위반에 관한 공방이 이뤄졌는데 이와 관련해서 원고측은 당시 이사회가 불과 한 시간 사십 분 만에 졸속으로 이뤄졌고 매각 상대방에 해당하는 구본무, 허창

수 이사가 이사회에 참여한 가운데 의결이 이뤄졌다는 점, 사외이사들도 같은 날 이사회에 상정된 컨설팅 관련 안건들을 통해 이득을 얻게 되어 있어서 중립적일 수 없었다는 점 등을 집중적으로 부각시켰으며 누적결손을 벗어나는 자회사를 적정한 가치평가 작업을 거치지 않고 서둘러 매각 승인한 것이 임무해태라고 주장했다. 아울러 원고측은 좋은기업지배구조연구소를 통해, 사후적으로 이 사건 주식을 매각함으로써 LG그룹 대주주 일가가 얻은 시세차익이 약 2640억 원에 달한다는 내용의 외부용역 보고서를 받아 재판부에 제출하기도 했다. 또한 원고측은 피고측의 이사들 전원을 상대로 거액의 청구를 할 경우 재판부가 피고들 중 사외이사 등 일부에 대한 온정적인 태도로 인해서 책임을 과도하게 제한할 것을 감안하여 미리 피고들 별로 청구금액을 조정하기로 하고 청구취지 변경을 했다. 이를 통해서 피고 구본무, 허창수, 허동수 등 이 사건 주식거래로 인해서 직접 이익을 얻은 이사들에 대해서는 823억 2천만 원 전액을 청구하고, 경영을 직접 담당하는 3명의 상근이사들에게는 그중 약 10% 정도인 80억 원에 관하여, 나머지 사외이사들 2명에 대해서는 약 5% 정도인 40억 원에 관하여 연대책임을 주장하는 것으로 청구취지를 변경했다.

결과적으로 1심재판부는 원고측 주장대로 피고 이사들의 임무해태를 모두 인정한 후 피고 이사들 전원에 대해 배상을 명하는 판결을 내렸다. 즉 재판부는 법원이 산정한 적정가격인 7810원과 실제 거래가격인 5500원과의 차이인 주당 2310원을 거래수량으로 곱한 총 633억 8640만 원의 손해를 인정한 후 대주주 이사들에게는 그중 약 70%인

400억 원의 배상책임을, 경영진 이사들에 대해서는 그중 약 10%인 60억 원의 배상책임을, 사외이사들에게는 그중 약 5%인 30억 원의 책임을 인정하는 식으로 판결했다.

사외이사들의 떡고물

이 사건 재판과정에서 현출된 1999년 6월 당시의 이사회 의사록을 보면, 이사회 당일 여러 안건들을 검토하면서 그중의 한 안건으로 이 사건 주식매각 건을 심의한 것으로 되어 있으며, 10시에 시작한 이사회가 11시 40분에 끝난 것으로 되어 있었다. 당일 심의된 안건은 제1호 의안 '중장기 사업전략 승인의 건', 제2호 의안 '타법인 출자 및 지분매각 승인의 건', 제3호 의안 '장○○ 이사와의 거래 승인의 건', 제4호 의안 '이○○ 이사와의 거래 승인의 건' 등 4건이었다. 이중 제3호 의안과 제4호 의안에 언급된 '장○○ 이사'와 '이○○ 이사'는 당시 LG화학의 사외이사들이었으며 해당 안건은 LG화학이 이들 사외이사 또는 사외이사가 소속된 회사로부터 컨설팅을 받기 위한 안건으로서 이들 안건도 모두 당일 그대로 통과되었다. 사외이사들이 이 사건 주식매각을 일사천리로 통과시킨 대가로 일종의 떡고물을 받았다는 의심을 받기에 충분한 모습이었다.

LG그룹의 모르쇠와 수치 조작에 피 말렸던 소송

LG그룹 주주대표소송의 특색을 보여주는 몇 가지 에피소드가 있다.

모르쇠로 일관하는 것만이 살 길이다?
소장 제출 후 3년이 될 때까지 피고측 증거 제출 '0'건

이 사건 소송의 특징을 보여주는 사실 중 하나가 바로 이 사건 소장이 제출된 2003년 1월 27일로부터 무려 3년이 경과한 2006년 1월 23일에서야 비로소 피고측 서증(을호증)이 제출되었다는 점이다. 즉 소제기 후 무려 3년 동안 피고는 아무런 증거도 제출하지 않고 원고의 주장에 대한 반박주장만을 폈다. 이는 피고의 소송전략이 이 사건 주식거래에 관한 자료를 일절 제출하지 않음으로써 입증 부족에 따른 원고청구기각을 유도하고자 했음을 의미한다. 주주대표소송은 회사에 대한 이사의 책임을 추궁하는 소송이므로 이사의 법령, 정관 위반 또는 임무해태는 물론 이에 따른 회사의 손해를 원고측이 적극적으로 주장, 입증해야 한다. 하지만 주주대표소송은 회사가 직접 제기하는 소송이 아니라 소액주주가 회사의 협조 없이 회사를 대표하여 소송을 제기하는 것이기 때문에 회사의 자료를 확보할 수 있게 하는 제도적 장치가 필요하다.

미국의 경우 증거개시제도(디스커버리discovery 제도)가 있기 때문에 원고가 법원의 협조를 얻어 피고로 하여금 문제가 되는 모든 서류와 증인들을 공유하도록 강제할 수 있다. 하지만 우리나라의 경우에는 증거

개시제도가 없기 때문에 원고가 필요한 회사 내부자료를 확보하기 위해서는 형사고소를 한 후 검찰의 수사과정에서 확보된 자료를 형사기록 송부촉탁의 방법으로 확보하든지, 공정거래위원회나 금융감독원에 민원을 제기하여 이들 감독기관의 조사자료를 확보하는 방법을 사용할 수밖에 없다. 이 사건의 경우 원고측은 먼저 형사고소하는 방안을 검토하기도 했지만 통상 살아 있는 재벌그룹 총수에 대한 수사는 특별한 정치적 동기가 없이는 잘 이루어지지 않는다는 현실론을 감안했다. 섣불리 형사고소를 할 경우 불기소처분이 이루어짐으로써 형사소송기록의 확보는커녕 면죄부만 줄 가능성이 높다는 판단이었다.

이 사건의 경우 공정거래위원회의 시정명령이 있었으므로 공정거래위원회의 처분에 대해 LG그룹측이 제기한 행정소송의 사건기록에 대한 송부촉탁이 행해졌다. 하지만 실상 기록 송부촉탁 결과 확보된 자료는 빈약하기 그지없었다. 공정거래위원회가 강제조사권이 없기 때문에 그렇기도 했지만 통상 공정거래위원회 조사과정에서 나오게 마련인 문답자료조차 없어서 실망스럽기 그지없었다.

결국 이 사건에서 원고는 금감위 전자공시사이트에서 다운받은 각종 공시자료, 참여연대에서 LG그룹에 대한 질의를 통해 확보한 자료와 더불어 문서목록 제출명령 신청, 문서 제출명령 신청, 구석명求釋明 신청[24] 등 민사소송법상 인정되는 각종 증거조사방법을 총동원해 확보한 증거자료에 의지할 수밖에 없었다.

24 법원에 상대방측의 특정 주장에 대해 명명백백히 내용을 밝히고 설명해줄 것을 요청하는 것.

우선 원고는 2004년 8월 11일자로 문서목록 제출명령 신청과 문서제출명령 신청을 했고, 이에 대하여 법원은 2004년 11월 22일자로 이 사건 주식매각과 관련해 피고들이 소지한 모든 문서를 20일 이내에 제출할 것을 명하는 문서 제출명령을 내렸다. 그런데 이에 대해 피고측은 무려 1년 동안이나 아무런 조치를 취하지 않았고, 원고측이 2005년 11월 4일자 준비서면을 통해 "피고가 3년간 아무런 자료도 제출하지 않고 있으며 공식적인 재판부의 문서 제출명령에도 묵묵부답하고 있다"는 취지로 비난하자 그제야 부랴부랴 을호증을 정리해 제출했다. 당시 내 기억으로는 피고측이 법원의 문서 제출명령 이후 정상주가 감정 등이 이루어지는 와중에 문서 제출명령의 발령 사실을 깜빡 잊은 것이 아닌가 생각한다. 아무튼 이러한 피고측의 태도는 재판부에게 피고측이 무언가 계속 숨기고 있다는 인상을 주게 된 것 같다.

핵심증거자료의 주요한 수치가 계속해서 바뀌다

이 사건의 진행과정에서 피고측 주장의 신빙성을 떨어뜨린 대표적인 계기 중 하나가 바로 핵심증거자료의 수치 조작이다. 피고측이 2006년 1월 23일자로 제출한 서증 중 핵심자료로서 LG석유화학에서 작성한 것으로 되어 있는 '기업 공개요건 검토'라는 자료가 있었다. 이 자료는 LG석유화학이 1997년 3월경 자체적으로 자사의 주식가치를 평가한 자료로, 1999년과 2000년의 자기 자본, 주당 자산가치, 세전 이익, 추정 이익, 주당 수익가치, 당기순이익의 추정치가 적혀 있었다. 자사의 경영 상황과 미래 수익가치에 대해 가장 잘 알 수 있는 LG석유화학이 직접 작성한 자료이므로 이 자료상 '회사 주식의 가치가 어떻게 평가되어 있는가'는 재판에 영향을 미치는 매우 중요한 사항이라고 볼 수 있다.

그런데 공교롭게도 피고측이 2006년 1월 23일자로 제출한 '기업 공개요건 검토' 자료상 수치와 원고측이 서울고등법원에 기록 송부촉탁을 통해 확보한 공정거래위원회 조사자료에 첨부된 같은 제목의 문건상 수치가 달랐다. 즉 문건의 다른 부분은 똑같은데도 불구하고 주요한 수치만 바뀌어 있었던 것이다. 바뀐 수치는 주로 LG석유화학의 기업가치에 관련한 부분이 많았다. 예컨대 1999년 주당 수익가치가 원고가 확보한 자료상으로는 '9864원'으로 되어 있었는데 피고 제출의 을호증에는 '8031원'으로 되어 있었고, 2000년 주당 수익가치도 원고가 확보한 자료상으로는 '10544원'으로 되어 있었는데 피고 제출의 을호증에는 '6897원'으로 되어 있었던 것이다. 왜 같은 제목의 문건이 수치만 달리 되어 있는지 그 연유는 불분명했지만, 당초 공정거래위원회의 조사과정에서 확보된 문건이 수치만 바뀐 채 피고에 의해서 민사법정에 제출된 것이 분명했다.

원고측은 피고측의 서증 제출이 이뤄지기 전까지 일부 갑호증의 제출을 미루고 있었는데 이러한 인내심이 위력을 발휘한 것이라고 볼 수 있다. 결국 피고측은 수치를 바꿔 제출했고 그것이 들통나게 되었다. 당연히 원고측은 이 부분을 '재판부를 오도하는 반칙행위' '수치를 조작해 재작성한 자료' 등으로 집요하게 물고 늘어졌고, 피고측은 부랴부랴 여러 가지 추정치를 작성해본 것뿐이라고 변명했지만, 동일한 작성주체가 작성한 두 건의 상이한 문건으로 인해서 피고측 주장과 자료들의 신빙성은 상당 부분 의심받을 수밖에 없었다.

원고와 피고 사이의 감정 싸움

이 사건의 핵심쟁점은 과연 1999년 당시 LG석유화학의 정상주가를 어떻게 볼 것인가였다. 아무리 별다른 경영상 이유 없이 대주주 가족들에게 졸속으로 팔아넘겼다는 점을 입증하더라도 가격이 적정했다면 회사에 아무런 피해가 없게 되기 때문에 청구를 인용받지 못하기 때문이다. 실거래 사례가 없는 비상장회사 주식의 적정가치를, 그것도 과거시점에서 판단하는 것은 주관적인 판단이 개입될 수밖에 없는 것이었으므로 감정인들의 역할이 매우 컸다. 결국 이 사건은 감정인들 간에 서로의 전문성과 신빙성을 겨루는 '감정鑑定 싸움'이 될 수밖에 없었던 것이다.

서로 감정인을 내세우고 또다른 전문가를 내세워 상대방 감정인 감정 결과의 신빙성을 탄핵하는 과정이 전개되었으며 객관적인 자료들(LG석유화학 내부보고서, 사업보고서 등)도 동원되었다. 원고측에서는 감정인 신진영 교수 이외에도 김대식 교수, 좋은기업지배구조연구소의 전문가들을 동원했고, 피고측에서도 감정인 한국신용정보 소속 정모 박사 이외에도 윤모 교수가 동원되었다. 감정 결과의 채택과 관련하여 원고측의 접근방법은 신진영 교수의 감정 결과를 옹호하고 상대방 추천 감정인인 정모 박사의 감정 결과를 탄핵하는 것이었는데, 정모 박사의 감정 결과가 수익가치법에 의하여 주식가치평가를 하면서, 장래수익의 현재가격을 낮게 하기 위해서 할인율을 지나치게 높게 잡았으며 이를 위해서 자기 자본 수익률[25]을 30.69%라는 비정상적인 높은 수치로 정했다는 점을 집중적으로 지적했다. 이와 관련해 김대식 교수는 피고측 감정인 의견에 대하여 "이론적 모형은 옳지만, 구체적인 상황에서는 잘못된 숫자를 적용한 것과 대학 저학년이 저지를 수 있는 이론적 모형의 이해 부족이 겹쳐서 발생한 것으로 판단한다"는 신랄한 비판을 가하기도 했다. 결국 피고측의 전략은 쌍방 감정의 신빙성을 다 부정하고 상속 및 증여세법상 가치평가방법을 채용해야 한다는 것으로 귀결되었지만, 재판부는 이러한 피고측의 주장을 일축하고 대신 쌍방 감정 결과를 토대로 재판부가 적정주가를 직접 정하는 방법을 취했다.

원고이지만 원고가 아니게 될 수도 있다? 원고 적격을 유지하라!

주주대표소송에서 본안에 관한 쟁송爭訟 못지않게 중요한 것이 바로 소송 적격성의 확보이다. 주주대표소송의 경우 소 제기 청구의 부재를 이유로 한 소 각하 판결, 원고 적격 부재를 이유로 한 소 각하 판결이 드물지 않기 때문이다. 특히 아무리 제소 당시에는 원고 적격이 있었다 하더라도 소 제기 후 원고가 주식을 매각하는 등으로 제소 적격을 상실하는 경우에는 변론 종결 시를 기준으로 제소 적격이 부재하다고 하여 소 각하 판결이 이루어진다. 이 사건의 경우 소송 제기 후 3년 6개월 이상 경과하면서 원고들이 일부 주식을 처분했지만, 개정상법상 소 제기 후에는 1주만 가지고 있어도 원고 적격이 유지된다는 조항에 따라 원

25 주주들이 향후 매년, 그리고 영구히 달성할 것이라고 기대하는 주식투자 수익률을 의미한다.

고 적격을 유지했다.

그런데 정작 문제는 사건본인회사인 LG화학이 소송중에 여러 차례의 구조개편을 거쳤으며 이 과정에서 주주 자격 박탈의 우려가 있었다는 것이다. LG그룹이 지주회사로 개편되는 과정에서 사건본인회사인 LG화학은 LGCI와 LG화학으로 분할되었으며 그후 LGCI는 LGEI와 합병을 거쳐 (주)LG가 되었다. 원고들로서는 다행스럽게도 LGCI와 LG화학이 분할되는 과정이 인적분할이었던 관계로 양 회사의 주주로서의 지위를 그대로 유지할 수 있었고, 따라서 주주대표소송의 운명에 별다른 영향은 없었다. 만약 분할과정에서 물적분할의 형태를 띠었더라면 아마도 원고들은 지주회사의 주주일 뿐 사건본인회사의 주주는 아니라는 결과가 야기되었을 수도 있다. 물적분할을 통해서 모회사와 완전자회사로 변환되는 과정이 특별결의만으로 가능하며 소액주주들에게 완전자회사의 주주로 남는 선택권이 부여되지 않으므로 주주대표소송중에 회사의 구조개편으로 인해 주주자격이 박탈되는 그야말로 황당한 경우가 발생할 수도 있는 것이다.[26] 하지만 다행히 이런 상황은 발생하지 않았다. 타의에 의해서 주주자격이 박탈되는 경우에는 이미 제소한 주주대표소송의 적법성이 유지되도록 이중대표소송을 도입하는 등의 입법적 노력이 필요함을 보여주는 대목이다.

---

26 실제로 일본에서는 은행의 주주인 원고들이 동 은행의 이사 전원을 상대로 불법융자를 이유로 주주대표소송을 제기하여 소송이 계류중이었는데, 그 은행이 지주회사를 공동 주식 이전의 방식에 의해 설립하여, 결과적으로 원고들이 지주회사의 주주가 되고 지주회사는 은행의 100% 주주가 됨에 따라 원고들이 은행의 주주 지위를 상실함으로써 소가 각하된 사안이 있었다.

아무리 보수적으로 잡아도 주당 5500원은 아니다

이 주주대표소송은 2003년 1월 27일 시작된 이후 3년 7개월 정도가 경과한 2006년 8월 17일에 원고 청구금액의 약 절반에 해당하는 400억 원의 배상을 명하는 일부승소판결이 선고되었다. 재판부는 판결이유에서 우선 피고 이사들이 회사 소유자산 매각 시 요구되는 주의의무를 다하지 않아 합리적인 평가방법을 선택하지 않은 임무해태 등이 있다고 한 후, 이 사건의 주식매각 거래를 할 수밖에 없었다는 피고들의 항변을 배척했다. 재판부는 이어서 피고들의 임무해태로 인한 손해가 이 사건 주식의 적정거래가액과 실제거래가액의 차액이라고 한 후, 가장 보수적인 평가방법인 자산접근법에 따라 산정한 주당 7810원이 최소 적정가액이라고 하여 이 금액과 주당 5500원과의 차액을 손해액으로 인정했다. 그후 재판부는 대주주 이사들에게는 그중 약 70%인 400억 원의 배상책임을, 경영진 이사들에 대해서는 그중 약 10%인 60억 원의 배상책임을, 사외이사들에게는 그중 약 5%인 30억 원의 책임을 인정하는 식으로 판결했다.

1심판결 직후 470억 원을 즉각 배상한 LG, 왜?

가집행선고가 붙은 1심판결이 선고된 후 피고 구본무 회장 등은 즉각 400억 원과 그간에 발생한 이자 약 70억 원 등 총 470억 원을 LG화학에 배상했다. 이는 가집행선고에 따라 원고측이 피고 이사들에 대한 집행에 돌입할 경우 살아 있는 재벌 총수의 재산에 집행이 이루어지는 그야말로 초유의 사태가 일어날 수 있다고 우려했기 때문이라고 한다. 판결이 선고된 후 원고측은 이 사건 판결에서 책임제한이 인정되어 손해액의 전부에 대한 배상이 이루어지지 않은 점 등을 지적하면서 항소할 뜻을 피력했고 LG측도 항소의사를 피력했다. 하지만 실제로 참여연대는 이번 승소를 빨리 확정짓고 다른 사안으로 옮겨가기를 바랐고, LG그룹측에서도 부담이 되는 이 사건을 빨리 털어버리려는 희망을 갖고 있었다. 결국 LG그룹측에서 쌍방 항소포기 의사를 타진해왔고 참여연대도 이에 응함으로써 판결이 그대로 확정되었다.

악전고투 끝에 승소했으나 아무도 변호사 보수를 내려 하지 않다

쌍방 항소포기로 판결이 확정된 후 남은 문제가 하나 있었는데 그것은 바로 원고 대리인의 변호사 보수 지급문제였다. 일반적인 손해배상청구소송에서는 승소하면 그 이익이 원고에게 귀속되므로 원고는 우선 비용을 부담하면서 소를 제기할 유인이 있다. 하지만 주주대표소송은 원고가 승소판결을 얻는다 하더라도 그 이익이 회사에 귀속한다. 따라서 상법 제405조 1항은 주주대표소송을 제기한 주주가 승소한 때에는, 그 주주는 회사에 대하여 소송비용 및 그 밖에 소송으로 인하여 지출한 비용 중 상당한 금액의 지급을 청구할 수 있다고 규정함으로써 주주대표소송을 제기할 경제적 유인을 제공하고 있다.

하지만 실상 주주대표소송에서 승소하여 승소의 이익이 회사로 귀속된다 하더라도 회사는 '마지못해' 돈을 받는 것에 불과하므로, 기꺼이 이에 따른 원고의 비용을 물어주려 하지 않으며 이에 따라 보수에 관한 분쟁이 일어나게 된다. 이 사건의 경우 쌍방 간에 항소를 포기할 당시 변호사 보수 지급에 관한 문제도 함께 논의하는 것이 당연했지만 항소 문제와 변호사 보수 문제를 함께 다룰 경우 자칫 오해를 살 수 있다는 참여연대와 LG그룹의 우려 때문에 쌍방 간에 항소포기를 하기로 합의할 때, 변호사 보수에 관한 문제를 꺼내어보지도 못한 상태로 소송이 종결되어버렸다.

참여연대를 제외한 다른 원고들도 변호사에게 착수금이나 비용을 일절 지급하지 않았으므로 원고들도 변호사 보수 청구에 관심이 없는 것은 마찬가지였다. 반면 원고대리를 맡은 법무법인 한누리에서는 착수금 없이 소송 전 단계에서부터 판결에 이르기까지의 과정을 맡아 처리했으며 인지대, 송달료, 감정비용, 전문가 보수 등도 모두 부담했으므로 보수 및 비용을 꼭 상환받아야 할 상황이었다. 소송비용 중 가장 많은 비용이 발생한 부분은 단연 변호사 보수로서 그간 변호사들이 소송 전 단계에서부터 소송 종결 시까지 약 4년간의 기간 동안 투입된 데 따른 시간당 인건비는 상당액에 달할 것으로 추정되었다.

다행히 한누리는 그간 비교적 건실한 재무구조를 갖고 운영되어왔고, 승소판결이 확정된 2006년에는 다른 대형 불법행위소송의 승소로 인해 승소 보수금을 받아놓은 상태였기 때문에 굳이 빨리 변호사 보수를 지급받아야 할 상황은 아니었지만, 적정보수를 받는 선례와 판결례를 남기기 위해서 보수 청구소송까지도 불사한다는 입장이었다.

원고들과의 약정에 따르면 소송에 따른 모든 비용과 위험을 변호사가 부담하되 승소금액의 5%를 지급하는 것으로 되어 있었으므로, 한누리는 2006년 9월 초순경 판결이 확정되고 판결금이 지급되어 회사에 특별이익이 발생한 후, 2006년 9월 14일자 청구서를 통해 원고와의 약정에 따라 승소액의 5%에 해당하는 승소보수금을 지급해달라는 공문을 보냈다. 그러나 LG그룹측은 역시 이에 관하여 변호사 보수 비용 산입에 관한 규칙 등을 제시하면서 보수액을 깎고자 했는데, 그후 약 세 달간에 걸쳐 몇 차례 협의를 거치고 쌍방 서신을 교환하는 등 법정 외 공방이 이루어졌다. 한누리에서는 무려 470억 원이라는 이득을 얻고도 원고와 원고 대리인 간의 보수약정을 인정하지 않으려는 LG가 부당하다고 느꼈으며 급할 것이 없으므로 법원 판결을 통해 보수금을 지급받기로 내부방침을 정했다. 보수 청구방식을 직접청구방식(변호사 사무실에서 직접 LG에 청구하는 방식)과 간접청구방식(원고들이 LG에 보수를 청구하는 방식) 중 어느 방식으로 해야 할지를 고민했는데, 미국에서는 직접청구를 인정하지만 우리나라 현행법상으로는 간접청구가 타당하다는 결론에 이르렀다.

그러나 문제는 이 건이 우리나라의 대표적인 시민단체인 참여연대가 주주를 모아 역시 우리나라의 대표적인 그룹 총수 일가를 상대로 제기한 주주대표소송이었다는 점이었다. 이 때문에 참여연대나 LG그룹 모두 변호사 보수액 확정을 위한 별도 소송과 이에 대한 사회적 이목의 집중을 극히 부담스러워했다. 결국 쌍방의 만류와 변호사 보수 청구소송의 복잡성, 원고들로부터 별도의 위임장을 받아야 할 절차적 부담 등을 감안하여 애초 청구한 금액에서 대폭 하향조정하여 승소금액의 약 2.5% 정도에 해당하는 선에서 협상타결을 보게 되었다. 보수 청구소송이라는 또다른 재판을 피한 것은 다행이지만 이에 관한 판례를 남기지 못한 것은 아쉽게 생각한다.

기업지배구조의 투명성을 끌어올리는 데 기여한 LG그룹 주주대표소송

LG그룹 주주대표소송은 제일은행 주주대표소송과 삼성전자 주주대표소송에 이어 참여연대가 재벌그룹을 상대로 거둔 주주대표소송의 세 번째 승소사례이다. 제일은행 주주대표소송은 은행 임원의 부실여신 취급이 수백억 원대의 배상판결로 이어질 수 있다는 경각심을 불러일으킴으로써 주주대표소송제도의 초석을 놓은 소송이다. 하지만 실제로는 항소심에서 원고가 예금보험공사로 교체된 후 청구금액이 10억 원으로 감액되는 바람에 용두사미가 되어버린 소송이기도 하다. 삼성전자 주주대표소송 역시 1심에서 각종 위법사안에 대하여 배상결정이 내려져 주주대표소송의 교과서라는 별명을 붙일 만했지만 2심에서 주요한 많은 부분들이 번복되어 그 빛을 상당 부분 잃었다. LG그룹 주주대표소송은 제일은행이나 삼성전자와 달리 형사판결이 없음에도 불구하고 민사소송법상 증거조사방법을 활용하여 승소판결을 이끌어냈다는 데 의미가 있다. 아울러 주주대표소송이 재벌그룹의 비밀스러운 내부 지분거래에 대한 감시수단이 될 수 있다는 점, 시민단체가 기관투자자나 일반 소액주주들을 선도하는 주주로서의 역할을 수행할 수 있다는 점을 각인시켜 우리나라의 기업지배구조 투명성을 한층 높인 소송이었다.

참여연대 소액주주운동의 성공비결

참여연대 소액주주운동은 우리나라 역사상 가장 성공한 시민운동 중 하나로 평가받는다. 소수의 시민운동가들이, 누구도 견제할 수 없을 것 같던 삼성, 현대, LG, SK 등 거대재벌들을 상대로 각종 소송, 캠페인을 벌여 재벌의 행태를 획기적으로 바꾸는 계기를 마련했다. 열세 시간에 걸친 삼성전자 주주총회, 각종 소송, 이사회 의사록 열람 등을 통해 삼성의 경영방식이 획기적으로 바뀌었으며, SK텔레콤에는 독립적인 사외이사가 선임되고 내부거래에 대한 통제장치가 마련되었다. LG그룹 총수 일가에는 거액의 배상금을 물렸고, 현대그룹의 실세 2인자가 구속되기도 했다. 이외에도 상법과 증권거래법상 소수주주권 관련 규정의 개정, 증권관련집단소송법의 도입도 소액주주운동을 통해 이루어졌다.

이러한 소액주주운동의 성공비결은 무엇일까? 우선 참여연대의 소액주주운동 초기에 발발한 1997년 IMF 외환위기라는 타이밍을 들 수 있다. 그 다음으로는 막연한 성토에 그치는 것이 아니라 상법에 규정된 소수주주권이라는 구체적인 권리를 민사소송, 형사고발 등 사법적 절차를 통해서 행사한 것, 소수의 타깃을 정하여 집중적이고도 끈질긴 활동을 펼친 것, 법적인 조치와 캠페인과의 조화, 그리고 주주총회라는 좋은 무대의 존재 등도 성공요인에 속한다. 우리나라 국민들의 높은 평등의식과 이에 따른 높은 지지, 그리고 작은 성과라도 꾸준히 이어간 실용주의적인 접근방식도 빼놓을 수 없다.

하지만 결국 이러한 성공요인을 낳은 근본 배경으로 참여연대 소액주주운동에 참여한 사람들의 다양성을 들 수 있다. 참여연대 소액주주운동은 각기 다른 배경과 생각을 가진 다양한 구성원들이 참여하여 끊임없는 이견의 조정과 타협과정을 겪으면서 전개되었다. 운동권 출신의 시민운동가들, 변호사와 공인회계사 등 전문가들, 자본시장에 정통한 재무학자들이 각기 약간씩 다른 생각을 갖고 참여했지만 장하성 교수의 리더십 아래 각기 자신들의 강점을 갖고 기여했다. 이런 다양성이 참여연대 소액주주운동의 성공요인이지만 아이러니하게도 그 소액주주운동이 그 모습 그대로 지속될 수 없는 원인이기도 했던 것 같다.

5장

사상 초유의 재벌그룹 주가조작

— 현대전자 주가조작소송

대법원 2005다44565호 사건

금감원의 발표에 따르면 현대중공업은 2천억 원,
현대상선은 200억 원가량의 자금을 각각 동원한 것으로 드러났고,
이러한 주가조작으로 인해 현대전자의 주가는
당초 1만 4천 원대였던 것이 3만 2천 원대까지
상승한 것으로 밝혀졌다.
김앤장, 율촌 등 유수의 로펌들과 전관 출신의 쟁쟁한 변호사들이
검찰수사를 봉쇄하기 위해서 나섰는데,
당시 현대가 변호사들에게 지불한 수임료만 해도
수십억 원에 달할 것이라는 게 법조계의 풍문이었다.
청와대에서 두 차례에 걸쳐
현대측을 옹호하는 압박성 전화를 한 사실이 사후적으로
알려지기도 했다.

적반하장! 현대증권 이익치 전 회장에게 손해배상소송을 당하다

1999년 세간을 떠들썩하게 했던 현대전자 주가조작사건은 현대증권을 중심으로 현대중공업, 현대상선 그리고 현대전자까지 총 4개의 현대그룹 핵심계열사가 연루된 사상 초유의 재벌그룹 주가조작사건이었다. 나는 당시 참여연대 경제민주화위원회의 실행위원으로 있으면서 동료 실행위원 및 간사들과 더불어 이 사건에 대한 엄정한 검찰수사를 촉구하는 캠페인을 기획하고 참여했다. 나중에는 주가조작으로 피해를 입은 투자자들을 모아 민사소송을 제기했으며, 그후에는 이 주가조작으로 70억 원의 벌금을 납부한 현대증권의 노동조합과 우리사주조합의 위임을 받아 이익치 전 현대증권 회장을 상대로 주주대표소송을 제기하기도 했다.

이익치 회장 등에 대한 형사사건은 2003년도에 징역 2년에 집행유예 3년의 유죄판결이 확정되었고, 주가조작 피해배상을 청구했던 민사소송도 2005년 6월 원고 일부승소로 확정되었으며, 이익치 회장을 상대로 한 주주대표소송도 2010년 1월에 원고 승소로 확정되었다. 하지만 이익치 회장은 주주대표소송에 대하여 재심소송을 제기하고 2011년 2월경에는 자신을 상대로 주주대표소송을 제기했던 현대증권 노조, 그리고 심지어 나와 내가 속한 법무법인까지 한꺼번에 피고로 삼아 자신이 억울하게 소송을 당해 피해를 입었다는 내용의 손해배상청구소송을 제기했다. 이 소송은 2012년 5월에 원고 패소판결로 확정되었으니 결과적으로 현대전자 주가조작사건은 숱한 소송들로 이어지며 무려 13년 만에 마무리된 셈이다.

주가조작으로 6천억 원의 이익을 거둔 대주주들[27]

현대전자에 대한 주가조작은 1998년 5월 중순경부터 같은 해 11월까지 약 6개월에 걸쳐 조직적으로 진행되었는데, 작전이 처음 적발된 것은 1998년 8월 중순 증권거래소의 '시장종합감리시스템'에 의해서였다. 증권거래소 심리총괄부는 전산화되어 있는 심리시스템을 통해서 현대전자 주식을 둘러싼 시세조종거래의 일부를 발견하여 시세조종 혐

27 이 소송의 배경이 된 현대전자 주가조작사건의 수사경위에 관해서는 『월간중앙』 1999년 10월호 66쪽 이하를 참조했다.

의가 짙다는 결론을 내린 후 1998년 8월 25일 금융감독원으로 통보했다. 이 통보에 따라 금감원이 본격적인 조사에 착수한 것은 무려 5개월여가 지난 1999년 2월 1일이었는데, 금감원 조사국은 매매분석작업과 관계자 청문조사를 거쳐 현대중공업과 현대상선이 대량의 저가매수 공세, 계열사 간 통정매매[28], 장 마감 직전 종가 관여 대량매수 주문 등을 통해서 현대전자의 주가를 띄웠다는 사실을 밝혀냈다. 금감원은 1999년 4월 7일 이 사실을 대외적으로 공표했는데 금감원의 발표에 따르면 현대중공업은 2천억 원, 현대상선은 200억 원가량의 자금을 각각 동원한 것으로 드러났고, 이러한 주가조작으로 인해 현대전자의 주가는 당초 1만 4천 원대였던 것이 3만 2천 원대까지 상승한 것으로 밝혀졌다.

다음 기사는 이러한 주가조작으로 현대그룹 계열사들과 주요 주주들이 거둔 평가 차익에 관한 보도이다. 하지만 나중에 검찰조사과정에서 드러난 현대전자 주가조작의 진정한 동기는 현대증권이 보유하고 있던 현대전자 전환사채나 역외펀드[29]와의 스왑swap[30] 계약상 손실 회피라고 하는, 밖으로 드러나지 않은 수천억 원대의 이해관계에 숨어 있었다.

28 상장회사의 임직원이 회사 정보를 외부인에게 몰래 유출하여 주식을 사고팔게 하는 일.

29 기업 또는 금융회사의 유가증권 매매 수익에 대해 세금을 부과하지 않거나 엄격한 규제가 없는 지역에 설립하는 펀드.

30 서로 다른 금리나 통화로 표시된 부채를 교환하는 거래.

주가조작 의혹 현대전자 대주주 평가익 6천억 원

주가조작 의혹이 제기되고 있는 현대전자의 대주주들이 주가상승으로 6천억 원 이상의 평가 이익을 낸 것으로 나타났다.

8일 증권거래소에 따르면 현대전자의 대주주들의 보유주식의 시가를 이날 종가인 2만 4천 350원과 지난해 연중 최저치인 1만 3천 700원(98년 5월 26일)과 비교해 평가한 결과, 6천 140억 원의 평가 이익이 발생한 것으로 추산됐다.

주주별 평가 이익을 보면 최대주주인 현대중공업이 2천 679억 원으로 가장 많았고 이어 현대상선 2천 521억 원, 정몽헌 349억 원, 현대전자 287억 원, 현대엘리베이터 132억 원 등의 순이었다.

현대전자의 대주주는 21.94%의 지분을 갖고 있는 현대중공업이 최대주주이며 이어 현대상선 20.65%, 정몽헌 2.86%, 현대전자 2.35%, 현대엘리베이터 1.9%, 현대건설 0.52%, 정몽혁 0.02%, 박세용 · 변정수 · 장동국 · 강철희 · 김영환 각 0.01%, 김충기 0.0005% 등으로 구성돼 있다.

1999년 4월 8일 연합뉴스

유수 대형로펌들의 방어작전, 청와대의 압박전화……
우여곡절 끝에 마침내 이뤄진 현대증권 이익치 회장 구속

1999년 4월 7일의 금감원 조사결과 발표와 4월 27일의 검찰수사 의뢰가 있은 후, 1999년 9월 9일 이익치 현대증권 회장이 구속되기까지는 무려 5개월이 소요되었다.

현대그룹의 2인자라고도 불리던 이익치 전 현대증권 회장을 이훈규 부장검사가 이끄는 서울지검 특수1부가 구속하기까지의 과정은 언론 보도 등을 통해서 일부 알려진 바 있다. 1999년 4월 검찰로 넘어온 현대전자 주가조작사건은 1999년 6월 17일까지 현대증권 실무자가 개입되었다는 내용을 밝히는 데까지 진행되었으나, 당시 검찰1과장이었던 이훈규 부장검사가 서울지검 특수1부장으로 발령받으면서 수사에 더욱 박차를 가하여 1999년 8월경에는 결국 이익치 회장이 주도한 것이었음이 드러나기에 이르렀다.

1999년 8월 19일 현대증권 직원의 소환에 이어 8월 20일에는 이익치 회장의 직속부하인 박철재 상무가 소환되었고, 이익치 회장은 8월 21일 '지방 지점에 시찰을 간다'는 말만 남기고 잠적했다. 이회장은 그 후 10여 일 동안 서울 스위스그랜드, 올림피아 등 시내 인근 호텔을 옮겨다니며 변호인단과 더불어 수사에 대비했다고 한다. 김앤장, 율촌 등 유수의 로펌들과 전관 출신의 쟁쟁한 변호사들이 검찰수사를 봉쇄하기 위해서 나섰는데, 당시 현대가 변호사들에게 지불한 수임료만 해도 수십억 원에 달할 것이라는 게 법조계의 풍문이었다.

결국 이익치 회장은 9월 7일 검찰소환에 응했고, 검찰수뇌부에서 구속영장 청구방침이 승낙되기까지 또다시 42시간이 소요되었다. 당시 청와대에서 두 차례에 걸쳐 현대측을 옹호하는 압박성 전화를 한 사실이 사후적으로 알려지기도 했다. 당시 이익치 회장은 바이코리아펀드 열풍을 통해서 IMF 외환위기 이후 폭락했던 증시 부양의 선봉에 선 인물이었고, 더 나아가 대북사업의 중심에 있던 인물이었으므로 당시 김대중 정부에서는 이익치 회장의 구속을 원치 않았을 것이다. 하지만 검찰이 결국 이익치 회장에 대한 구속영장청구를 결정했는데, 이는 당시 수사팀이 사표 제출까지 불사하면서 뜻을 굽히지 않았던 것에도 기인하지만 참여연대라는 시민단체가 지속적이고 또 집요하게 진상규명과 엄정처벌을 요구하는 캠페인을 벌였기 때문이기도 하다.

1999년 9월 9일 서울지방법원 박형남 판사의 주재로 이루어진 영장실질심사에서 이회장은 "한국 경제를 살릴 일념으로 열심히 일해왔다"면서, "주가관리를 잘하라고 밑에 지시했을 뿐, 주가조작을 지시한 적은 없다"고 혐의를 부인했으나 법원은 구속을 결정했다.

현대전자 주가조작사건 수사일지

98년 8월 25일	증권거래소, 금융감독원에 현대전자 주가조작 징후 통보
99년 2월 1일	금감원, 조사 착수
99년 4월 22일	금감원, 검찰에 수사 의뢰
99년 4월 27일	검찰, 수사 착수(서울지방검찰청 특수1부)
99년 8월 21일	현대증권 박철재 상무 소환, 이익치 회장 잠적(?)
99년 8월 23일	박상무 구속 현대증권 이익치 회장 출국금지 조치
99년 9월 1일	검찰 수사상황 및 이회장 소환방침 공개

99년 9월	3일	현대자동차 이계안 사장, 현대건설 노정의 전무 소환
		청와대 "현대측 해명 일리 있다" 첫 반응
		이익치 회장, 여의도 현대증권 본사 출근
99년 9월	4일	현대전자 장동국 부사장, 강석진 전무 소환
99년 9월	6일	현대중공업 김형벽 회장 소환
99년 9월	7일	현대상선 박세용 회장 소환
		이익치 회장 소환
99년 9월	9일	이익치 회장 구속

방어하고 로비하는 현대그룹 vs. 진실을 밝히려는 사람들

참여연대 경제민주화위원회는 1999년 4월 7일 금감원의 조사 결과 발표가 있은 지 2일 후인 1999년 4월 9일 첫 성명을 발표한 후, 현대전자 주가조작사건에 대한 철저한 수사를 촉구하기 위하여 각종 성명과 논평 발표, 규탄집회 개최, 현대증권 불거래운동, 현대의 입장에 대한 반박논리 개발 등 각종 활동을 전개했다.

현대전자 주가조작사건은 특히 참여연대 경제민주화위원회가 가장 많은 캠페인을 벌였던 사건이 아니었나 싶다. 참여연대 경제민주화위원회의 실행위원들이 회원들과 더불어 조를 짜서 여의도, 명동, 서초동, 계동 등 관련 기관들이 있는 장소를 돌면서 이익치 회장에 대한 엄정한 조치를 촉구했던 일은 지금도 기억이 생생하다.

참여연대가 첫 성명을 발표한 1999년 4월 9일부터 주가조작에 따른 손해배상청구소송을 제기한 1999년 10월 12일까지 참여연대의 활동을 날짜별로 살펴보면 아래와 같다.

민사소송 제기 전까지의 참여연대 활동일지

99년 4월 9일	(금융감독원) 현대전자 주가조작사건 발표에 따른 규탄성명 발표
99년 4월 19일	금융감독원의 축소제재 방침에 대한 입장 발표
99년 4월 21일	(금융감독원) 현대전자 주가조작사건 조사 결과 발표
99년 4월 22일	현대전자 주가조작 규탄집회 개최(계동 현대사옥 앞)
	금융감독원 조사 결과에 대한 입장 발표
99년 4월 27일	현대전자 주가조작 재조사 촉구 집회(금융감독원 앞)
99년 5월 6일	현대증권 불거래운동 계획 발표 기자회견
99년 5월 12일	현대증권 불거래운동 캠페인(1차/여의도 현대증권 본점 앞)
99년 5월 19일	현대증권 불거래운동 캠페인(2차/명동 한빛은행 앞)
99년 5월 26일	현대증권 불거래운동 캠페인(3차/검찰청 앞)
99년 6월 9일	현대증권 불거래운동 캠페인(4차/서초동 현대증

권 지점 앞)

정주영 현대그룹 명예회장 등 정씨 일가 증권거래법 위반혐의로 고발

99년 6월 16일 현대증권 불거래운동 캠페인(5차/현대증권 세종로지점 앞)

99년 6월 23일 현대증권 불거래운동 캠페인(6차/계동 현대사옥 앞, 현대증권 세종로지점 앞)

99년 7월 7일 현대전자 주가조작 관련 검찰의 수사의지 환영 성명 발표

99년 9월 1일 현대전자 주가조작 관련 깃털 처벌 우려에 대한 성명 발표

99년 9월 3일 '현대전자 주가조작사건, 제2의 최순영 사건이 되려는가' 논평 발표

현대전자 주가조작 관련, '현대의 입장'에 대한 반박문

99년 9월 9일 현대전자 주가조작 정주영 일가 사법처리 촉구 집회 개최

'현대전자 주가조작 수사 관련하여 대통령께 드리는 글(개혁통신 1호)' 발표

99년 9월 12일 이익치 회장 구속에 대한 입장 및 청와대의 현대 옹호 발언 규탄 성명

99년 9월 21일 현대전자 주가조작 관련 검찰수사 결과에 대한

	성명('용두사미에 그친 검찰수사 결과 실망스럽다') 발표
99년 10월 7일	현대전자 주가조작 관련 현대증권 제재 촉구 및 정씨 일가 개입 의혹 규명 촉구

이상과 같은 활동 중에서 특히 기억나는 것은 현대그룹이 정관계 및 언론에 유포한 소위 '현대의 입장'을 조목조목 반박한 반박문을 작성했던 일이다. 이익치 회장의 사법처리 여부가 첨예한 관심의 초점이 되었던 1999년 9월 3일에 낸 반박문은 아래와 같다. 참여연대 이승희 간사를 비롯한 멤버들이 중지를 모아 작성한 반박문을 보면 당시 이익치 회장의 사법처리를 두고 어떠한 논리의 대결이 펼쳐졌는지가 나타난다. 당시 '현대의 입장'에 담긴 내용은 청와대의 박주선 법무비서관이 그 내용을 토대로 현대그룹을 두둔하는 등 상당히 널리 유포되어 있었다. 이 내용을 조목조목 반박하는 반박문과 이를 기초로 작성한 '대통령께 보내는 서신' 등이 현대그룹의 로비를 무력화시키고 이익치 회장에 대한 사법처리를 이끌어내는 데 큰 역할을 했음은 의심할 여지가 없다고 생각한다.

현대전자 주가조작 관련, '현대의 입장'에 대한 반박문

최근 현대는 현대전자 주가조작과 관련하여 "시세조정을 통해 차익을 실현하려는 의도가 전혀 없었으며, 실제 이를 통해 현대 계열사나 대주주가 이익을 취하지 않았고 일반투자자들의 피해도 전혀 없었다"는 취지로 작성된 '현대의 입장'이라는 자료를 배포하였다.

우선 이 자료는 현대증권에서 나온 것인지 아니면 현대중공업에서 나온 것인지 그 출처가 불분명하다. 단순히 '현대의 입장'으로 명명된 것으로 보아 현대그룹의 특정계열사가 아닌 현대그룹 차원에서 나온 것임이 분명하며 그렇다면 이는 이번 현대전자 주가조작 및 그 사후처리가 현대그룹 차원에서 총괄적으로 이루어지고 있음을 방증한다.

소위 우리나라 최대의 기업집단이라고 하는 현대가 잘못을 반성하기는커녕 뻔한 사실을 호도하는 자료를 배포하여 국민과 투자자들을 다시 한번 기만하려는 데 대하여 실망과 분노를 금할 수 없다. 또한 '현대의 입장'은 구체적인 자료나 논거의 제시 없이 추상적인 주장으로 일관하고 있으며 결정적인 부분에서 객관적 진실에 반하는 사항을 담고 있다.

요컨대, 현대의 주장과는 달리 현대그룹은 인위적으로 주가를 조작해서 엄청난 경제적 이익을 챙겼으며, 현대 계열사와 대주주 역시 엄청난 시세차익(단순히 평가상의 차익뿐만 아니라 실현된 차익까지도)을 올렸으며, 이에 따라 일반투자자들은 막대한 손실을 입었다.

현대의 주장은 일고의 가치도 없는 것이지만 여론이 호도되는 것을 막기 위하여 다음과 같이 현대의 주장에 항목별로 반박한다.

1. 현대전자는 인위적으로 주가를 올릴 이유가 없었다는 주장에 대하여

현대증권은 실명 및 가차명 계좌를 이용하여, 가장매매, 통정매매, 장 마감 직전 고가 매수주문, 허위매수주문 등 주가조작에 통상 동원되는 수법으로, 현대전자의 주가를 인위적으로 상승시켰다. 즉 명백한 주가조작행위와 그로 인한 결과가 있었다는 사실은 누구도 부인할 수 없는 사실이다. 이러한 행위사실에 대하여는 아무 변명도 못하면서 그렇게 할 이유가 없었다고 발뺌하는 것은 물건을 훔쳐 달아나다가 현장에서 들킨 도둑이 자신은 돈이 많아서 도둑질을 할 필요가 없다고 변명하는 것과 다름없다.

더구나 현대그룹 차원에서 현대전자의 주가를 인위적으로 올릴 동기는 너무도 충분하고 다양하다. 물론 현대가 어떤 필요성으로 인해 주가조작을 했는지는 현대그룹만이 그 전부를 알 것이나 객관적인 정황에 비추어 다음과 같은 동기가 충분히 추정된다.

(1) 현대전자의 재무구조 개선

우선 현대전자는 높은 부채비율(1997년 12월 31일 기준 688%)과 막대한 금융비용(98년 지출분만 해도 1조 3500억 원)으로 인해 퇴출위기까지 몰릴 수 있는 상황이었으며 유상증자를 통한 재무구조 개선이 절실하였다. 주가가 상승하지 않으면 유상증자 자체가 실패할 우려가 높았다. 주가가 낮으면 유상증자 자체가 실패할 확률이 높고 대주주만 손실을 볼 우려가 있다. 성공적인 유상증자를 위해서 발행주식 수만 늘리면 되고 주가는 상관없다는 논리는 증권에 대한 기초상식이 결여된 주장이다.

(2) 현대증권의 손실 회피

검찰이 발표한 바와 같이 현대증권은 역외펀드와의 에쿼티 스왑 equity swap 약정에 따라 현대전자로 인해 생긴 수백억 원의 손실을 회피할 필요가 있었다. 또한 현대증권은 보증전환 사채 인수에 따른 부담을 덜기 위해 현대전자 주식을 상승시킬 필요가 있었다.

(3) 대주주 물량의 원활한 매각

정씨 일가 및 현대 계열사들은 주가조작기간 및 그 이후 3800만 주가 넘는 막대한 물량의 현대주식을 처분하였다. 통상 대주주들이 이토록 막대한 물량을 처분하면 주가가 폭락하는 것이 일반적이다. 현대는 이러한 대량매각이 비교적 높은 가격에 성사될 수 있도록 하기 위해서 현대전자의 주가를 높게 유지할 필요가 있었다.

(4) 빅딜

LG반도체와의 경영주체 선정 협상에서 주요 평가항목에 영향을 미치는 주가를 높게 유지할 필요성 역시 주가조작을 지속하게 한 동기일 수 있다.

2. 현대 계열사의 현대전자 주식매입은 투자 및 지분법에 의한 주식평가 목적으로 이루어진 것이라는 주장에 대하여

이번에 현대계열사의 현대전자 주식매입은 현대 계열사의 투자판단에 의해서 이루어진 것이 아니라 현대증권의 주도하에 이루어진 것임이 밝혀졌다. 정상적인 투자라면, 고가 매수주문이나 통정매매와 같은 수법이 동원될 수 없다. 현대 계열사가 투자목적으로 지분을 취득하였다 하더라도 시세조종수법을 사용하였다면 이는 정상적인 투자가 아니라 시세조작이다.

3. 현대전자의 주식매입으로 인해 현대는 이익을 취한 것이 없고 일반투자자들에게도 손실이 발생하지 않았다는 주장에 대하여

현대그룹은 현대전자 주가의 급격한 상승으로 인해, 현대전자의 수차례에 걸친 막대한 규모의 유상증자가 성공하고, LG반도체와의 경영주체 선정 협상에서 승리하였으며, 현대계열사 및 정씨 일가가 보유중이던 현대전자의 주식을 막대한 시세 차익을 보면서 매각에 성공하고, 현대증권이 안고 있던 현대전자와 관련한 손실을 시장에 전가하는 등 막대한 이익을 취했다. 현대중공업과 현대상선 역시 주가조작으로 인해 막대한 평가차익을 취했다.

대주주 및 현대 계열사들의 주식매도는 거의 대부분 보유주식 전량을 매각한 것이어서 유상증자 재원 조달을 위한 것이라고 변명할 수 없다. 현대는 대주주가 매각한 주식대금을 현대전자 증자대금으로 다시 전부 납입한 양 주장하나 이는 명백히 사실과 다르므로 현대는 구체적인 증거를 제시하여야 할 것이다.

(참고 : 별첨 정주영 일가 및 현대 계열사들의 현대전자 주식거래내역)

반면 현대전자의 유상증자에 참여하거나 주가상승에 뒤이은 추격매수에 가담했던 개인주주들은 정상가보다 비싼 가격에 주식을 취득하는 손실을 입었다. 이들 중 일부는 취득가격보다 낮은 가격에 매도할 수밖에 없어 직접적인 투자손실을 보았다. 이들은 이미 현대에 대한 소송을 준비중이다. 또한 현대 계열사 및 대주주의 물량을 떠안은 투신사 및 그 투자자들도 현대전자 주가조작의 피해자들이다. 현대전자가 편입된 펀드의 투자자들은 수익률의 하락이라는 손해를 입은 것에 해당한다.

4. 현대전자 주가조작에 대한 엄정한 처리가 국가경제에 혼란을 야기할 것이라는 주장에 대하여

현대의 주장은 국민경제를 볼모로 한 협박에 지나지 않는다. 현대전자 주가조작에 대한 엄정한 수사와 법 집행은 그동안 불법과 타락이 판을 치는 것으로 여겨져온 우리나라 증권시장의 신뢰를 회복하는 데 결정적인 기여를 할 것이다. 시장이 바로 서기 위해서는 그 시장을 규율하는 법을 제대로 집행하는 것이 필요하다. 현대증권의 이익치 회장이 증시로 일반 국민들의 돈을 끌어들인 것이 현대증권과

그룹을 위한 것이었다면 이는 우리 증시에 또하나의 상처를 입힌 범죄행위다. 이번 검찰의 수사가 한 점 의혹 없이 철저히 이루어진다면 우리 증시는 깨끗해질 것이며 장기적으로 투자자들이 시세조종이나 내부자 거래와 같은 사기적 행위로부터 보호받을 수 있는 토대가 마련될 것이다.

현대증권 이익치·현대전자 정몽헌 회장에게 민사소송을 제기하다

이익치 회장 등에 대한 검찰의 구속기소가 마무리되자 참여연대는 민사소송에 돌입했다. 참여연대는 소정의 모집절차를 거쳐 1999년 10월 12일 현대전자 주가조작으로 피해를 당한 투자자 44명을 원고로 삼아 현대증권과 이익치 회장 및 현대전자의 정몽헌 회장을 상대로 손해배상을 청구하는 소장을 서울지방법원 남부지원에 제출했다. 정몽헌 회장은 비록 검찰수사 결과에서는 무혐의 처리되었지만 주가조작의 당사 회사 소속이며 이에 적극 가담한 현대전자의 대표이사 회장이자 현대전자의 대주주로서 이번 주가조작으로 인해 막대한 시세 차익을 얻었으므로 민사책임을 추궁하기 위해 피고에 포함시켰다. 시세조작으로 피해를 입은 투자자들이 시세조종의 혐의자를 상대로 집단적인 소송을 제기한 것은 처음 있는 일이었는데, 원고 44명은 현대전자의 주가조작이 한창 진행중이던 1998년 7월경부터 금감원의 사건발표가 있었던

1999년 4월 7일 사이에 현대전자의 주식을 취득한 자들이었다.

나는 이들 원고들이 현대증권 및 현대전자가 주도한 현대전자의 주가조작으로 말미암아 현대전자의 주식을 정상가보다 훨씬 비싼 가격에 취득한 손해를 입었다는 전제하에서 소송을 제기했다. 원고들은 총 17억 3704만 9천 원을 투자하여 총 63250주를 취득했고, 이들이 취득한 가격은 최저 22900원에서 최고 32000원으로서 평균 취득가격은 주당 27460원이었다. 주가조작 이전의 가격을 정상가로 전제할 때 원고들의 손해액을 총 8억 1029만 9천 원으로 보고 그 일부로서 원고 1인당 100만 원씩을 청구한 후 추후 현대전자의 정상가격을 산출한 후에 청구취지를 확장하기로 했다.

사금고화된 재벌 소유 금융기관,
이를 바꾸는 것이 재벌개혁의 시작이다!

참여연대는 삼성, 현대, SK, LG 등 국내 유수의 재벌기업들을 상대로 문제를 제기했는데 문제가 된 기업을 상대로 일을 진행하는 방식은 대체로 비슷했다. 제보나 언론보도, 공시 등을 통해 문제점이 발견되면 여러 가지 자료를 수집한 후 토론을 거쳐 이를 검증하는 작업을 한다. 실제로 문제가 있다고 판단되면 해당 기업에 문제점을 지적하고 문제 자체의 시정, 책임 규명, 재발 방지 조치를 요구한다. 시정 등이 제대로 이루어지지 않는 경우 캠페인, 성명, 논평 등을 통한 압박전략을 취하거나 민사소송 제기, 형사고발, 행정상의 민원 제기 등 법적 조치를 취한다. 법률적 조치나 비법률적인 조치의 과정에서 제도적인 문제점이 드러나는 경우 제도를 개선하기 위해서 입법 청원, 공청회 개최, 법 개정 캠페인 등을 벌인다.

참여연대는 현대전자 주가조작사건을 계기로, 국회에서 잠자고 있던 증권집단소송에 관한 법률의 제정이 탄력받을 수 있는 여건이 조성되었다는 판단하에 증권집단소송에 관한 법률 제정을 위한 운동을 개시했다.

현대전자는 시가총액 상위 10위 안에 드는 종목으로 다수의 소액투자자들이 투자하고 있는 종목이었다. 실제 피해자는 수만 명에 이름에도 불구하고 소액 다수의 피해가 따르는 증시 불공정거래행위의 특성 때문에 불과 44명의 투자자만이 소송에 참여하는 현실은 우리나라 민사소송법 체계의 맹점을 드러내는 것이었다. 또한 당시 현대전자 주가조작사건 이외에도 경기화학, 골드뱅크 등 연이은 주가조작사건, 대우채권과 관련하여 투신사들이 자전거래[31]를 통해 손실을 개인투자자에게 전가한 행위 등이 드러나고 있었다. 수많은 투자자들이 손해를 입고 있음에도 불구하고 소송의 어려움으로 인해 사실상 피해를 구제받고 있지 못한 현실에서, 증권집단소송제의 도입은 피해자의 권리 구제를 용이하게 하여 증권, 투신사의 불법적인 자금운용을 차단하는 효과를

31 자전거래란 동일 증권사에서 동일 종류, 동일 수량, 동일 가격의 매도와 매수를 동시에 실시하는 매매를 의미하는데, 투신사들이 부실채권을 한 펀드에서 다른 펀드로 옮겨서 손실을 전가하는 것도 자전거래라고 불리며 이는 투자자에게 손실을 떠넘기는 불법행위에 해당한다.

낳을 것이라는 게 참여연대의 주장이었다. 아울러 참여연대는 재벌 소유 금융기관의 사금고화 경향이 심화되고 있는 현실에서 증권집단소송제의 도입이 이를 방지하는 재벌개혁의 중요한 수단이 될 것이라고 생각했다.

증권 관련 집단소송 법률안은 당초 내가 1998년에 참여했던 증권선진화제도기획단에서 최초로 논의가 된 후 1998년 11월 24일 국회에 입법 제안까지 되었으나 재계의 반발로 법사위에 계류중 1년 가까이 휴면상태에 있던 상황이었다. 참여연대는 이 법안이 시급히 통과되어야 하며, 또한 당시 법률안이 증권 관련 집단소송의 대상이 되는 위법행위를 지나치게 제한하는 문제점이 있으므로, 주가조작이나 내부자 거래 등의 위법행위에 대해서도 소송대상이 될 수 있도록 보완해야 한다고 주장했다. 1999년 12월 3일에는 강철규(서울시립대 경제학과), 김일수(고려대 법학과), 김진균(서울대 사회학과), 박상용(연세대 경영학과), 이종훈(중앙대 총장), 임길진(KDI School), 장하성(고려대 경영학과), 정광선(중앙대 경영학과), 정운찬(서울대 경제학부) (이상 가나다 순) 등 교수 345명과 고영구 등 변호사 98명이 분식회계, 허위공시 등 불법행위로 인해 피해를 입는 대다수 투자자들을 보호하기 위한 '증권 관련 집단소송 법률안'을 정기국회 회기중에 반드시 통과시킬 것을 촉구하는 공동성명서를 발표하기도 했다.

실제로 이 운동은 나중에 결실을 맺어 증권관련집단소송법이 2004년에 드디어 제정되었다. 증권관련집단소송법은 각종 소수 주주권 완화 관련 증권거래법 개정과 더불어 참여연대 경제민주화위원회가 이룬 가장 큰 입법적 성과였다. 현대전자 주가조작사건은 이 증권집단소송법 제정의 단초를 제공했다는 데도 의미가 크다.

손해배상액, 미국 법정의 '사건연구' 방식을 활용하다

현대전자 주가조작소송이 제기될 당시까지 주가조작이나 분식회계와 같은 이른바 '증권사기'에 따른 손해배상소송에서 손해액을 어떻게 산정하는지에 관해서는 확립된 판례가 없었다. 주가라는 것이 계속 증감변동하기 때문에 분식회계 또는 주가조작에 따라 투자손실을 보았다고 할 때 과연 분식회계 또는 주가조작과 인과관계가 있는 손해액을 어떻게 산정할 것인가의 문제는 결코 쉬운 문제가 아니었다. 현대전자 주가조작 민사소송은 비록 그 금전적 성과 자체는 미미했지만 주가조작사건에서 배상액 산정방식을 어떻게 정할 것인가에 관하여 대법원 판례를 형성한 중요한 의미가 있었다.

현대전자 주가조작소송 이전에는 1) 일부 하급심을 중심으로 명문의 규정이 없음에도 불구하고 증권거래법 제15조(주식의 취득가격에서 처분가격을 공제하는 방식으로 사실상 원상회복적 배상을 인정하는 방식)를 유추적용하는 판결례가 있었고, 2) 증권사기(분식회계)가 밝혀지기 직전의 정상적인 주가와 분식회계가 밝혀진 후의 거래에서 계속된 하한가가 마감되어 다시 정상적인 주가가 형성되었을 때, 그 정상주가와의 차액을 손해액으로 보는 판결례가 있었으며, 3) 정상주가와 매수가격 간의 차액을 손해로 보지만 정상주가는 주가조작 이전에 형성되었던 최고가격으로 간주하는 판결례가 있는 등 도무지 일관성이 없었다.

내가 속한 법무법인 한누리에서는 주가조작이라는 불법행위의 본질이 통정매매, 허위사실 공표 등의 사기적인 수법을 활용하여 '주식의 가격을 정상적인 가격보다 부풀리는 것'에 있다고 보고, 그렇다면 그렇게 부풀려진 가격에 주식을 매입한 투자자가 입은 손실은 정상적인 가격보다 부풀려진 액수라는 전제하에 소장을 작성했다. (예컨대, 정상가격이 1만 원에 불과한 물건을 3만 원이라고 속여 팔았다면 판매가액인 3만 원과 정상가격인 1만 원과의 차액인 2만 원이 손실이라는 논리이다.) 그리고 정상적인 주가는 미국의 법정에서 널리 이루어지는 이른바 '사건연구event study'방식을 통해서 경제학적 · 통계학적으로 추정해야 한다고 주장했다.[32]

이어 원고측은 KDI 국제대학원의 함상문 교수, 김우찬 교수팀을 감정인으로 추천하여 "1) 현대전자 주가조작으로 인하여 1998년 6월 1일부터 1999년 4월 7일까지 사이에 현대전자의 주가가 영향을 받았다고 볼 수 있는지의 여부, 그리고 2) 주가조작이 없었더라면 현대전자의 정상주가가 위 기간 동안 각 일자별로 어떻게 형성되었을 것인지"에 관하여 감정을 실시했으며 이에 따라 산정된 정상주가에 기초하여 청구금액을 확장했다.

32 '사건연구'란 어떤 사건(예를 들면 합병, 증자, 배당 등)이 주가에 미치는 효과에 관한 실증적 연구방법의 하나이다. 특정한 사건일을 기준으로 그 이전의 특정기간 동안 주가와 특정지수와의 상관관계를 검증한 후 사건일 이후 그 상관관계에 따른 함수를 적용하여 정상주가를 추정하는 방법을 말한다. 예를 들어 어떤 주식이 코스닥지수와 동일하게 움직여왔다고 할 경우 주가조작 이후 그 주식이 코스닥지수의 상승보다 더 높은 비율로 상승했다면 그만큼 비정상적으로 주가가 오른 것에 해당하고 그렇게 비정상적으로 주가가 오른 부분만큼 주가가 조작되었다고 볼 수 있는 것이다.

불법은 맞지만 개미주주들의 피해는 없다?
실체 없는 선순환이론에 울다

놀랍게도 1심재판부인 서울지방법원 남부지원은 2년여의 심리를 거친 후 2001년 11월 30일 내린 판결을 통해 이익치 전 회장 등의 주가조작사실은 인정되지만 이로 인한 원고들의 손해를 인정할 수 없다는 이유로 원고 패소판결을 내렸다.

즉 1심에서는 피고인 현대증권과 이익치에 대한 손해배상책임은 인정하면서도 원고들의 손해에 대하여는 "시세조종행위와 인과관계가 있는 손해액은 1) 주식 가격이 시세조종행위로 인하여 정상가격에 비하여 높게 형성되었고, 2) 이렇게 고평가된 주식 가격이 시세조종행위의 중단으로 인하여 주식시장의 선순환에 의하여 정상가격을 찾아가는 과정에서 그 가격이 하락했음이 인정되어야 할 것이며, 이러한 주가 상실액은 특별한 사정이 없는 한, 시세조종행위를 중단하기 직전에 형성된 주가와 시세조종행위의 중단으로 인한 주식시장의 선순환이 종료됨에 따라 정상적으로 형성된 주가와의 차액이다"라고 전제한 후, 일부 원고들의 경우 시세조종행위가 계속 진행중이던 1998년 6월 26일부터 같은 해 7월 1일 사이에 이 사건 주식을 매수하여 시세조종행위가 중단되기 전인 같은 해 7월 3일부터 같은 해 7월 10일 사이에 이를 모두 매도했으므로 위 손해가 시세조종행위와 인과관계가 있다고 할 수 없고, 나머지 원고들은 시세조종행위의 중단으로 인한 주식시장의 선순환이 종료한 1998년 12월 10일 이후인 같은 해 12월 23일부터 1999년 4월

2일 사이에 이 사건 주식을 매수하여 1999년 1월 4일부터 같은 해 7월 15일 사이에 이를 모두 매도했으므로 위 손해 역시 시세조종행위와 인과관계가 있다고 할 수 없다고 판시했다.

이 1심판결은 분식회계사건에서 대법원이 채용한 이른바 '선순환이론'을 주가조작의 경우에도 적용한 것으로서 주가조작에 따른 손실은 조작된 주가가 향후 선순환에 의해서 정상주가를 찾아가는 과정에서 가치가 떨어진 주가의 하락분이 주가조작에 따른 손실이라는 논리였다. 하지만 이러한 소위 '선순환'이론은 어떠한 이론적, 비교법적 근거가 없는 이론이며, 그야말로 일반적인 속설 즉 '작전주를 샀다가 나중에 주가가 떨어지는 바람에 손해를 보았다'는 세간의 막연한 통념을 그대로 손해배상 산정에 활용한 것으로서, 주가조작이 종료한 이후에는 반드시 주가가 정상주가를 찾아가는 선순환과정이 존재하고 이 선순환과정이 진행중인 경우에는 반드시 주가가 하락하며, 이렇게 하락하는 주가 상당액만 보상하면 투자자들의 주가조작으로 인한 손해는 보전된다는 그릇된 가정을 전제로 하고 있었다.

1심의 논리에 따르자면 오로지 주가조작의 종료로 주가가 폭락한 경우에, 그 폭락기간 중 주식을 보유한 투자자만 손해배상을 받을 수 있고, 주가조작의 작전 초기에 고가에 주식을 매입했다가 마지막 단계에서 저가에 매각해 손실을 입은 투자자의 경우에는 작전기간중 매도이므로 배상을 못 받는다는 논리가 성립하여 현대전사 주가조작과 같이 장기간에 걸쳐 지속적으로 이루어진 주가조작의 경우에는 배상이 쉽지 않은 문제점이 있었다.

아래 기사는 1심판결 이후 언론에 보도된 내용이다.

현대전자 주가조작소송 소액주주 54명 청구 기각

서울지법 남부지원 민사합의4부(부장판사 강현)는 30일 현대전자(현 하이닉스반도체) 주가조작으로 피해를 봤다며 소액주주 강모씨 등 54명이 현대증권과 이익치 전 현대증권 회장, 정몽헌 현대그룹 회장을 상대로 낸 손해배상청구소송에서 원고의 청구를 기각했다.

재판부는 판결문에서 "현대증권 등이 시세조종을 통해 현대전자의 주가를 인위적으로 상승시킨 불법행위를 저지른 점은 인정된다"며 "하지만 이로 인해 소액주주들의 손해가 발생했다고는 볼 수 없다"고 밝혔다.

재판부는 "원고의 일부는 이른바 작전 진행기간중 현대전자 주식의 매수, 매도를 반복했고 나머지 원고들은 작전이 끝난 이후 주가가 다시 적정선을 회복한 뒤에 주식을 매수했다"며 "따라서 주가조작과 원고들의 손해 사이의 인과관계를 인정할 수 없다"고 덧붙였다.

소액주주들은 99년 11월 현대증권 등이 계열사 자금을 끌어들여 1만 4천 원대의 주식을 3만 4천 원대로 끌어올렸고 이후 주가가 폭락하면서 손해를 봤다며 소송을 제기했다.

2001년 11월 30일 국민일보

원고측은 1심판결에 대하여 즉각 항소했으며, 항소심에서의 집요한 법리공방에 힘입어 항소심재판부인 서울고등법원 민사12부(재판장 이주흥)는 2003년 12월 9일 1심판결을 뒤엎고 원고 승소판결을 내렸다.

2심법원은 1심판결과는 달리 주가조작행위의 종료일인 1998년 11월 12일 또는 1998년 12월 10일 무렵에 주가조작의 영향력이 소멸되었다고 보기 어렵고, 오히려 금감원의 조사 결과 발표가 있을 당시인 1999년 4월 7일까지 시장에서 형성된 주가는 주가조작행위에 영향을 받아 형성된 주가라고 봄이 상당하다고 하면서, 1심판결이 채용한 소위 '선순환이론'을 배척한 후 원고측이 주장한 사건연구방식이 타당하다고 판시했다. 결국 2년이 다시 소요된 2심재판 결과 소송을 제기한 원고 54명 중 거래내역자료가 미흡한 2명을 제외한 나머지 52명이 승소판결을 받았고, 청구금액 총 3억 5천만여 원 중 대부분을 배상받을 수 있게 되었다. 아래 기사는 당시 항소심에서의 승소판결을 보도한 기사이다.

'현대전자 주가조작' 소액주주 항소심 승소

서울고법 민사12부(부장판사 이주흥)는 지난 98년 현대전자(현 하이닉스반도체) 주가조작으로 손해를 봤다며 소액주주 54명이 현대증권과 이익치 전 회장을 상대로 제기한 손해배상청구소송에서 청구액 3억 5천만원 대부분을 인정하며 원심을 뒤집고 원고 일부승소판결했다고 10일 밝혔다.

재판부는 판결문에서 "주가조작을 통해 시장에서 높이 평가된 주가가 시세조종을 중단하게 되면 주식시장 특성상 다시 하락해 정상가격을 되찾는다는 1심의 전제와 달리 주가는 여전히 고평가상태이며, 시세조종

중단 후 주식을 매입한 투자자들도 피해가 인정된다"고 판결했다. 또 "시세조종 전의 정상적인 종합주가지수와 현대전자가 포함된 전기기계 업종지수 등을 토대로 구한 주가함수를 현대전자 주가조작기간의 주가 흐름과 비교해 차이를 계산한 결과 원고들의 청구 대부분이 타당하다"고 밝혔다.

지난 98년 4월부터 11월까지 이 전 회장이 주도해 현대중공업과 현대상선을 동원해 고가 매수주문과 통정매매 등으로 현대전자 주가를 1만 4천 원대에서 3만 4천 원대로 끌어올리는 등 주가조작을 했다. 이에 대해 98년 6월부터 금감원 조사 결과가 발표된 99년 4월까지 현대전자 주식을 샀던 투자자들은 99년 10월 소송을 제기했다.

한편 현대증권과 이 전 회장에 대한 형사재판 1심과 항소심에서는 모두 유죄가 인정됐으나, 민사재판 1심에서는 "주가조작으로 인한 배상책임은 있지만 원고들의 손해를 주가조작 때문이라고 하기는 어렵다"며 원고 패소판결했다.

2003년 12월 10일 매일경제

제발 이제 그만 이 싸움이 끝났으면 했지만……

피고측은 2심판결에 대하여 상고를 제기했다. 대법원으로 기록이 넘어간 후 불과 5개월여 만인 2004년 5월 28일로 선고기일이 지정되었고 우리측은 과연 대법원이 주가조작의 배상액 산정방식에 관해 1심의 방식을 채용할 것인지 아니면 2심의 방식을 채용할 것인지 초조하게 그 결과를 기다렸다. 그런데 놀랍게도 선고 결과는 '원심 파기환송'이었다. 참으로 답답했다. 1심에 2년, 2심에 2년 도합 4년이 걸렸는데, 그리고 1

심판결을 겨우 뒤집었는데 다시 파기환송이라니, 참으로 힘이 빠지지 않을 수 없었다.

나중에 수령한 판결문을 보니 우선 손해배상액 산정방식에 관해서는 2심의 논리를 확인했으므로 큰 틀에서 보면 다행이었다.

즉 대법원은 "증권거래법 제188조의 4 제2항 제1호의 시세조종행위로 인하여 형성된 가격에 의하여 유가증권시장 또는 코스닥시장에서 당해 유가증권의 매매거래 또는 위탁을 한 투자자가 그 매매거래 또는 위탁에 관하여 입은 손해를 산정함에 있어서는, 그와 같은 시세조종행위가 없었더라면 매수 당시 형성되었으리라고 인정되는 '정상주가'와 시세조종행위로 인하여 형성된 주가로서 그 투자자가 실제로 매수한 '조작주가'와의 차액 상당(만약 정상주가 이상의 가격으로 실제 매도한 경우에는 조작주가와 그 매도주가와의 차액 상당)을 손해로 볼 수 있고, 여기서 정상주가의 산정방법으로는, 전문가의 감정을 통하여 그와 같은 시세조종행위가 발생하여 그 영향을 받은 기간(이하 '사건기간'이라 한다) 중의 주가동향과 그 사건이 없었더라면 진행되었을 주가동향을 비교한 다음, 그 차이가 통계적으로 의미가 있는 경우 시세조종행위의 영향으로 주가가 변동되었다고 보고, 사건기간 이전이나 이후의 일정 기간의 종합주가지수, 업종지수 및 동종업체의 주가 등 공개된 지표 중 가장 적절한 것을 바탕으로 도출한 회귀방정식을 이용하여 사건기간 동안의 정상수익률을 산출한 다음 이를 기초로 사건기간 중의 정상주가를 추정하는 금융경제학적 방식 등의 합리적인 방법에 의할 수 있다 할 것이다"라고 판시하여 우리가 주장해오던 손해배상 산정방식이 적

절하다고 판시했던 것이다.[33]

다만 대법원은 원심에서 행한 감정 결과에 일부 오류가 있다고 하면서 원심에서의 재심리를 요구했는데 큰 틀에서 문제가 없다면서 지엽적인 부분에서 파기를 명하다니 참으로 야속한 노릇이었다. 주가조작 사건의 손해배상 산정방식에 관해 우리의 주장을 대법원판결로 관철시켰다는 점은 아주 의미 있는 것이었지만, 그런 승리가 의뢰인들의 승리로 이어져서 배상판결의 확정으로 이어지지 않았다는 것이 너무 아쉬웠다.

소송을 하다보면 결과도 결과이지만 제발 빨리 끝났으면 하는 바람이 앞서는 경우가 있다. 하염없이 몇 년간 소송을 수행하다보면 지치는 것이다. 특히 곧 끝날 줄 알았던 소송이 쉽게 끝나지 않는 경우에는 더욱 힘이 든다. 이때 다시 기운을 추슬러서 소송에 집중하는 것은 참으로 어려운 일이기 때문에 소송은 혼자서는 도저히 못하고 팀워크로 해야 하는 것 같다. 혼자서는 지치고 주저앉기 쉽다. 옆에 동료가 있어 서로서로 기운을 북돋워주고 또 한 사람이 지치면 옆의 사람이 대신 맡아 도와주는 식으로 진행해야만 복잡하고 어려운 소송을 끝까지 잘 수행해낼 수 있다. 아이러니하게도 빨리 끝날 것으로 예상했던 소송은 오래 걸리고, 오래 걸릴 걸 각오했던 소송은 빨리 끝나는 경우가 있다. 소송 수행은 내가 하지만 끝내는 것은 내 맘대로 안 되는 것 같다. 매사에 정해진 '때'가 있고 그 '때'에 잘 순종해야만 성공적인 소송으로 이끌 수

---

33 대법원 2004. 5. 28. 선고 2003다69607, 69614 판결.

있는 것 같다.

나는 사실 팀워크의 중요성을 잘 알고 있었지만 팀워크에 능하지 못했다. 내가 너무 잘났다는 생각이 있어서였던 것이다. 이런 나의 오만이 깎여나가게 하기 위해서 여러 사건들을 통해서 갖가지 난관이 주어졌던 것 같다.

이런 실상과는 달리 언론에서는 대법원이 원고들의 손을 들어준 것인 양 보도하고 있었다.

현대전자 주가조작 개인투자자 승소〈大法〉
손배 산정기준 '조작주가 · 정상주가 차액' 제시

98년 현대전자(현 하이닉스반도체) 주가조작사건으로 피해를 본 개인투자자들이 4년 반 넘게 진행된 손해배상 법정 공방 끝에 사실상 승소 확정 판결을 받아냈다.

이번 판결은 현행 증권거래법상 주가조작에 따른 손해배상액 산정방법에 대한 구체적 규정의 미비로 하급심에서 엇갈린 판결이 속출하고 있는 가운데 대법원이 손배액 산정기준을 제시했다는 점에서 주목된다. 대법원 3부(주심 고현철 대법관)는 "현대전자 주가조작사건으로 손해를 봤다"며 개인투자자 52명이 현대증권과 이익치 전 현대증권 회장을 상대로 낸 손해배상청구소송에서 청구액 3억 5천여만 원의 대부분을 인정, 원고 일부승소한 원심을 일부 사실 인정문제로 파기환송했다고 30일 밝혔다.

이번 사건에서는 주가조작이 이뤄진 기간의 손배액을 어떤 기준으로 산정하고 주가조작이 이뤄지지 않았을 경우 형성됐을 주가를 어떻게 도출해낼 것인가가 최대 쟁점이었다.

그동안 하급심에서는 매수가격과 변론 종결 시 주가의 차액, 변론 종결 전 주식을 처분했을 경우 매수가격과 처분가격 간 차액, 매수가격과 조작기간 최고주가와의 차액 등 다양한 판단이 나왔었다.

재판부는 판결문에서 "시세조종에 따른 개인투자자의 손해액은 시세조종기간 개인투자자가 주식을 매수한 가격(조작주가)과 시세조종행위가 없었을 경우 형성됐을 주가(정상주가)와의 차액 상당"이라고 밝혔다.

재판부는 정상주가 산정방법으로 "시세조종기간 전후 종합주가지수, 업종지수, 동종업체 주가 등 공개된 지표 중 가장 적절한 것을 바탕으로 계량화된 함수에 따라 정상수익률을 산출한 원심의 금융경제학적 방식은 합리적"이라고 설명했다.

재판부는 다만 "원심은 시세조종행위 개시시점을 98년 4월 4일로 봤으면서도 전문가 감정을 할 때는 4월 9일을 개시시점으로 잡아 사실 인정을 잘못한 위법이 있다"며 사건을 서울고법으로 돌려보냈다.

현대전자 주가조작사건은 98년 4월부터 11월까지 이 전 회장이 주도해 현대중공업과 현대상선을 동원, 고가 매수주문과 통정매매 등으로 현대전자 주가를 1만 4천 원대에서 최고 3만 4천 원대까지 끌어올린 사건이다.

한편 대법원 1부(주심 이규홍 대법관)는 2000년 세종하이테크 주가조작과 관련, 개인투자자 342명이 이 회사 대표와 작전세력 등을 상대로 낸 22억여 원 소송에서 "시세조종이라는 위법을 저지른 것은 맞지만 정상주가를 산정한 결과 실제주가에 미친 영향이 거의 없다"며 '실패한 주가조작'으로 규정, 원고 패소한 원심을 확정했다.

2004년 6월 30일 연합뉴스

소송에서 진 사실을 알리는 고통, 개미들의 소송비용을 돌려주다

파기환송심에서의 재판장은 기업측에 우호적인 재판장이었고 파기환송심 결과는 아주 실망스러웠다. 법원은 주가조작에 따라 주가가 영향받은 시기를 주가조작행위가 한창 실행되고 있던 1998년 6월 9일부터 1998년 10월 15일까지로 판단했고, 그 이후 주가조작사실이 드러난 시점(1999년 4월 7일)까지는 비록 주가조작사실이 드러나지는 않았지만 주가조작에 따른 주가 부양의 효력이 지속된 것으로 단정지을 만한 통계학적 증명이 없다고 해서 이 기간 동안 주식을 취득한 피해자들의 경우에는 주가조작과 인과관계가 있는 손해를 인정할 수 없다는 판결을 내렸다. 소송에 참여한 53명 중에서 불과 5명만 승소했고(금액은 약 8700만 원), 48명의 경우에는 1998년 10월 15일 이후에 현대전자의 주식을 취득했으므로 이 부분에 대해서는 원고 패소판결이 내려졌다.

나는 판결문을 분석한 후 상고의 실익 등을 심사숙고한 결과 비록 원심판결에 불합리한 점이 없지는 않지만 감정 결과에 대한 평가와 같은 사실문제는 사실심의 전권사항이라서 법률심인 대법원에 상고하더라도 좋은 결과를 얻기는 어렵다는 결론에 이르렀고, 결국 다시 상고하지 않아 원고 일부승소판결이 확정되었다. 패소한 원고들에게는 소송 참여에 따른 불이익이라도 없도록 하는 차원에서 당초 납입한 소송비용을 돌려주었고 혹시라도 패소자에 대한 비용부담이 있을 경우 이를 한누리가 책임지기로 결정하고 이를 알렸다. 소송에서 진 사실을 알리는 것은 언제나 고통스럽다. 하지만 고통스럽지만 가장 중요한 과정이기도 했다. 아래 내용은 당시 패소한 원고들에게 보낸 서신 중 하나이다.

현대전자 주가조작소송 의뢰인 여러분,

소송을 맡고 있는 법무법인 한누리입니다.

지난번 대법원의 파기환송판결 이후 진행된 파기환송심의 선고가 지난 6월 17일자로 있었으며 이에 따른 판결문이 최근 송달되어 왔습니다.

실망스럽게도 법원은 주가조작에 따라 주가가 영향을 받은 시기를 주가조작행위가 한창 실행되고 있던 1998년 6월 9일부터 1998년 10월 15일까지로 판단했고, 그 이후 주가조작사실이 드러난 시점(1999년 4월 7일)까지는 비록 주가조작사실이 드러나지는 않았지만 주가조작에 따른 주가 부양의 효력이 지속된 것으로 단정지을 만한 통계학적 증명이 없다고 해서 이 기간 동안 주식을 취득한 피해자들의 경우에는 주가조작과 인과관계가 있는 손해를 인정할 수 없다는 판결을 내렸습니다.

귀하를 비롯한 상당수의 원고의 경우에는 1998년 10월 15일 이후에 현대전자의 주식을 취득하였으므로 이 부분에 대해서는 원고 패소판결이 내려진 것입니다. 저희는 판결문을 분석한 후 상고의 실익 등을 심사숙고한 결과 비록 원심판결에 불합리한 점이 없지는 않지만 감정 결과에 대한 평가와 같은 사실문제는 사실심의 전권사항이라서 법률심인 대법원에 상고하더라도 좋은 결과를 얻기는 어렵다는 결론에 이르렀습니다.

따라서 저희는 패소자의 비용부담 등을 고려하여 상고하지 아니하고 대신 패소한 원고분들에게 소송 참여에 따른 불이익이라도 없도록 하는 차원에서 당초 납입하신 소용비용을 돌려드리고 아울러 혹시라도 패소자에 대한 비용부담이 있을 경우 이를 저희 쪽에서 책임지기로 결정하였습니다.

저희가 보관하는 자료에 따르면 귀하가 납입하신 소송비용은 ○○○원이며 이 금액을 귀하의 계좌로 송금할 예정입니다. 저희 사무실(전화 02-537-9500)로 계좌번호를 알려주시면 확인하는 대로 입금해드리겠습니다.

오랜 소송에도 불구하고 좋은 소식을 드리지 못해 송구하오며 비록 이번 사건을 통해서 선례가 축적된 긍정적인 면은 있지만 소송의 결론이 용두사미 격이 됨으로써 아직도 증권시장은 법과 거리가 먼 것으로 드러났다는 점이 너무도 아쉽다는 말씀을 드릴 수밖에 없습니다.

그간 인내를 갖고 참여해주신 여러분들에게 다시 한번 감사드리며 이만 줄입니다.

현대전자 주가조작사건은 끝나지 않았다!

현대전자 주가조작소송은 1999년 10월 12일 제기되어 파기환송심에서의 최종판결이 내려진 2005년 6월 17일까지 약 5년 8개월에 걸쳐 진행된 후 종결되었다.

하지만 소송 도중에 이익치 회장이 연루된 또다른 비위행위(현대전자에 대한 허위 외자유치와 관련한 각서 무단제공행위)가 드러났고, 내가 속한 법무법인 한누리는 현대증권 노동조합으로부터 이익치 회장을 상대로 한 주주대표소송을 위임받았다. 이 주주대표소송은 2004년 3월 24일 제기되었고, 1심판결이 그대로 대법원까지 확정되어 이익치 회장은 265억 원 및 이에 대한 이자를 지급하도록 명해졌다.

게다가 이익치 회장은 2011년 2월 7일 잘못된 주주대표소송으로 피해를 입었다면서 현대증권과 현대증권 노조 그리고 원고측 변호사였던 법무법인 한누리와 나를 비롯한 소속 변호사들, 그리고 심지어는 자신을 변호했던 법무법인 화우와 그 소속 변호사들까지 포함시켜 약 90억 원 상당의 손해배상청구소송을 제기했다. 대법원에서 승소판결이 확정된 주주대표소송을 들어 부당제소라고 주장하는 것은 받아들여질 가능성이 전무하므로 이 소송은 그저 일회성 해프닝에 불과했고 실제로도 2012년 5월경 원고 패소판결로 확정되었다.

내가 이익치씨를 처음 만난 것은 대형로펌에서 변호사로 근무하던 1996년 초였던 것으로 기억한다. 나는 사무실 근무중 미국 유학을 다녀온 직후였고 공정거래파트에서 근무하고 있었는데 이익치 회장이 공정거래법과 관련한 자문을 받으러 왔던 것이다. 그후 나는 1997년 9월경 대형로펌을 그만둔 후 변호사를 하시던 부친과 형님이 운영하는 사무실로 옮겼고 참여연대활동을 시작했다. 그후 이익치씨가 주도했던 현대전자 주가조작사건, 바이코리아펀드, 현대투신 유상증자 등등과 관련하여 계속해서 부딪치는 일이 발생했다. 1996년 이후로는 개인적으로 만나거나 한 적은 한 번도 없지만 이토록 여러 소송에서 상대방으로 맞섰으니 악연 중의 악연일 수도 있겠다.

사상 초유의 재벌그룹 주가조작사건이었던 현대전자 주가조작사건은 꽤 떠들썩하게 진행되었고 많은 아쉬움을 남겼지만, 증권거래법상 손해배상의 법리 면에서는 중요한 판례를 만들어낸 사건이었다. 현대전자는 그후 하이닉스로 회사명이 바뀌었고 지금은 SK그룹에 인수되어 운영되고 있다. 현대전자 주가조작사건이 없었더라면 현대전자의 운명은 현재와 같지는 않았을 것이다. 빅딜과정에서 LG그룹에 인수되었을 수도 있고 영 다른 방향으로 갔을 수도 있다. 과연 어떤 것이 바람직했을 것인가는 그 누구도 말할 수 없다.

송사에서 '사필귀정'이라는 말이 맞는 말일까?

'사필귀정事必歸正'이라는 말이 있다. 올바르지 못한 것이 임시로 기승을 부리는 것 같지만 결국 오래가지 못하고, 마침내 올바른 것이 이기게 되어 있음을 가리키는 말이다. 하지만 송사에서 사필귀정이라는 고사성어가 늘 들어맞는 것은 아니다. 왜 정의에 부합하지 않는 오판이 내려지는 것일까? 참으로 어리석은 질문 같지만 한번 생각해볼 필요가 있다.

우선 모든 인간이 불완전하듯이 재판관도 불완전하기 때문이다. 판사도 여느 인간과 마찬가지로 오해, 무지, 편견, 자만 등에 의해 영향을 받는 불완전한 존재이다. 따라서 소송을 잘하느냐보다 더욱 중요한 것이 어떤 판사를 만나느냐이다. A라는 판사를 만났다면 이겼을 소송을 B라는 판사를 만나서 질 수 있는 것이 현실이다. 따라서 재판에 임할 때는 나 자신만의 논리를 세우는 것보다도 재판을 담당하는 판사를 최대한 깊이 탐구하고 이해할 필요가 있다. 판사는 전혀 다른 생각을 하고 있는데 자신의 주장에 함몰되어 주장을 펴면 오히려 역효과를 내는 경우가 많다.

둘째, 재판제도 자체가 불완전하다. 우리나라와 같은 대륙법계 국가의 경우 '진실이 이기는 것이 아니라 증거를 가진 쪽이 이긴다'는 말이 있다. 아무리 진실이 내 편이라고 하더라도 내가 그것을 입증할 증거를 갖지 못한다면 소송에서 질 수밖에 없다. 나는 소송에서 주로 원고를 대리해왔는데 대부분의 증권이나 금융 관련 소송에서 입증책임은 원고에게 있고 증거자료는 피고측에 있는 경우가 많으므로 원고가 아무리 억울한 일을 당한 것이 사실이어도 이를 입증하지 못해 승소하지 못하는 경우도 많이 있었다.

나는 한때 이렇게 당연한 송사의 이치를 인정하지 못해 억울한 패소를 하면 판사를 원망하고 세상을 원망하고 하나님을 원망했다. 하지만 여러 차례의 쓰라린 경험을 통해 이 세상은 불완전하고 인간도 불완전하고, 나 자신도 불완전하다는 것을 인정하게 된 이후로는 '나는 어떤 경우에도 억울한 일을 당하지 않으리라'는 생각이야말로 교만이라는 것을 깨닫게 되었다. 승패에 대한 집착을 내려놓으니 그때부터 판사의 표정이 내 눈에 들어오고 좀더 설득력 있는 변론을 하게 되는 부수입도 얻게 된 것 같다. 어쩌면 사필귀정이 안 통하는 것은 송사에서뿐만 아니라 인생 전체에서도 마찬가지가 아닐까 싶다.

6장

한일월드컵 사업권을 따낸 유망기업과 대형회계법인의 몰락

— 한일월드컵 휘장사업자 코오롱TNS CP소송

대법원 2007다72328호 사건

(원심은 서울고등법원 2006다78703호 사건)

이사들은 철저히 각자 살길만을 찾았을 뿐
채권자들에 대한 책임이나 의무에 대한 생각은 전혀 없었다.
나는 이런 점이 괘씸했고
뭔가 법적 책임을 지울 필요가 있다고 생각했다.
이사들은 줄곧 유한책임을 주장했는데,
유한책임에 따른 혜택의 이면에 있는 '책임'에 대해서는
전혀 생각지 않는 것이 납득되지 않았다.
멀쩡한 회계법인을 버리고 집단퇴사하고
고객들을 사유화하고 돈은 다 빼내어 가고
법인은 자신들의 영업만을 위해서 활용할 뿐
법인의 이사가 된 데 따른 책임은 인식지 못하는 행태가
개탄스러웠다.

수백 명의 회계사들이 수백억 원의 매출을 올리던 안건회계법인, 부실감사로 몰락하다

코오롱TNS CP소송은 2002년 한일월드컵의 휘장사업자였던 코오롱TNS의 CP(기업어음)를 매입했던 저축은행들이 코오롱TNS의 분식회계와 부실감사를 이유로 코오롱TNS와 그 임원들, 그리고 코오롱TNS의 회계감사를 담당했던 안건회계법인을 상대로 제기한 손해배상청구 소송이다. 이 소송은 수십여 개의 저축은행들이 회사와 회계법인을 상대로 집단소송을 제기하여 거액의 배상을 받아냈다는 점에서도 의미가 있고, 회계법인이 가입한 공인회계사 전문가책임보험의 보상 여부에 관해 중요한 판결례를 낳았다는 점에서도 의미가 있다. 하지만 당시 국내 5대 회계법인 중 하나였던 안건회계법인의 몰락을 가져왔고, 회계법인의 유한책임제도에 관한 중대한 논란을 야기하였다는 점에서도 기억에 남는 사건이다.

이 글에서는 수백 명의 회계사를 거느리면서 수백억 원의 매출을 올리던 대형회계법인이 어떻게 하루아침에 문을 닫게 되었는지, 그리고 그 과정에서 과연 어떤 소송들이 제기되었고 어떠한 판결들이 내려졌는지 살펴보고자 한다.

FIFA사업권을 따낸 우량기업이 감추고 있던 945억 원의 기업어음

코오롱TNS는 1988년 코오롱그룹으로부터 분리되어 '코오롱고속관광'에서 '코오롱TNS'로 사명을 변경하고 고속버스사업부와 여행사업부를 영위하던 우리나라 열번째 규모의 여행사였다. 코오롱TNS는 2002 한일월드컵의 휘장사업자로 선정되었으나 결국 휘장사업에서 막대한 적자를 보고, 2002년 7월에 약 700억 원대의 부도를 내기에 이른다. 코오롱TNS는 이후 법정관리에 들어갔고 2005년 코오롱 고속버스 사업부가 금호고속에 흡수되었으며 잔존법인은 정리되었다.

코오롱TNS는 약 37억 원의 기업어음을 못 막아 전격적으로 부도를 냈는데 나중에 코오롱TNS가 기업어음을 발행해서 끌어다 쓴 돈이 무려 945억 원이나 되었던 것으로 드러났다. 기업어음은 상거래에 수반하여 발행되는 진성어음과는 달리 단기자금을 조달할 목적으로 신용상태가 양호한 기업이 자기 신용을 바탕으로 발행하는 약속어음이므로 이 기업어음을 발행하기 위해서는 B 이상의 신용등급을 받는 것이 필수적이다.

부도가 났을 당시 코오롱TNS가 두 개의 신용평가기관으로부터 받은 신용등급은 B등급이었는데 코오롱TNS가 B등급을 받을 수 있었던 것은 감사보고서에 첨부된 재무제표상 재무상태가 괜찮았기 때문이었다. 코오롱TNS는 제33기(2001년 1월 1일~12월 31일)에 367,171,223원의 당기순이익을 냈고, 순자산만 252억 원이 넘으며 부채비율이 238% 정도였던 것으로 되어 있고 발행한 기업어음도 40억 원 정도밖에 되지 않았다. 회계법인의 감사의견도 적정이었으며, 더 나아가 2002년 한일월드컵과 관련하여 FIFA사업권을 획득하여 향후 6천억 원 이상의 매출 신장이 기대된다고 감사보고서에 기재되어 있었다.

사라진 63매의 어음,
어느 날 800억 원의 부채가 되어 나타나다

코오롱TNS 분식의 핵심은 회계감사과정에서 파악되지 않은 기업어음 63매에 의해서 숨겨졌던 부외부채였다. 순자산이 더 많아 보이려 하는 회사로서는 대차대조표상의 부채를 될 수 있는 한 줄이고자 하기 때문에, 재무제표의 적정성을 감사하는 외부감사인으로서는 회사가 부채를 숨기고 있는지 아닌지를 특히 유의해 살펴야 한다. 예컨대 회사가 '2001년 12월 31일 기준으로 회사의 부채가 100억이다'라고 밝힌다고 하여, 회사 회계의 적정성을 감사하는 외부감사인이 그 말을 액면 그대로 믿는다면 구태여 회계전문가가 외부감사를 할 이유가 없다. 자산에 대한 감사는 회사가 제시한 자산 100억이 실제로 잔존하고 있는지, 즉 '실재성'이 중심이 되어야 한다. 반면 차입금 등 부채에 대한 감사는 회사가 제시한 100억 원의 부채가 실제로 잔존하는지가 중요한 것이 아니라 회사의 부채가 진실로 100억밖에 되지 않는지, 즉 '완전성'이 중심인 감사이며, 부외부채를 밝히는 것은 외부감사인의 핵심업무 중 하나이다.

안건회계법인은 2001년 재무제표에 대한 감사를 하면서 코오롱TNS로부터 받은 당좌거래원장과 신한은행으로부터 받은 조회서를 토대로 지급은행을 신한은행 종로지점으로 하는 어음 278매가 미회수된 점을 확인했다. 이후 안건법인은 여러 기관들에 대한 조회서를 통해 위 278매 중 상당수의 존부存否를 확인했지만, 63장의 어음과 1장의 수표 내역에 대해서는 확인하지 못했다. 이에 따라 안건회계법인은 회사에 미발행어음 잔고와 미회수 어음에 대한 발생사실 확인을 요청했으나, 회사는 이동보 회장이 63장의 약속어음과 수표 1장을 소지하고 있다면서 차일피일 미루고 있었다. 그러던 중 회사는 감사 마지막날 이동보 회장이 보관중이거나 사용중인 어음이라면서 이동보 회장의 확인서 1장과 입금표를 제출받았다. 안건회계법인은 코오롱TNS가 계속 회계감사를 수행해온 회사이고 회계감사 기일에 쫓긴다는 이유로, 위 확인서와 입금표만을 기초로 하여 위 어음 63장과 수표 1장의 총금액이 373,333,449원임을 전제로 재무제표에 대하여 '적정'하다는 외부감사 의견을 밝혔다.

그러나 나중에 밝혀진 바에 의하면 위 어음 63장과 수표 1장은 이동보 회장이 보유한 것이 아니라 인천금고, 한빛증권, 조흥종금, 한화증권, 교보생명, 굿모닝증권, 외환종금, 한신금고, 대성합성, 우리종합금융, 현대투신, 일진, 삼성, 세진대리석 등이 보유했던 것이고, 총 금액도 373,333,449원이 아니라 80,097,637,000원이었던 것으로 드러났다. 만일 위 어음과 수표의 내역이 진실로 재무제표에 반영되었다면 코오롱TNS의 부채항목인 단기채무금이 약 800억 원 증가하여 코오롱TNS는 부채가 자산보다 550억여 원이 많은 자본잠식상태와 엄청난 규모의 당기순손실이 발생한 것으로 공시됐을 것이고, 당연히 신용평가회사로부터 B등급을 받지 못했을 것이며 저축은행들이 기업어음을 대거 매입해주는 일도 없었을 것이다.

안건회계법인의 감사보고서에 적혔던 장밋빛 전망은 어디로

당시 5대 회계법인 중 하나였던 안건회계법인은 수년간 계속해서 코오롱TNS의 외부감사를 수행해왔고, 문제가 된 제33기 재무제표에 대한 외부감사도 맡게 되었다. 그러나 안건회계법인은 회사가 제시한 재무제표에 최소 700억 원이 넘는 부채가 누락되어 있음에도 불구하고, 감사보고서에서 "본 감사인의 의견으로는 상기 재무제표는 주식회사 코오롱TNS의 2001년 12월 31일과 2000년 12월 31일 현재의 재무상태와 동일로 종료되는 양 회계연도의 경영성과 그리고 이익잉여금의 변동과 현금 흐름의 내용을 기업회계기준에 따라 중요성의 관점에서 적정하게 표시하고 있습니다"라고 기재했고, 더 나아가, '2) 대차대조표일 후의 중요한 사건'이라는 소제목하에 "재무제표에 대한 주석 23에서 설명하고 있는 바와 같이 회사는 2002년 Korea-Japan World Cup과 관련하여 국내 Licensing 사업 및 SLPSelf Licensing Programme 사업(자체 상품화권 사업)에 사업에 대한 독점적 권리를 FIFA로부터 획득하여, (주)코오롱TNS World를 설립하고, 적극적인 마케팅 활동을 전개하고 있습니다. 짧은 사업기간에도 불구하고 450~500여 품목에서 약 6천억 원 이상의 매출에 800억 원 정도의 당기순이익을 기대하고 있습니다. 또한 국내 관광사업 및 외국인 관광사업의 중국 관광객 운송사업 및 여행 알선을 위한 컨소시엄에 참가함으로써 기존 사업부문에서도 높은 매출액 신장이 기대됩니다"라고 장밋빛 전망까지 기재했다. 당시 감사보고서 작성 관행상, 피감사회사의 영업 전망에 대한 일방적인 주장을 감사보고서에서 여과 없이 그대로 기재해준다는 것은 매우 이례적인 일이었다. 또한 안건회계법인은 감사과정에서 무려 63매에 달하는 약속어음을 실물확인하지 못했음에도 불구하고, 그러한 사실을 감사보고서에 기재하지 않았다.

이와 관련하여 증권선물위원회는 코오롱TNS의 부도 이후 부실감사에 대한 조사에 착수하여 2003년 11월 29일 코오롱TNS에 대한 안건회계법인의 각종 부실감사사실(부외부채에 대한 감사절차 소홀, 단기차입금 등 계정 분류에 대한 감사절차 소홀, 관계회사 대여금 등의 대손충당금에 대한 감사절차 소홀, 퇴직급여 충당금에 대한 감사절차 소홀, 대차대조표일 이후 사건에 대한 감사절차 소홀)을 지적하면서 안건회계법인에 대해서는 손해배상 공동기금 추가적립 25%, 특정회사 감사업무 제한 2년, 벌점

30점의 조치를, 안건회계법인 소속의 공인회계사 두 명에 대해서는 각각 특정회사 감사업무 제한 1년 및 직무연수 네 시간 등의 제재 조치를 내렸다.

총 165억 원대에 달하는 손해배상청구소송의 시작

코오롱TNS가 발행한 기업어음을 매입했다가 손해를 입은 투자자들의 소송은 코오롱TNS가 부도를 내고 3개월 후인 2002년 10월경부터 제기되기 시작했다. 우선 M상호저축은행이 한누리를 대리인으로 선정하여 2002년 10월 15일 안건회계법인 등을 상대로 하여 10억 원의 손해배상청구소송을 제기했으며, 2003년 2월 5일에는 H상호저축은행이 다른 변호사 사무실을 통해 5억 원의 손해배상청구소송을 제기했다. 2003년 5월 9일에는 H증권이 한누리를 통해 30억 원의 배상청구소송을, 2004년 12월 29일에는 S상호저축은행 등이 역시 한누리를 통해, 총 47억 원 상당의 배상청구소송을 제기하여 2004년 12월 29일경까지 총 92억 원 상당의 손해배상청구소송이 제기되었다.

이들 소송에 대한 판결이 처음 내려진 것은 소 제기 후 약 2년 반이 지난 2005년 2월 18일로 M상호저축은행과 H증권이 제기한 소송에서 코오롱TNS와 그 임원들에 대해서는 피해액 50%의 배상책임이, 안건회계법인에 대하여는 피해액 30%의 배상책임이 인정되었다.

이렇게 일부승소판결이 내려진 후 2005년 5월 4일에는 C상호저축은행 등이 한누리를 통해 각자 피해액의 30%에 해당하는 약 73억 원 상당의 배상청구소송을 제기하여 코오롱TNS 관련 소송의 규모는 총 165억 원에 달했다. 코오롱TNS와 관련하여 투자자들이 제기한 소송은 대체로 처음 판결과 비슷한 내용의 원고 일부승소판결로 귀결되어 안건회계법인은 약 100억 원의 배상책임을, 회사와 임원들은 약 150억 원의 배상책임을 지게 되었다.

2005년 3월, 안건회계법인의 비상탈출작전

221명의 공인회계사를 거느린 초대형 회계법인이 15명 직원을 둔 소형 회계법인으로 전락한 이유

안건회계법인은 2005년 3월 중순경까지만 해도 우리나라 5대 회계법인 중 하나였다. 2004년 3월 말을 기준으로 할 때 안건회계법인은 총 221명의 공인회계사를 거느리고 연간 378억 원 정도의 매출을 기록하는 우리나라 5위의 대형회계법인이었다. 또한 총 자산 277억 원에 부채 201억 원을 공제하면 약 76억 원의 순자산을 갖고 있었으며 168개에 이르는 상장 및 코스닥등록업체와 38개의 금감위 등록 법인 및 602개의 기타법인에 대해서 외부감사를 실시하는 업체였다. 그런데 2005년 3월 중순 이후 불과 1~2주 만에 안건회계법인은 갑자기 소속 공인회계사 숫자가 15명에 불과한 소형 회계법인으로 전락했다. 도대체 2005년 3월 안건회계법인에는 어떤 일이 일어났던 것일까?

안건회계법인, 부실감사 책임에서 도망치려 하다

원래 안건회계법인은 2004년 12월경부터 영화회계법인과 합병을 위한 작업을 추진하고 있었다. 2005년 1월 14일경에는 영화회계법인과 안건회계법인이 각각 사원총회를 열어 양 회계법인 간 합병을 승인했으며, 2005년 1월 18일 63빌딩에서 합병을 위한 양해각서까지 체결하고 합병을 공식발표하기도 했다. 보도에 따르면 양 회계법인은 통합이 마무리되는 시점을 2005년 3월로 정했으며 새로운 상호는 안건회계법인과 영화회계법인에서 한 글자씩 따서 안영安英회계법인으로, 대표이사는 오찬석 영화회계법인 대표가, 이사회 의장직은 이원희 안건회계법인 대표이사가 맡기로 결정했다. 통합법인은 구성원의 행동규범으로 "▲성실하고 남을 존중하며 더불어 일하는 사람 ▲활력, 열정 그리고 선도하는 용기를 가진 사람 ▲바른 행동을 하면서 관계를 구축하는 사람" 등으로 채택했으며 통합법인은 매출액 695억 원 규모로 삼일에 이어 업계 2위, 공인회계사 423명과 기타 전문가그룹 228명 등 651명의 인원으로 구성될 상황이었다.

그런데 2005년 3월 15일 안건회계법인과 영화회계법인은 두 달 전에 맺은 양해각서를 전격 합의해지했다. 그리고 법인 간 통합 대신 안건회계법인의 회계사들이 개별적으로 안영회계법인에 입사하는 방식으로 추진하기로 변경했다. 당시 언론보도에 따르면 안영회계법인의 관계자는 "통합 MOU를 지난 15일자로 해지하고 안영회계법인의 이름도 한영회계법인으로 바꾼다" "안건의 회계사 중 상당수가 안영에 입사할 것으로 알고 있다" "개별적 퇴사 및 입사를 통한 법인의 대형화는 과거 감사와 관련된 리스크를 단절시킬 수 있는 장점이 있다"고 밝혔다. 이러한 결정의 배후에는 당시 우리나라 굴지의 로펌이 제시한 의견서가 있었다고 한다. 이 의견서는 합병을 추진할 경우 안건회계법인이 부담하는 각종 배상책임이 그대로 합병법인에 흡수될 위험이 있어 적절치 않다는 견해를 피력했다고 한다.

결국 안건회계법인은 2005년 2월 중순경 판결이 내려진 코오롱TNS와 관련한 손해배상책임을 비롯하여 과거 부실감사와 관련한 법적 책임을 회피할 목적으로 합병을 포기하고 대신 개별적 퇴사 및 입사를 통한 통합을 추구하기로 결정한 셈이었다.

며칠 만에 200명이 집단퇴사하고 영업실적까지 사라진 안건회계법인

안건회계법인이 2005년 3월 15일경 영화회계법인과의 합병을 포기하고 개별퇴사, 개별입사 방침으로 통합방식을 변경함에 따라 안건회계법인은 소속 공인회계사들로 하여금 일시에 회사를 퇴사하도록 했으며, 이에 따라 안건회계법인에 소속된 공인회계사의 숫자는 불과 며칠 만에 221명에서 15명으로 급격히 줄어들었다. 2005년 3월 말 사업보고서에 따르면 2005년 3월 31일 기준 공인회계사의 숫자는 불과 15명(사원 7명, 등록공인회계사 8명)으로 축소된 것으로 나타났는데 이는 2004년 3월 31일의 223명(사원 56명, 등록공인회계사 167명)의 불과 6.7% 수준에 불과하다. 그리고 안건회계법인의 등기부등본에 따르면 안건회계법인의 이사인 공인회계사들은 종전에는 56명이었는데 이들 중 5명을 제외한 나머지 51명은 모두 같은 날(2005년 3월 23일) 일제히 사임한 것으로 나타났다.

안건회계법인은 소속 공인회계사의 축소에 그치지 않고 회계법인의 가장 중요한 자산에 해당하는 고객들과의 외부감사 계약관계도 타 회계법인으로 이전했으며 이로 인해서 사실상 안건회계법인의 영업활동은 전면 중단되었다. 외감법 제4조와 같은 법 시행령 제3조에 따르면 외부감사인은 매 사업연도 개시일로부터 4개월 이전에 선정하도록 되어 있으며, 그 절차로서 외부감사인 선임위원회의 승인을 얻고 정기주주총회에 선임에 관해 보고하도록 되어 있다. 더구나 주권상장법인 및 협회등록법인은 연속하는 매 3개 사업연도의 감사인을 동일감사인으로 선임하도록 되어 있다. 따라서 2005년 3월 15일경에는 안건회계법인의 고객들이 안건회계법인을 외부감사인으로 이미 선임하고, 이에 관하여 외부감사인 선임위원회의 승인을 얻거나 정기주주총회 보고까지 마친 상태였으며, 주권상장법인이나 협회등록법인의 경우에는 2005년도뿐만 아니라 2006년과 2007년까지의 외부감사권까지 이미 확보한 경우도 많았다. 그런데 안건회계법인은 이미 체결된 외부감사 계약관계를 해지하고 고객들을 안건회계법인 소속 회계사들이 대거 입사할 한영회계법인으로 이전시키기 위하여 우선 금융감독위원회에 질의하여 소속 공인회계사수의 급격한 감소가 외감법 제4조 제4항 제2호 및 같은 법 시행령 제3조 제4항에 기재된 '정당한 감사인 교체사유'에 해당한다는 유권해석을 얻은 후, 고객들에게 감사인 변경안내문 통지를 보내서 계약을 해지하고 감사인을 교체할 것을 요청했다.

이로 인하여 다음의 표에서 보는 바와 같이 연평균 400억 원에 이르던 안건회계법인의 매출액이 2005년도에는 23억 원으로 급감했으며, 2006년도에는 영업 관련 매출을 전혀 올리지 못하는 지경에 이르렀다. 그리고 외부감사 실적도 2004 회계연도에는 871개(개별재무제표 778개, 연결재무제표 92개, 결합재무제표 1개) 회사를 상대로 외부감사가 이루어졌던 것이 2005 회계연도에는 0개로 완전히 없어졌다.

안건회계법인의 수입수수료 추이

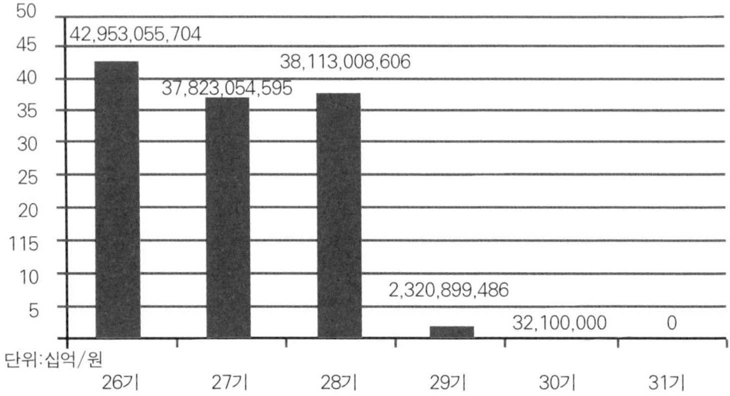

안건회계법인의 외부감사 실적 추이

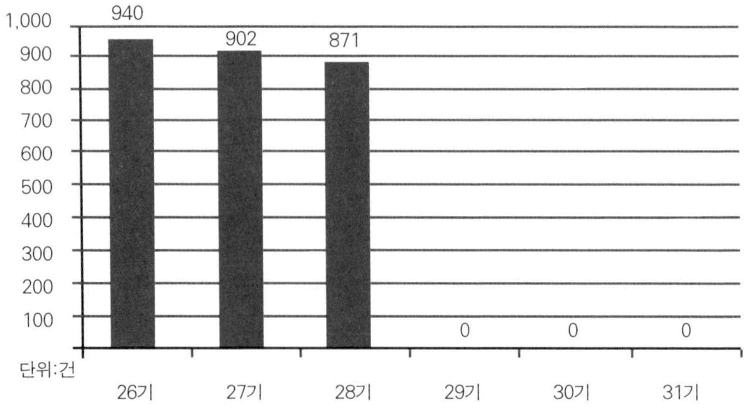

반면 소속 공인회계사들 대부분이 옮겨간 한영회계법인의 경우, 외감법에 의한 회계감사 대상회사가 2004년도에 769개였던 것이 2005년도에 1457개로 급증했으며, 그 결과 2004년에 약 607억 원이던 매출액이 2005년도에 약 1002억 원으로 급증했다.

굴지의 대형회계법인이 벌인 충격적인 면피행위들에 대하여

원고측이 2005년 3월경 안건회계법인에서 뭔가 심상치 않은 일이 일어나고 있다는 사실을 알게 된 것은 1심판결에 따른 판결금을 확보하는 과정에서였다.

2005년 2월 18일 M상호저축은행과 H증권이 제기한 소송의 일부승소판결이 내려지고 그 판결문이 도착하자 내가 속한 한누리는 판결금의 임의지급을 요구하는 공문을 보냈으며 당연히 안건회계법인으로부터 판결금의 지급과 관련한 협의가 있을 것으로 예상했다. 1심판결에는 가집행선고가 붙어 있었고 20%의 지연이자가 발생하므로 임의지급이 이루어지는 경우가 통상적이었기 때문이다. 그런데 이상하게도 안건회계법인은 원고측 소송대리인의 임의변제 요구에도 불구하고 이에 응하지 아니하고 차일피일 시일을 끌면서 오히려 채권 압류 등의 강제집행 조치를 선불리 취하지 말라는 경고를 하는 것이었다. 상식적으로 이해가 되지 않아 몇 가지 확인해보니 안건회계법인은 이미 사실상의 해산을 진행하고 있었고, 2004 회계연도 외부감사업무에 따른 미수채권을 서둘러 회수하는 중인 것으로 파악되었다. 이에 따라 한누리는 황급히 안건회계법인의 보수채권 압류를 실시했고, 안건회계법인에 재차 내용증명을 보내 강제집행 면탈을 위한 행동을 일절 하지 말 것을 경고했다.

아래는 2005년 4월 25일자로 한누리 법무법인이 안건회계법인에 보낸 내용증명우편이다.

수신: 안건회계법인

발신: 법무법인 한누리

제목: 코오롱TNS 분식회계소송 관련

1. 지난 3. 25자 서신의 후속 서신입니다.

2. 저희 법무법인은 현재 코오롱TNS의 분식회계 및 부실감사로 인해 피해를 입은 피해자들을 대리하여 소송을 수행하고 있으며 최근 별첨 명단과 같은 20개의 군소금융사들의 요청을 받아 다시금 귀사 등을 상대로 한 후속소송을 제기하고자 준비중에 있습니다. 이미 소송에 참여한 피해자들과 앞으로 참여할 피해자들의 피해액은 무려 340억 원에 달하며 이중 1심판결대로 귀사의 책임이 30%만 인정되더라도 귀사는 약 100억 원의 손해배상책임을 져야 할 상황입니다.

3. 그런데 귀 법인은 귀 회계법인에 대한 손해배상청구소송을 통해 각 금 280,168,659원 및 851,241,255원과 이들 금액에 대한 이자

액 상당의 집행권원을 이미 획득한 M상호저축은행 및 H증권에 대한 지급을 하지 않아 현재 지급불능상태이며,

4. 매우 놀랍게도, 귀사는 최근까지도 귀사가 회계감사를 수행하던 고객사들을 상대로 감사인 변경 안내문을 보내어 회계감사업무를 수행할 수 없다고 통지하고 더 나아가 외부감사인 교체를 제안하는 한편, 귀사의 파트너급 회계사들인 이사들을 대거 사임시키는 등 고의적으로 회사의 영업권을 포기 내지는 훼손하고, 회사의 유형, 무형의 자산을 타에 이전하고 있으며, 강제집행을 피하기 위해 고객들로부터 조기변제를 받고자 회사측의 손해까지 감수하는 등 도저히 우리나라 굴지의 회계법인이 행하는 행동이라고 보기 어려운 행태를 보이고 있습니다.

5. 뿐만 아니라 귀사는 공인회계사회에 적립된 손해배상 공동기금을 인출하고자 시도하고 있으며 귀사가 공인회계사법 제28조에 의거하여 적립이 의무화되어 있는 손해배상 준비금마저 제대로 적립되어 있는지 의문인 상황입니다.

6. 코오롱TNS 등의 부실감사로 인한 손해배상 책임액수가 귀사의 순자산을 초과하는 상황이고, 법원의 집행문이 발부된 채권에 대해서도 지급치 못하는 사실상 지급불능의 상황에서 유, 무형의 자산을 이전하고 회사의 책임재산에 피해를 입히는 일련의 행동은 파산법상

사기파산죄(파산법 제366조)와 형법상 강제집행 면탈죄에 해당하며, 더구나 귀사의 이사들의 경우, 회사의 재산을 일실시키는 것은 유한책임제도를 악용하여 회사 및 회사의 채권자에게 피해를 입히는 경우여서 업무상 배임죄에도 의율될 수 있다 할 것입니다.

7. 더구나 귀사가 공인회계사법 제28조에 의거하여 적립한 손해배상 준비금을 타의 용도에 사용한다면 이는 공인회계사법 제53조에 따라 회계법인의 이사들이 5년 이하의 징역 또는 5천만 원 이하의 벌금에 처해질 수 있는 범법행위입니다.

8. 당 법무법인이 지난 3. 25자 서신을 통해 집행문이 붙은 채권에 대한 원만한 임의변제를 촉구하고 집행을 면하기 위한 행위를 일절 금할 것을 경고하였음에도 불구하고, 이와 같이 사태가 진전된 것에 대하여 심히 유감스럽게 생각하며, 향후 귀사 및 귀사 이사들의 해사害社 행위가 밝혀져 문제될 경우 이는 고의적인 행동에 해당하고 이에 따른 사태에 대한 책임은 전적으로 귀사에 있음을 분명히 하고자 합니다.

2005년 4월부터 분쟁은 단순히 분식회계 및 부실감사에 따른 손해배상청구소송의 범위를 넘어서서 회계법인의 책임회피 행태에 대한 법적 책임을 묻는 수순으로까지 발전하게 된 것이다.

화해는 없다

안건회계법인이 사실상 해산상태로 돌입하고 동종 피해자들에 의한 후속소송이 제기된 후 몇 개월이 지난 2006년 2월경 안건회계법인을 대리하는 로펌으로부터 제의가 와서 화해를 시도하게 되었다. 당시 후속소송까지 합쳐서 총 26명의 원고(총 피해금액 약 361억 원)가 총 165억 원가량을 청구한 상태였는데 일부 원고들은 피해금액 전액을 청구하고, 나머지 원고들은 피해금액의 30%를 청구한 상태였다. 선행소송의 승소 결과인 피해금액 30% 승소시 승소예상금액은 108억 원가량이었는데 이중 안건회계법인의 매출채권 등에 대한 집행을 통해 7억여 원을 집행한 상태였으므로 선행소송대로 확정이 되면 100억 원 이상을 추가로 받아낼 수 있는 상황이었다.

이 상황에서 안건회계법인은 공인회계사회에 예치한 손해배상 공동기금을 담보로 자금을 대출받아 합의할 의향이 있다고 하면서 화해를 제안해왔고, 우리측도 아직 확정적인 승소 여부가 불확실한 상황을 감안하여 화해협상에 임하게 되었다. 그런데 안건회계법인측이 제시한 합의안은 30억 원으로 너무 실망스러웠다. 안건회계법인은 파트너 회계사들이 다 퇴직한 마당에 배상을 위해서 돈을 낼 사람이 아무도 없으므로 결국 안건회계법인의 기존 자산 범위 내에서만 합의할 수 있다고 했다. 그러나 30억 원이라는 돈은 피해금액의 약 10%, 승소 예상금액의 약 30%에 합의하는 셈이므로 아무리 소송 및 집행에 따른 불확실성을 고려하더라도 너무 과소한 금액이며, 집행가능재산에 비해서 너무

적은 액수였다.

2005년 3월 말을 기준으로 안건회계법인은 유동자산이 약 132억 원, 고정자산이 84억 원(손해배상 공동기금 예치금 48억 포함)이어서 총 자산 216억 원 정도였고, 부채는 유동부채가 약 112억 원이고 고정부채는 손해배상 준비금 49억 원이 있어서 총 부채가 162억 원에 달했다. 따라서 순자산은 54억 원이었고 여기에다가 손해배상 준비금 49억 원을 더하면 2005년 3월 말을 기준으로 한 실제 책임재산은 103억 원(순자산+손해배상 준비금)이어야 했다. 따라서 한누리측에서는 이러한 순자산이 줄어들었다면 이는 안건회계법인의 임원들이 돈을 빼돌렸다고밖에 할 수 없어 빼내어 간 돈을 돌려낸 후 합의해야 한다고 주장했고, 안건회계법인측은 이를 도저히 수용할 처지가 아니었다.

그러던 중 손해배상 공동기금을 담보로 30억 원을 대출받는다는 것도 불확실한 것으로 드러났고 결국 화해는 무산되었다(결과적으로 그 이후 원고들이 손해배상 공동기금, 보험사 등으로부터 수령한 금원이 거의 100억 원에 육박했다는 점을 고려하면 당시 화해가 무산된 것은 원고들로서는 매우 다행스러운 일이었다).

그런데 이 화해의 과정에서 불거진 논점이 바로 안건회계법인이 가입한 50억 원짜리 '공인회계사 배상책임보험'의 적용 여부였다. 우리는 안건회계법인이 가입한 이 책임보험이 당연히 그후에 문제가 된 코오롱TNS 부실감사건을 커버한다고 보았으나, 안건측 변호사는 보험기간이 만료된 이후 소송이 제기되었으므로 커버하지 않는다고 주장했다. 나중에 알고 보니 안건회계법인이 부실감사에 따른 리스크를 염두에 두고 합병을 취소한 것은 기존의 보험이 부실감사와 관련한 배상책임을 커버하지 않는다는 로펌의 검토가 있었기 때문이었다고 한다. 하지만 보험을 가입한 상태에서 발생한 사고에 관하여 소송제기 전에 보험기간이 만료되었다는 이유로 보험이 커버해줄 수 없다는 것이 상식적으로 이해되지가 않았다.

결국 화해가 무산됨에 따라 선행소송의 상급심과 후속소송의 하급심이 계속 진행되었는데, 선행소송의 항소심은 1심의 판결 결과를 승인했고 선행소송 결과에 따라 피해금액 30%만을 청구한 후속소송은 전부 승소했다. 종국적으로 2008년 코오롱TNS 분식회계 및 부실감사 소송은 회계법인 30%, 회사와 임원 50%의 배상을 명하는 내용으로 확정되었으며 이제 남은 절차는 승소금의 집행을 어떻게 극대화하느냐에 초점을 맞추게 되었다.

집행과정과 관련하여 의미 있는 부분은 1) 공인회계사회의 손해배상 공동기금에 대한 집행과 2) 보험사를 상대로 한 소송 3) 안건회계법인의 이사급 공인회계사들에 대한 소송 이 세 가지를 들 수 있는데, 그 과정에 대해서도 간략히 남기고자 한다.

공인회계사 손해배상 공동기금에서 얻어낸 1차 보상

원래 공인회계사들이 설립해 운영하는 회계법인은 법무법인과 마찬가지로 구성원 전원이 무한책임을 지는 합명合名회사였다. 그런데 세계적인 추세에 맞추어 구성원들이 출자액의 범위 내에서만 책임을 지는 '유한책임제도'로 전환하면서 공인회계사법은 이러한 유한책임제도에 따른 폐해를 보완하기 위해서 순자산을 5억 원 이상으로 유지하도록 하고, 손해배상 공동기금을 공인회계사회에 적립하게 하며, 아울러 손해배상 준비금을 회계상 계상하도록 하고 있다. 이중 공인회계사회 손해배상 공동기금은 회계상의 요건에 불과한 순자산 요건이나 손해배상 준비금 요건과는 달리, 실제로 공인회계사회에 배상을 위한 재원을 예치하도록 되어 있어서 회계법인이 파산하거나 해산하더라도 최후의 배상재원으로 기능하게 된다. 이 손해배상 공동기금은 각 회계법인들이 연간 감사보수의 4%를, 3개 사업연도 감사보수 평균의 20% 한도로 공인회계사회에 적립하도록 되어 있다. 회계법인의 부실감사로 피해를 입은 피해자는 승소판결이 확정된 경우 1인당 3천만 원을 한도로 이 기금에서 배상받을 수 있는데 피해자가 많은 경우 각 회계법인 적립액의 2배까지 지급된다.

안건회계법인의 경우 사실상의 해산조치가 이루어진 2005년 3월 당시 적립금이 49억 원이었는데, 그후 매출이 급감함에 따라 적립금 한도가 매년 줄어들 상황이었다. 따라서 안건회계법인은 매년 말 상당액의 손해배상 공동기금 반환청구권을 공인회계사회를 상대로 행사할 수 있는 상황이었다. 또한 안건회계법인이 법률적으로 해산한 2008년 이후 3년이 경과한 시점인 2011년에는 나머지 적립금 전액을 인출할 수 있는 상황이었다. 따라서 원고들은 안건회계법인이 공인회계사회를 상대로 갖는 인출청구권을 먼저 채권가압류한 후 승소판결을 얻어내고, 이를 압류 및 추심하는 형태로 집행하면서 판결 확정 후 1인당 3천만 원씩 청구하는 절차도 병행했다. 그 결과 총 세 차례에 걸친 인출청구권에 대한 추심과 판결 확정에 따른 지급으로 총 55억 원에 달하는 집행이 성공적으로 이루어질 수 있었다.

보험기간 중 사고가 나도 소송이 뒤늦게 제기되면 배상할 수 없다고? 보험사의 논리에 반기를 들다

판결금을 집행하는 과정에서 가장 극적인 성과는 안건회계법인조차 포기했던 손해배상책임보험의 보험금 청구권을 대위 행사하여 보험사로부터 57억 원에 달하는 보험금을 받아낸 것이었다. 앞에서 서술한 바와 같이 안건회계법인은 당초 코오롱TNS 소송에 관하여 보험사에 보험금 지급을 청구했으나 보험회사는 초기의 소송에 대해서만 지급했을 뿐 보험기간 경과 후의 후속소송에 대해서는 지급을 거절했다. 이에 대해 안건회계법인이나 자문로펌의 변호사는 안건회계법인이 가입한 손해배상책임보험이 만료된 이후에 제기된 코오롱TNS 후속소송에 따른 배상금의 보험청구는 불가하다고 판단했다.

하지만 보험기간 중 보험사고가 발생했는데 소송이 뒤늦게 제기되었다는 이유로 보험금 청구를 못한다는 것은 아무래도 보험의 본질에 반하는 것이라 생각되었다. 나는 이에 관한 심층적인 리서치를 해보았는데, 그 결과 우리나라 전문가 손해배상책임보험의 약관과 동일한 약관을 갖고 있는 미국에서는 유사한 사건들이 이미 법원에서 다루어졌고 우리의 생각처럼 보험으로 커버가 된다는 판례가 있음을 알게 되었다.

문제의 약관조항은 다음 조항이었다.

1. COVERAGE-PROFESSIONAL LIABILITY(담보되는 책임)

The Company will pay on behalf of the Insured all sums which the Insured shall become legally obligated to pay as compensatory damages caused by acts, errors or omissions in the Insured's performance of professional accounting services for others, provided that claim is first made against the Insured for said acts, errors or omissions during the policy period and written notice of said claim is received by the Company during the policy period.

회사는 피보험자의 전문적인 회계업무 수행중에 피보험자의 행위, 오류, 태만으로 인하여 제3자에게 법률상으로 부담하게 되는 책임에 대하여 보상한다. 다만, 피보험자의 위와 같은 행위, 오류, 태만에 대한 최초의 배상청구가 보험기간 내에 이루어지고, 그에 대한 서면통지가 회사에 접수되어야만 한다.

보험사측은 이 사건 책임보험이 이른바 '배상청구 기준 증권Claim made Policy'인데, 채권자들은 보험기간 이후에 소송을 제기했고 안건회계법인도 동 소송에 대하여 보험기간 내에 통보하지 않았다며 그 지급을 거절했다. 한누리측은, 이 사건 보험이 안건회계법인이 전문적인 회계업무 수행중에 안건회계법인의 행위, 오류, 태만으로 인하여 제3자에게 법률상 부담하게 되는 책임을 보상하는 것으로, 다만 위와 같은 행위, 오류, 태만에 대한 '최초의 배상청구'가 보험기간 내에 이루어지고 그에 대한 서면통지가 회사에 접수되면 보험금 지급의무가 발생하는 것인데, 이 사건 안건회계법인의 감사상 과실로 인한 첫 소송인 M상호저축은행의 소 제기가 이 사건 보험기간중인 2002년 10월 15일에 이뤄졌으므로 그후에 이루어진 다른 원고들의 소송도 보험금 지급사유에 해당한다고 주장했다.

결국 한누리는 안건회계법인이 가입한 전문가 배상책임보험을 인수한 4개의 보험사들을 상대로 지급명령을 신청했고, 보험사들이 지급명령에 대한 이의를 제기함에 따라 정식재판을 청구했다. 실질적으로 4개 보험사들의 위험을 인수한 재보험사인 코리안리측 변호사가 관여한 가운데 법정공방이 이루어졌는데 미국 법원의 관련 판결 등을 제출하고 아울러 책임보험의 본질에 관하여 재판부를 설득한 결과, 재판부는 원고들의 청구를 전부 인용하는 승소판결을 내렸고 재보험사측도 더이상 다툴 명분이 없자 항소를 포기하여 승소 확정이 이루어졌다. 이 보험 소송의 승소를 통해서 코오롱TNS 분식회계소송의 집행금액이 극적으로 늘어났고 실질적으로 피해자들은 승소판결금의 거의 전부를 집행하게 되었다.

집단퇴사로 회계법인을 껍데기로 만든 무책임한 이사들, 자신의 살길만을 찾은 그들에게 마지막 책임을 묻다

코오롱TNS 소송의 마지막 수순은 멀쩡하던 회계법인을 내팽개치고 집단퇴사하여 회사를 껍데기로 만든 이사급 공인회계사들에 대한 소송이었다. 이 소송은 저축은행 등 25명의 원고들이 50명의 안건회계법인 이사들을 상대로 제기한 소송으로서 집단이 집단을 상대로 제기한 소송이다. 한누리는 이 소송을 2008년 9월 제기했는데, 소장의 서두에 이 소송의 의미와 성격에 관해 다음과 같이 표현했다.

> 이 사건 소송은 부실감사로 인해 거액의 배상책임을 부담하게 된 한 대형회계법인의 이사들이 1997년에 도입된 회계법인 유한책임제도를 악용惡用하여 유·무형의 회계법인 자산을 타에 빼돌려 회계법인을 사실상 영업중단 · 파산상태에 이르게 하고, 그 과정에서 공인회계사법과 주식회사 외부감사 등에 관한 법률(이하 '외감법'이라 합니다)에 규정되어 있는 투자자 보호 관련 규정들을 위반함으로써, 그 결과 채권자들에게 책임재산 감소에 따른 집행 불능이라는 피해를 가한 사안과 관련하여 손해를 입은 기관투자자들이 회계법인의 이사들을 상대로 법적 책임(이사의 제3자에 대한 상법 제401조에 의거한 책

임과 민법 제750조의 불법행위 책임)을 추궁하기 위하여 제기하는 소송입니다.

나는 이 소송에서 10억 원을 청구했는데 사실 청구원인에 기재한 책임회피액은 수십억 원에 달함에도 불구하고 10억 원을 청구한 것은 이 소송이 돈을 받아내기 위한 소송이라기보다는 유한책임을 지는 회사의 이사들이 제3자에 대해 부담하는 책임을 법적으로 확인받기 위한 소송이었기 때문이다. 2002년 소 제기 시부터 2005년 3월경, 그리고 그 이후의 화해 및 집행과정에서 안건회계법인의 이사들은 철저히 각자 살길만을 찾았을 뿐 채권자들에 대한 책임이나 의무에 대한 생각은 전혀 없었다. 나는 이런 점이 괘씸했고 뭔가 법적 책임을 지울 필요가 있다고 생각했다. 이사들은 줄곧 유한책임을 주장했는데, 유한책임에 따른 혜택의 이면에 있는 '책임'에 대해서는 전혀 생각지 않는 것이 납득되지 않았다. 멀쩡한 회계법인을 버리고 집단퇴사하고 고객들을 사유화하고 돈은 다 빼내어 가고 법인은 자신들의 영업만을 위해서 활용할 뿐 법인의 이사가 된 데 따른 책임은 인식지 못하는 행태가 개탄스러웠다. 더구나 실질적인 해산이 이루어진 2005년 3월 이후 8억 원에 달하는 유상감자, 배당금 지급, 과도한 상여금 및 급여 지급, 손해배상 준비금 지급의무 해태, 최저 순자산 요건 유지 해태 등 법규 위반이 많아 어떤 의미로든 책임이 인정될 것으로 믿었다.

하지만 결론적으로 말해, 1심은 물론 2심재판부도 이사들의 책임을 인정하지 않았다. 강제집행 면탈행위를 인정할 만한 증거가 부족하다는 이유였다. 우리는 강제집행 면탈행위라는 불법행위 책임을 주장한 것이 아니라 유한회사의 이사가 임무에 해태하여 회사를 부실화시킴에 따른 이사로서의 책임을 주장했으나 재판부는 이런 책임을 묻는 데 생소한 것 같았다.

하지만 그 와중에 보험금 청구소송이 승소로 확정되었고 원고들은 사실상 원금 기준으로는 판결금의 전부를 배상받는 상황으로 전개되어 상고심까지 진행할 실익은 거의 없었다.

나는 이 마지막 소송의 결과에 대해서 아쉬움이 많다. 유한책임을 지는 주식회사와 유한회사의 이사들이 유한책임의 제도에 숨어 회사의 채권자와 이해관계자들에 대한 의무를 소홀히 하는 것에 경종을 울릴 기회를 놓쳤기 때문이다. 하지만 구체적으로 이 사건만을 떼어놓고 생각해보면, 안건회계법인의 이사들이 비록 그것이 자신들의 판단 착오로 인한 것이었다 하더라도 합병 포기 및 개별 입사로 인해서 엄청난 고통을 당했고 원고들은 충분히 배상을 받았으므로 큰 틀에서 보면 잘된 것이라고도 생각한다.

결국 2011년 3월 회계법인의 이사들 50명을 상대로 한 소송의 2심 패소판결이 상고포기로 확정되고 안건회계법인의 해산에 따른 마지막 손해배상 공동기금에 대한 집행이 마무리됨에 따라 2002년부터 시작한 코오롱TNS소송은 만 9년 만에 마무리되었다. 처음에는 단순히 분식회계소송으로 시작했다가 보험금 청구소송과 이사들에 대한 손해소송으로까지 이어지면서 다수의 의미 있는 선례를 남긴 소송이 된 셈이다.

7장

고객 돈을 끌어모아 퇴출을 면해보려 했던 재벌계 증권사

— 현투증권 실권주 공모 관련 집단소송

대법원 2007다15998호 사건

현투증권 고객들은 현투증권이 얼마 안 있어
코스닥에 상장될 것이고
그러면 상당한 투자수익을 실현할 것이라는
창구직원들의 설명과 팸플릿, 신문광고를 믿고 투자했다.
하지만 실상 현투증권은 퇴출 위기에 몰린 상황이었다.
이 소송은 법무법인 한누리 역사상
가장 많은 수의 원고가 참여한 소송이었다.
7차에 걸쳐서 1500명에 가까운 원고들이 참여했는데,
원고들 중 다수가 고령의 할아버지, 할머니였다.
다시 하라면 못할 것 같은 느낌이다.
아마도 그때는 수만 명의 고객들에게 피해를 끼친
재벌계 금융사에 대한 분노,
많은 피해자들이 느끼는 고통에 대한 공감 등이
이런 열정적인 변론을 가능케 했던 것 같다.

은퇴자, 주식시장에 무지한 주부, 노인……
창구직원들과 광고의 감언이설에 속절없이 넘어가다

약 1500명에 달하는 원고들이 푸르덴셜투자증권(구 현대투자신탁증권 주식회사)과 삼일회계법인을 상대로 소송을 제기해 200억 원에 달하는 거액의 배상을 받아낸 '현투증권 실권주 공모 관련 집단소송'은 공모 증자와 관련하여 제기된 사상 최대의 집단적 증권 소송이다. 이 사건은 집단적 피해자들에게 거액의 배상을 해주라고 명해졌다는 사실 이외에도 비상장회사의 주식공모와 관련한 배상책임이 인정된 사례라는 점, 회계법인의 주식가치평가와 관련한 손해배상 책임이 인정된 사례라는 점, 우리나라 최대의 회계법인인 삼일회계법인이 처음으로 거액의 배상판결을 받게 되었다는 점 등에서 의미가 있는 사건이다.

이 사건은 1차에서부터 7차까지 총 1483명이 원고로 참여한 7건의 손해배상청구소송으로 제기되었지만 큰 틀에서 보면 무려 23,205명에 달하는 피해자들에 의한 법률적, 비법률적 투쟁의 일환으로 이루어진 소송이다. 23,205명의 피해자들은 모두 2000년 1월 11일에 이루어진 현투증권의 실권주 공모에 참여한 투자자들로서 이들은 대부분 현투증권의 각 지점을 통해서 공사채형 수익증권 등 주로 안정적인 상품에 투자해오던 현투증권의 고객들이었다.

현투증권 고객들은 현투증권이 얼마 안 있어 코스닥에 상장될 것이고 그러면 상당한 투자수익을 실현할 것이라는 창구직원들의 설명과 팸플릿, 신문광고를 믿고 투자했다. 하지만 실상 현투증권은 거액의 누적결손과 대우채사태로 인해 퇴출 위기에 몰린 상황이었고, 이러한 상황을 타개하기 위한 유상증자마저 현대그룹의 자금난으로 실패로 돌아갈 상황이었다. 고객 상대 실권주 공모는 이러한 절박한 상황에서 현투증권의 경영진과 노동조합이 퇴출을 면하기 위해 짜낸 고육지책이었다. 이러한 진상이 제대로 알려졌다면 고객들은 비상장기업인 현투증권의 소액주주가 되는 결정을 결코 하지 않았을 것이다. 하지만 현투증권은 삼일회계법인에 의뢰하여 현투증권의 미래 수익가치를 높게 산정해낸 후 금융감독원의 묵인하에 사상 초유의 고객 상대 실권주 공모를 감행한 것이다.

이러한 상황을 금융감독원이 묵인한 데는 한국투신이나 대한투신과는 달리 뚜렷한 재벌계 대주주가 있는 현투증권에 공적자금을 투입할 수 없었던 속사정이 있었다. 한국투신이나 대한투신은 비슷한 시기에 재무적 위기를 극복하기 위해 공적자금이 투입되었는데 현투증권은 이들 투신사들보다 더 심하면 심했지 나을 것이 없는 상황이었다. 그런데 정부로서는 국민 정서상 재벌그룹 계열사인 현투증권에 국민의 혈세를 쏟아붓기 힘들었다. 현대그룹의 지원이라도 필요했지만 현대그룹도 마땅한 여력이 없는 상황이었다. 따라서 감독 당국도 현투증권이 자구노력 차원에서 고객들을 상대로 위험한 투자를 권유하는 것까지도 묵인할 수밖에 없었던 상황이었던 것 같다.

현투증권이 실권주 공모를 실시한 후 불과 몇 개월 지나지 않아서 현투증권의 사업보고서가 공시되면서 거액의 자본잠식과 당기순손실이 알려지고 감자설이 나도는 등 현투증권의 사기적인 실권주 공모는 곧 들통나고 말았다. 이에 실권주 공모에 참여한 고객들은 2000년 하반기부터 현대투신 공모사기 피해자 대책위원회(약칭 '현투공피대위')를 결성하여 현투증권 주주총회 참석, 장부 열람 청구, 국민감사 청구, 헌법소원 등 다각적인 법률적 투쟁과 더불어 장외에서의 시위 등 각종 비법률적 투쟁을 펼쳤다.

이러한 투쟁의 가장 큰 성과는 2004년 2월경 결국 현투증권이 발행주식 전부를 무상감자하고 공적자금을 투입할 당시 공적자금을 관장하던 정부로부터 투자금액의 약 13%에 해당하는 보상안을 이끌어낸 것이었다. 부실금융기관의 주식가치가 마이너스로 산정되고 이에 따라 전액 무상감자를 하는 와중에 정부가 예산을 들여 기존 주주들에게 보상을 해준 사례는 찾기 힘든데, 이는 그만큼 이 사건 실권주 공모에 문제가 있었다는 점을 정부도 인정했으며 그대로 방치할 경우 거액의 소송이 이어져 더 큰 책임이 인정될 것으로 생각했음을 방증한다. 실제로 정부는 보상을 해주되 소송에 참여한 주주들의 경우는 소송을 취하해야만 보상금을 지급했고, 보상금을 신청하는 전체 주주들에게 부제소특약不提訴特約을 맺도록 강제했다. 현투증권 실권주 공모 관련 집단소송은 이러한 보상금을 거부하고 소송을 계속 진행한 투자자들에 의해서 유지된 소송이다.

이 사건 소송의 항소심재판부에 제출된 항소이유서는 이 사건 소송의 성격과 개요를 다음과 같이 요약하고 있다.

> 이 사건은, 해마다 거듭되는 결손으로 재무상황이 극히 불량한데다가 1999년 8월경 내려진 정부의 대우채권 환매 제한조치에 따라 거액의 추가손실을 부담하게 되어 존속이 위협받게 된 피고 푸르덴셜투자증권 주식회사(당시 명칭은 '현대투자신탁증권 주식회사')가 퇴출을 면하기 위해 무려 2만 3천 명이 넘는 자사의 고객들을 상대로 실권주 공모발행을 실시하여 결국 이들에게 공모투자금액 전액의 손실을 입힌 사건에 관한 소송입니다.
>
> 피고 푸르덴셜은 불특정 다수의 투자자들을 상대로 한 주식발행이 어려운 비상장회사였을 뿐만 아니라 금융감독당국으로부터의 적기 시정조치(사실상 퇴출을 의미함)가 예정된 부실금융기관이었음에도 불구하고 수십만 명의 고객들과 수십 개의 지점을 갖고 있는 증권회사라는 점을 십분 활용하여 자사의 고객들을 상대로 한 '직접공모(직접공모란 비상장회사가 상장이라는 절차를 거치지 않고 직접 불특정 다수인에게 주식을 발행하는 것을 말합니다)'를 실시하는 꾀를 강구해

낸 후, 자신의 외부감사인이자 국내 최대의 회계법인인 피고 삼일로 하여금 자사 주식의 주식가치를 인위적으로 고가로 평가하도록 하고 이렇게 산출된 고가의 주식가치를 토대로 자사가 조만간 코스닥시장에 등록될 것이고 등록되면 막대한 차익을 얻을 것이라는 등의 적극적, 소극적 기망행위를 통하여, 정상적인 방법으로 주식가치를 산정하면 그 가치가 '마이너스'에 해당하는 자사 주식을 고객들로 하여금 주당 6천 원이라는 고가에 인수하게 했습니다.

이 사건 주식 공모발행의 이면에는, 금융시장에 엄청난 파장을 몰고 올 피고 푸르덴셜의 퇴출을 어떠한 수단으로든 막고 싶었지만 사실상 이를 막을 수 있는 유일한 방안인 피고 푸르덴셜에 대한 공적자금 투입방안을 선택할 수 없었던 금융감독당국이 자리잡고 있습니다(당시 비슷한 처지에 처한 한국투신, 대한투신 등은 공적자금이 투입되었으나 피고 푸르덴셜은 소위 '주인이 있는' 재벌계 금융기관이었으므로 공적자금 투입을 할 수 없었습니다). 따라서 금융감독 당국은 피고들에 의해 이루어진 사기적인 이 사건 실권주 공모를 단순히 용인하는 데 그치지 않고, 관련법상 적기 시정조치를 유예해주는 방법으로 이를 적극적으로 가능하게 했으며 향후에도 피고 푸르덴셜에 대한 외자유치작업 및 피해고객들에 대한 보상작업에도 직접적으로 관여한 것입니다.

원고들은 이 사건 공모주 발행이 있은 후 피고 푸르덴셜이 약속했던 제3시장 등록, 코스닥 등록 등이 전혀 추진되지 않고 오히려 피고 푸르덴셜의 부실한 재무구조가 언론에 언급되면서 감자설이 나돌자 피고들을 상대로 이 사건 소를 제기한 후, 그간 소송과정을 통해서 확보한 자료들을 통해서 이 사건 공모주 발행이 피고들의 적극적, 소극적 기망행위와 부당한 공모가격 산정으로 말미암은 것임을 밝혀냈는바, 이 사건 소송이 계속중인 2004년 1월 3일경 피고 푸르덴셜은 끝내 금융감독위원회로부터 부실금융기관 결정 및 자본금 감소명령을 받았으며 2004년 2월경 발행주식 총수에 대한 전액 무상소각이 이루어짐으로써 원고들의 손해는 확정되기에 이르렀습니다.

원고들은 자신의 퇴직금 등을 주로 피고 푸르덴셜이 발매하던 공사채형 수익증권상품 등 안전한 상품에 투자해온 피고 푸르덴셜의 우량고객에 해당하던 자들 중 주로 금융시장의 동향에 무지한 주부, 노인 등 일반인들이었는바, 피고들에 대해 이루어진 부당한 주식가치 평가와 피고 푸르덴셜의 고객들에 대한 보호의무 위반으로 말미암아 결국 이 사건 실권주 공모에 따른 투자금 전액을 상실했습니다.

예고된 붕괴, 현투증권은 어떤 회사인가

현투증권은 이른바 3대 투신사로 불리던 한국투자신탁, 대한투자신탁, 국민투자신탁 중 하나였던 국민투자신탁이 현대그룹에 의해서 인수된 후 상호를 바꾼 회사이다.

현투증권은 1999년 당시 거액의 결손을 안고 있었는데 이 결손은 크게 국민투신 당시부터 안고 있었던 결손과 한남투신 인수로 인한 결손으로 나뉠 수 있다. 먼저 국민투신 당시부터 안고 있던 거액의 결손은 오랜 기간 동안 당일 환매제, 장부가영업 방식, 제시 수익률 영업으로 실적배당 원칙이 붕괴되고 고유재산에 손실이 발생해온 것과 1989년 정부가 취한 소위 12 · 12조치[34]에 따라 투신사들이 자산규모에 맞지 않는 대량의 주식을 취득함에 따라 엄청난 적자가 발생한 것, 그리고 그 이후 투신사를 살리기 위해 허용한 보장형 펀드 판매조치로 발생한 추가손실 등이 누적된 결과였다. 또한 현대그룹이 국민투신을 인수하면서 정부의 허가를 받기 위해 한남투신까지 인수한다는 무리한 조건을 받아들여 인수했는데 가뜩이나 부실한 현투증권이 한남투신의 부실까지 떠안게 된 셈이었다.

이 사건 실권주 공모가 이뤄지기 직전 사업연도인 제18기(1998년 4월 1일~1999년 3월 31일)의 감사보고서에 따르면 현투증권은 자산총계가 5조 197억 원이었던 반면, 부채총계는 5조 9040억 원이어서 자본이 마이너스(-) 8842억 원이었으며 당기순손실도 687억여 원에 달하는 상황이었다. 그리고 1999년 11월 말 기준의 영업용 순자본비율이 -749%로서 2000년 2월 말까지 100% 미달 시 부실금융기관으로 지정되어 감자 등 적기 시정조치를 받을 상황이었다. 비록 이익치 회장의 강력한 드라이브로 바이코리아펀드가 각광받는 상황이었지만 단기간의 바이코리아펀드 열풍이 현투증권의 부실을 제거할 순 없는 형편이었다.

어떻게 이렇게 결손이 많아 자본이 완전히 잠식된 회사가 굴러갈 수

34 1989년 주가하락을 막기 위해서 정부가 투신사들로 하여금 2조 7천억 원어치의 주식을 사도록 하는 등 증시 안정화를 위해서 정부가 동원했던 긴급조치.

있었을까? 이는 명백히 고객의 재산 횡령에 해당하는 불법이지만 관행처럼 이루어진 소위 '연계콜'이라는 것 때문이었다. 투신사는 불특정 다수의 고객으로부터 재산을 위탁받아 주로 주식이나 채권 등 유가증권에 운용하고 그 운용 실적대로 수익을 배분해주는 제2금융기관이다. 투자신탁의 기본원칙은 실적배당이며 이를 위해 고객의 재산인 신탁재산과 운용을 담당한 투신사의 재산인 고유재산이 엄격히 분리되어 운용되어야 한다. 그런데 투신사들은 영업의 필요를 위해서 또는 정부의 요구에 따라서 실적배당 원칙을 지키지 못했으며 이에 따라 발생한 거액의 부실을 메우기 위해서 신탁재산과 고유재산 간의 분리라는 원칙에 반해 고객들이 맡긴 신탁재산을 담보로 돈을 빌려서 회사의 운영자금에 충당했는데, 이것이 바로 '연계콜'이었다. 현투증권 역시 거액의 결손을 갖고 있었음에도 불구하고 고객이 맡긴 신탁재산을 담보로 수조 원의 연계콜을 얻어 회사를 겨우겨우 꾸려가고 있었다. 그런데 이러한 현투증권의 부실에 다시 결정타를 날린 것이 바로 대우사태의 발생이었다.

대우사태로 타격을 입은 금융시장, 동요하는 주주들

1999년 7월 19일 대우그룹의 구조조정 계획이 발표되면서 이른바 대우사태가 본격화되었다. 빚으로 운영되던 대우그룹은 무보증 회사채 18조 6천억 원을 발행한 상태였는데, 특히 투신사들이 대우계열사가 발행한 회사채를 다량 보유하고 있었다. 이에 투신사 고객들에 의한 환매가 급증하면서 금리가 크게 상승하는 등 금융시장이 불안한 모습을 보였다. 정부는 금융시장 불안을 해소하기 위해 대우채권이 편입된 수익증권을 보유한 개인투자자 등에 대하여 대우채 보유액의 50~95%를 지급할 것을 보장하기에 이른다. 이어 정부는 1999년 11월 4일 '대우기업개선계획 관련 금융시장 종합대책'을 발표하는데, 이 계획에 따르면 개인투자자 등에 대하여 50~95%를 지급함에 따라 발생하는 손실을 투신사와 증권사가 공동부담하고 이 과정에서 손실부담을 자체 해결하기 어려운 일부 투신사의 경우, 대주주가 있다면 대주주의 증자를 통해서 해결하도록 하고, 대주주가 없으며 그간 누적적자가 큰 한국·대한투신의 경우에는 국책은행, 정부 및 기존 주주들이 출자하여 경영정상화를 도모한다는 것이었다. 이날 정부의 발표자료에는 투신사별 손실부담액 추정치가 담겨 있었는데 현대투신의 경우에는 3643억 원의 손실부담액이, 현대투신의 100% 자회사인 현대투신운용의 경우에는 942억 원의 손실부담액이 추정되었으며, 이에 따라 현투증권이 6천억 원의 증자계획을 발표했다는 내용도 포함되어 있었다.

결국 현투증권은 이미 막대한 부실을 안고 있는 회사였고, 대우사태는 이러한 부실을 더욱 악화시켰으며, 이 사건의 유상증자는 이러한 위기상황을 타개하기 위해서 추진된 것이었다.

기발하지만 이기적인 회생책, 기존 주주들도 버린 실권주를 고객에게 떠넘기다

과연 위와 같은 대우채 관련 정부 발표가 있은 직후인 1999년 11월 9일 현투증권의 이사회는 총 8750만 주를 주당 6천 원에 발행하여 총 5250억 원을 조달하는 유상증자를 결의했다. 그러나 현투증권은 경영 상태가 극도로 부실했으므로 기존 주주들 중 현대그룹 계열사가 아닌 캐나다 임페리얼뱅크 오브 커머스CIBC를 비롯한 주주들은 실권이 예상되었고, 이에 따라 1999년 11월 25일 현투증권의 이사회는 실권주 발생 시 고객과 임직원들을 대상으로 실권주 공모를 실시하기로 결의했다. 기존 주주들도 인수하지 않는 실권주를 고객에게 떠넘기자는 아이디어가 결국 회사의 이사회에서 채택된 것이다. 이러한 계획은 전국적인 지점망을 가진 투신증권사라는 이점을 십분 활용한 '기발한' 아이디어였지만 고객의 신뢰를 자사의 회생에 이용하는 매우 '이기적인' 아이디어였다. 이러한 아이디어는 경영진과 노동조합 모두의 전폭적인 지지에 의해서 실행에 옮겨졌는데 이렇게 임직원들이 한마음 한뜻이 된 것은 이 사건 실권주 공모의 부당권유가 집요하고도 적극적으로 이뤄지도록 하는 원동력이 되고 말았다.

그후 현투증권은 유가증권신고서 제출 등의 절차를 거치는 동시에 전국의 영업지점망을 활용하여 고객들을 상대로 자사의 실권주 공모 증자에 응할 것을 권유하는 활동을 전개했다. 당시 현투증권의 임직원들은 회사의 퇴출을 막기 위해서 방문, 전화, 팸플릿, 서신, 신문광고

등 갖가지 수단을 활용했다. 이러한 적극적인 권유활동에 힘입어, 무려 23,205명에 달하는 고객들이 114,851,800주를 청약하여 2.6대 1의 경쟁률을 기록한 가운데 총 44,711,902주, 268,271,412원 상당의 실권주가 고객들에게 배정되기에 이르렀다.

현투증권의 공격적인 마케팅 활동, 불량주식 청약에 우르르 달려든 우량고객들

현투증권이 고객들을 상대로 실권주 공모에 청약하도록 하기 위해서 기울인 노력은 참으로 광범위한 것이었다. 현투증권은 전국의 지점망을 통해서 주로 공사채형 수익증권에 투자하고 있던 우량고객들을 상대로 '실권주에 투자하면 조만간 코스닥에 등록하여 막대한 수익을 얻게 된다' '우량고객에게만 주는 특혜이다'라고 하면서 적극 권유했다. 그 구체적인 방법은 창구직원들을 통한 설명뿐 아니라 팸플릿 배포, 신문광고 등 여러 가지 수단이 망라되었으며, 불완전판매의 다른 사건들과 마찬가지로 허위의 유리한 사실을 적극적으로 고지하거나, 법규상 당연히 고지하게 되어 있는 불리한 사실을 은폐하는 등의 방법으로 이루어졌다. 그 당시까지 투신사에 돈을 맡겼다가 투자손실을 입는 사례는 전무하다시피 했으므로 투신고객들은 창구직원들의 적극적인 설명을 의심하거나 투자손실의 가능성을 염두에 두기 힘들었다.

현투증권은 단순한 과장광고 이외에도 각종 법령에 위반하는 권유활동까지 감행했다. 특히 현투증권은 비상장회사이므로 당시의 유가증권 발행 신고규정에 따를 경우 아예 "당해 주식이 협회 등록 또는 상장되지 아니할 수도 있다는 뜻과 그 경우 당해 주식의 환금성이 제약될 수도 있다는 내용"을 명시하도록 하고 있었다. 그러나 현투증권은 상장되지 않을 수도 있다거나 환금성이 제약될 수도 있다는 사실을 명시하기는커녕 오히려 "2001년 중 코스닥시장에 등록, 현금화 가능" "2001년 중 코스닥 등록 예정"이라고 하여 환금성을 강조하는 부당권유를 감행했다. 또한 현투증권은 "등록 시 1만 1천 원 이상, 1년 4개월 동안 수익률 83% 예상" 등의 내용을 담은 투자판단자료를 배포하거나 "높은 투자수익이 기대된다"는 식의 청약안내문을 배포했으며 고객에게 실권주 청약을 독려하기 위해서 공모주 청약에 참여하는 고객들에 한하여 대우채 환매금 95%의 지급기일을 앞당겨 2000년 1월 4일 적용하도록 혜택을 주는 식으로 청약을 유도하기도 했는데 이는 모두 관련 법령에 위배되는 활동이었다.

"향후에도 성장성과 수익성이 양호할 것이다"
삼일회계법인의 공허한 맞장구

삼일회계법인은 도대체 현투증권의 실권주 공모에 어떤 역할을 담당했기에 소송의 피고가 되었던 것일까? 회계법인의 업무는 크게 감사 관련 업무와 비감사 관련 업무로 나눠지고 비감사 관련 업무는 통상 컨설팅이라고도 불린다. 삼일회계법인은 현투증권의 외부감사인이었지만 이와는 별도로 현투증권의 부탁에 따라 이 사건 주식가치 평가업무를 수행했다. 삼일회계법인은 소송과정에서 이러한 업무는 일종의 컨설팅 업무일 뿐이라고 줄곧 주장했다.[35] 하지만 삼일회계법인이 맡은 주식가치 평가는 단순한 컨설팅이 아니라 법령에 따른 분석업무에 해당하는 것이었다.

비상장회사인 현투증권이 자기 회사의 주식을 불특정 다수의 고객들에게 공모하기 위해서는 증권거래법에 따라 유가증권신고서를 제출했어야 하고, 이 유가증권신고서에는 회계법인이나 신용평가회사의 주식가치 평가 결과가 표시되어야 한다. 현투증권은 이 업무를 삼일회계법인에 의뢰했는데 삼일회계법인은 불과 1500만 원의 수수료를 받고 이 업무를 의뢰받아서 주식가치를 평가했다. 당초 삼일회계법인은 1999년 10월 30일부터 1999년 11월 12일까지 금융감독위원회의 명령인 유가증권 인수업무에 관한 규정 제17조 및 유가증권 인수업무에 관한 규정 시행세칙 제4조에 따라 유가증권 분석을 실시한 후 현투증권의 주당 순자산가치를 -49,204원, 수익가치를 44,482원, 본질가치를 7007원(1주당 액면가액 5천 원, 자본환원률 10.62% 적용)으로 산출한 주식가치 평가보고서를 제출했고, 현투증권은 1999년 11월 16일 위 주식가치 평가보고서를 첨부해 "삼일회계법인이 평가한 주당 본질가치는 7007원이나 대우채권으로 인한 손실부담을 감안하여 주당 공모가액을 6천 원으로 결정했다"고 기재한 유가증권신고서를 금융감독위원회에 제출했다. 그러나 금융감독원은 삼일회계법인에 자본환원률을 상장 등록 및

35 삼일회계법인은 외부감사가 아닌 주식가치 평가업무의 부적절성을 이유로 거액의 배상책임을 지게 된 사실을 충격적으로 받아들였으며 대법원에 이르기까지 격렬하게 자신의 책임 없음을 주장했다.

공모시 일반적으로 적용되는 자본환원률(12%)을 적용하도록 행정지도를 했고, 삼일회계법인은 이를 적용해 현투증권의 주당 순자산가치를 -49,204원, 수익가치를 39,364원, 본질가치를 3937원으로 산출한 주식가치 평가보고서를 작성했으며, 현투증권은 1999년 11월 26일 금융감독위원회에 위 내용으로 정정된 유가증권신고서를 제출하면서, "삼일회계법인은 주당 본질가치를 3937원으로 평가했으나, 동사는 지난 수년 동안 이룩한 투자신탁업무의 경험을 바탕으로 향후에도 성장성과 수익성이 양호할 것이라는 점을 감안하여 주당 공모가액을 6천 원으로 결정하였다"고 기재했다.

결국 삼일회계법인이 한 역할은 주식가치평가를 통해서 현투증권이 미리 정해놓은 실권주 공모가액 6천 원의 적정성을 평가해주는 것이었으며 삼일회계법인은 이러한 역할을 충실히 수행했다.

현투증권 경영 정상화를 위한 양해각서, 소액주주들을 희생양으로 삼다

실권주 공모가 이뤄진 것은 2000년 1월이었는데 불과 4개월 후인 같은 해 5월경부터 현투증권의 부실이 가시화되어 언론에 공표되기에 이른다. 즉 현투증권의 1999년도 사업보고서가 2000년 5월경 공시되면서 현투증권의 엄청난 부실이 수면 위로 드러나게 된 것이다. 아이러니한 것은 당시 외부감사를 맡은 회계법인이 다름 아닌 삼일회계법인이었다는 점이다. 당시 조선일보는 이 사태를 이렇게 보도했다.

현투공모주 청약한 2만 4136명 "주식 휴지 될라"

지난 1월 현대투자신탁증권의 주식공모에 참여했던 2만여 투자가들이 요즘 밤잠을 설치고 있다. 최근 언론보도를 통해 현대투신 부실 규모가 2조 원에 이르는 것으로 밝혀졌기 때문이다.

정부와 현대그룹이 나서서 대책 마련에 나섰지만, 아직 현대투신증권의 정상화 여부는 불투명하다는 지적이 많다. 현대그룹측 자구책의 실현 가능성에도 의문이 제기되고 있다. 더구나 앞으로 정상화 여부와 관계없이 이 회사는 현재 8천억 원의 자본금을 완전히 까먹고, 추가로 1조 2천억 원의 자기 자본 부족분을 떠안고 있는 상태이기 때문에 주가가 공모가(6천 원)를 넘어설 가능성은 희박하다고 전문가들은 말한다. 익명을 요구한 D증권사의 증권업종 애널리스트는 "현대투신증권 주식의 자본가치는 0(제로)이고, 향후 사업전망을 근거로 한 수익가치도 따지기 어려운 상태"라며 "적정주가는 1천 원 이하로 추정된다"고 말했다. 최악의 경우 '휴지 조각'이 될 수도 있다는 의견도 나온다. 대유리젠트증권 김경신 이사는 "지금으로선 가능성이 적지만 만일 현대투신이 한국투신이나 대한투신처럼 감자에 이은 공적자금 투입으로 해결의 가닥을 잡을 경우 투자자들의 피해는 매우 심각해질 수 있다"고 말했다.

2000년 5월 12일 조선일보

그러나 현투증권의 부실이 가시화되었다고 해서 바로 소액주주들이 조직화하거나 액션에 돌입한 것은 아니었다. 현투증권은 그후에도 계속해서 '외자유치'를 거론하면서 경영 정상화를 장담했기 때문에 실권주 투자자들은 이러한 사태의 추이를 지켜보는 쪽이었다. 그러던 중 소액주주들의 결집이 시작된 것은 정부가 현투증권의 경영 정상화를 위해 2001년 8월경 AIG컨소시움과 맺은 양해각서 내용이 드러나면서부터였다.

이 양해각서에 따르면 AIG가 현투증권에 9천억 원을 출자하면서 대주주뿐 아니라 2만 5천여 명에 달하는 소액주주들의 지분까지도 감자하도록 되어 있었기 때문이다. 결국 현투증권의 소액주주들은 2001년 9월경부터 현투증권 노조원들의 지원하에 감자반대운동을 본격적으로 진행하면서 단결하기 시작했다. 그후 AIG와의 외자유치협상은 결국 무산되기에 이르렀지만 감자반대운동으로 시작된 현투증권의 소액주주운동은 현대투신 공모사기 피해자 대책위원회(이하 피해자대책위) 결성의 계기가 되었고 각종 소송으로까지 이어졌다.

전체 원고 수 1483명, 투자금 325억, 7차에 걸친 마라톤 소송이 시작되다

2001년 10월경부터 피해자대책위는 민사소송 제기를 적극적으로 검토한다. 당시 피해자대책위는 계약취소에 따른 매매대금 반환청구와 증권거래법 위반을 원인으로 한 손해배상청구, 그리고 민법상 불법행위를 원인으로 한 손해배상청구 등을 검토했는데, 계약 취소나 증권거래법 위반은 1년이라는 제척除斥기간을 경과하여 힘들다고 보고 민법상 불법행위에 따른 손해배상청구소송으로 가닥을 잡아가고 있었다. 피해자대책위는 처음 접촉해서 선임하려고 했던 두 변호사들과의 선임

계약이 여러 사정으로 무산된 후, 바이코리아펀드 사건 등으로 현투증권의 사정에 관하여 비교적 잘 알고 있었던 법무법인 한누리에 이 사건을 위임하게 된다.

법무법인 한누리와 피해자대책위는 우선 2002년 3월 21일 현투증권을 상대로 회계장부 열람등사 가처분소송을 제기했는데, 이는 의뢰인들이 현투증권의 주주임을 활용하여 현투증권의 회계장부와 서류들, 특히 삼일회계법인의 가치평가보고서 등 2000년 1월 실권주 공모와 관련한 증거자료들을 확보하려는 데 그 목적이 있었다. 이 가처분신청에 관하여 아직 결정이 내려지지 않은 상황에서 2002년 4월 30일 고영숙 외 581명을 대리하여 현투증권과 삼일회계법인 그리고 현투증권의 이모, 안모 사장 등 4명의 피고들을 상대로 1차 소송이 제기된다.[36] 당시 소장에서는 현투증권의 가치가 '0'이라는 점을 주장하면서 투자금액 전부를 청구했는데 총 582명의 원고들의 투자액 합계액은 124억 8천만 원 정도였다.

그후 순차적으로 2차에서 7차까지 소송이 제기되었는데 전체 원고 수는 1483명이었고 이들이 투자한 금액은 약 325억 원이었다. 당초 소송을 하나로 제기하지 않고 순차적으로 제기한 것은 원고들을 모으는 데 시간이 소요되었던 까닭도 있지만, 지나치게 많은 숫자의 원고들을 단 하나의 소송으로 제기할 경우 오히려 소송이 더 지체될 우려가 있다는 판단에서였다. 수 개의 소송으로 나누어 제기함으로써 재판부가 다

36 가처분신청에 대한 인용 결정은 2002년 8월 초에 내려졌다.

수의 사건을 일괄적으로 해결하는 데 더 많은 시간과 노력을 투입할 것을 기대할 수 있었다.

김앤장, 태평양, 바른 등 유수의 대형로펌들과 벌인 7년 9개월간의 싸움

2002년 4월 30일 1차 소송의 소장이 서울중앙지방법원에 제출된 후, 2010년 1월 28일 대법원의 최종판결이 내려질 때까지 무려 7년 9개월에 걸쳐서 민사소송이 진행되었다. 원고측 대리인은 법무법인 한누리가 처음부터 끝까지 맡았으며 피고 현투증권의 대리인으로는 1심 단계에서 김앤장 법률사무소, 2심과 3심 단계에서는 태평양 법무법인이 담당했다. 그리고 피고 삼일회계법인의 대리인으로는 1심에서 법무법인 바른, 2심에서는 법무법인 세종, 3심에서는 다시 법무법인 바른과 법무법인 삼흥종합이 담당했다. 1차 소송에 대한 1심판결은 2005년 9월 1일 선고되었으며, 2심판결은 2007년 1월 12일에 선고되었다. 결국 1심 재판이 무려 3년 5개월 정도 소요되었고, 2심 재판은 1년 4개월 정도 소요되었으며, 3심 재판이 약 3년 정도 소요된 셈이다.

전략적인 고려와 진실 사이에서

1차 소송 제기시 피고는 현투증권과 삼일회계법인 및 현투증권의 대표이사 2명이었다. 하지만 1심판결이 내려지기 전에 현투증권의 대표이사 2명에 대한 소송은 중도 취하했다. 그 이유는 개인에 해당하는 현투증권의 전직 대표이사 2명을 피고로 유지할 경우 오히려 피고들에 대한 책임제한이 더 많이 이루어지지 않을까 하는 염려 때문이었다.

삼일회계법인을 피고에 포함시킨 이유는 당초 이 사건 소송을 증권거래법상 유가증권신고서 허위작성에 따른 책임을 묻는 소송으로 구성하여 시작했기 때문이었다. 즉 현투증권이 고객들을 상대로 실권주 공모 참여를 권유하면서 부당 권유한 데 따른 책임을 묻는 것보다는 애초에 일반투자자들에게 공모할 수 없는 주식을 잘못 공모한 것, 즉 이 사건 실권주 공모 증자 자체가 잘못된 것이었음을 주장하는 쪽으로 접근했기 때문이었다. 즉 원고들로서는 이 사건 공모가 창구 직원들의 불완전 판매 정도의 문제가 아니라 아예 구조적인 문제요, 구조적인 사기라는 점을 주장함으로써 원상회복에 준하는 해결을 촉구하는 쪽으로 갈 수밖에 없었다. 이를 위해서 증권거래법상 유가증권신고서의 부실기재에 따른 사안을 주된 청구원인으로 주장했는데, 그렇게 하자면 유가증권신고서에 포함된 삼일회계법인의 주식가치평가 내용이 핵심적인 공격대상이 되어야 하고, 그러자면 삼일회계법인을 피고로 포함할 수밖에 없었다.

하지만 나중에 원고들은 청구원인 중 증권거래법상 유가증권신고서 부실기재 부분을 취하했는데, 이는 증권거래법상 청구원인을 주장할 경우 행위 시로부터 3년, 인지한 날로부터 1년이라는 단기 제척기간이 적용되어 후속소송이 어려웠다는 점, 실제로 유가증권신고서나 사업설명서를 보고 투자한 원고들이 거의 없었다는 점, 그리고 유가증권신고서에는 많은 경고문구나 위험 고지가 있어서 오히려 유가증권신고서를 신뢰해 투자했다고 주장하면 원고들의 기여과실이 인정될 여지가 많았다는 점 등을 감안했기 때문이다.

하지만 그럼에도 불구하고 원고들은 삼일회계법인의 주식가치평가상의 오류 및 주의 의무 위반, 이 과정에서의 현투증권의 역할 등을 계속해서 주장함으로써 이 사건 실권주 공모의 구조적인 문제점을 부각시키는 작업은 계속했다. 이 사건 소송이 많이 지연되고 또 더 격렬하게 다퉈졌던 까닭은 삼일회계법인을 피고로 포함시켰기 때문이었다. 삼일회계법인은 일관되게 이 사건에서의 책임을 도저히 인정할 수 없다는 입장이었고, 이에 따라 강경하게 대응했고 집요하게 다투었다. 이러한 삼일회계법인의 집요한 대응이 소기의 목적을 달성하여 2심에서 배상금이 깎인 것일 수도 있으므로 삼일회계법인을 빼고 소송했으면 좋았을걸 하는 생각도 든다. 하지만 삼일회계법인을 문제삼지 않았다면 현투증권이 전문가인 삼일회계법인이 인정해준 주식가치평가에 의존해서 공모를 실시한 것이 되기 때문에 현투증권에 면죄부를 줄 위험도 있었다. 그리고 무엇보다도 중요한 것은 삼일회계법인이 실제로 현투증권의 부탁에 따라 엉터리 주식가치평가를 했다는 것이고 그것이 없었다면 실권주 공모는 어려웠을 것이며 따라서 원고들의 피해는 없었을 것이라는 점이다.

전략적인 고려도 중요하지만 무엇보다도 중요한 것은 진실이 아닌가? 원고들로서는 소송 중간에 삼일회계법인과 협상을 통해서 화해할 의지도 있었지만 워낙 삼일회계법인의 태도가 강경하고 책임을 인정하는 액수가 적어 도저히 받아들일 수 없었다. 결과적으로 삼일회계법인도 좀더 유연한 모습을 보여 타협했더라면 훨씬 적은 액수를 배상했을 것이고 패소판결을 받지도 않았을 것이다. 하지만 삼일회계법인이 유연한 태도를 취하기에는 그들의 확신이 너무 강했다.

국민을 상대로 한 거대한 사기극인가,
퇴출 위기 기업의 실패한 자구 노력인가

이 소송의 피고가 현투증권과 삼일회계법인 둘이었으므로 소송에서의 쟁점도 이들 피고들 별로 달랐다. 현투증권의 경우에는 비교적 쟁점이 간단해서 1) 과연 원고가 주장하는 것과 같은 부당권유행위가 있었는지, 2) 이러한 부당권유행위에 따라 피고 현투증권이 얼마나 책임을 져야 하는지가 주된 쟁점이었다. 반면 삼일회계법인의 경우에는 1) 과연 삼일회계법인이 행한 평가가 잘못된 것이었는지 2) 그러한 잘못된 평가를 함에 있어서 법적인 주의 의무 위반이 있었다고 볼 수 있는지 3) 설령 잘못된 평가를 했다 하더라도 삼일회계법인이 자신의 의뢰인인 현투증권에 책임을 지는 것은 별론으로 하고 제3자인 원고들에 대해서도 책임을 져야 하는지 여부 등이 쟁점이었다.

현투증권의 불완전 판매를 인정할 수 있는 서면증거들이 많았고, 이러한 불완전판매가 단순히 판례상 고객보호의무 위반을 넘어서서 각종 증권법령 위반에 해당했기 때문에 현투증권의 불법행위를 입증하는 것은 어렵지 않았다. 예를 들어서 비상장주식을 공모하는 데 금지되어 있는 코스닥 상장 가능성 언급은 도저히 빼도 박도 못할 불법에 해당했고, 또 공모의 성공을 결정하는 데 결정적인 역할을 한 불법행위였다. 따라서 현투증권의 반론은 주로 책임제한에 관련된 것이었다. 현투증권은 특히 이 사건 실권주 공모에 임직원들은 물론 대주주도 적극 참여했으므로 '사기'라기보다는 '결과적으로 실패한 자구 노력'에 불과하다는 점을 강조했다.

또한 현투증권이 사실상 파산했고 감자 및 정부의 출자로 인해서 새로운 회사가 되었으므로 현투증권의 책임을 인정하면 이는 실질적으로 정부가 국민의 세금으로 마련된 예산으로 물어줘야 한다는 점, 실패한 회사에 투자한 책임을 국민이 떠안는다는 점 등을 집중적으로 거론했다. 원고측은 이 사건 실권주 공모증자가 설령 '사기'가 아니라 '실패한 자구 노력'이었다고 하더라도 이러한 위험한 자구 노력에 고객들을 끌어들인 것, 그리고 그 과정에서 각종 법령을 위반한 것은 도저히 정당화될 수 없는 것임을 주장했으며, 이 사건 실권주 공모에 정부의 묵인 내지는 비호가 있었음을 주장하면서 설령 정부가 책임지는 사태가 된다 하더라도 이는 원래부터 정부가 책임졌어야 할 부분으로서 결코 부당한 것이 아님을 주장했다.

이 소송에서는 현투증권보다는 삼일회계법인의 책임과 관련한 쟁점들이 더욱 첨예하게 다퉈졌다. 우선 주식가치평가 문제와 관련하여 유가증권신고서에서 대우채 관련한 손실을 가치평가의 수치에 반영하지 아니하고 주석으로만 처리한 것이 적절했는지, 미래수익 추정에서 업종의 현황, 시장점유율 등을 분석하지 않고 단순히 현투증권의 과거 몇 개월 치의 급증하는 수탁고를 기준으로 미래의 수익을 추정한 것이 적절했는지가 많이 다퉈졌다.

그리고 이러한 평가의 잘못이 법적인 주의 의무 위반으로 인정될 수 있는지에 관해서도 다투었는데 특히 '외부감사 기준'이 명문화되어 있는 외부감사와는 달리 명시적인 직무수행 기준이 없는 주식가치평가의 경우에는 이를 담당하는 회계법인이 지켜야 할 주의 의무가 무엇인지에 관해서도 많은 논란이 있었다. 하지만 이와 관련해서 공인회계사법 제15조 제1항에 의거해 공인회계사는 공정하고 성실하게 그 직무를 수행하여야 하고, 고의로 진실을 감추거나 허위보고를 해서는 아니되며(제3항), 회계에 관한 감사, 감정, 증명, 계산, 입안 또는 법인 설립 등에 관한 회계를 할 때는 위촉인뿐만 아니라 이를 믿고 이용하는 선의의 제3자에 대한 손해배상책임을 지는 등(공인회계사법 제28조 제1항) 전문가로서의 책임을 부담하고 있다는 점 등이 책임의 근거로 제시되었다.

전문가로서 감정한 제3자가 원고들에게 직접 배상할 필요가 있는가? 삼일회계법인을 둘러싼 치열한 쟁점

이 사건의 가장 의미 있는 쟁점은 전문가인 삼일회계법인이 과연 제3자에 해당하는 원고들에게 책임을 져야 하는가의 여부였다. 앞서 언급한 바와 같이 삼일회계법인은 현투증권과의 계약을 거쳐서 단돈 1500만 원의 보수를 받고 이 사건 주식가치평가업무를 수행했다. 현투증권의 주주인 원고들은 삼일회계법인의 입장에서는 제3자였다. 따라서 삼일회계법인은 비록 자신들에게 잘못이 있다 하더라도 고의로 사기에 동참한 것이 아니므로 불특정 다수의 원고들에게 책임을 져야 할 사안은 아니라는 점을 강조했다. 따라서 이 점에 관하여 많은 법률적 논쟁이 있었는데 이와 관련하여 원고측이 제시한 논리는 다음과 같았다.

이 사건의 경우 삼일회계법인은 법률에 지정된 유가증권 분석기관으로서 자신의 '공모가액 평가'가 원고들을 포함한 투자자들을 대상으로 실시하는 실권주 공모와 관련한 평가라는 점, 그리고 그 결과가 유가증권신고서와 사업설명서에 포함되어 투자들에게 전달된다는 점, 자신이 공모가액을 적정하다고 평가할 경우 결국 투자자들이 그 가액에 신주를 취득하는 재산적 지출행위를 한다는 점을 잘 알면서 부당한 평가를 했다는 점이었다. 따라서 삼일회계법인은 비록 원고들과 직접적인 계약관계는 아니더라도 불법행위에 대한 책임을 져야 한다.

이러한 논리는 결국 항소심이나 상고심에서 모두 다 채용되어 삼일회계법인의 책임을 인정하는 근거를 형성했다.

집단소송의 어려움,
인터넷조차 못하는 고령의 원고들과 함께한
7년의 싸움

이 소송은 법무법인 한누리 역사상 가장 많은 수의 원고가 참여한 소송이었다. 7차에 걸쳐서 1500명에 가까운 원고들이 참여했는데, 원고들 중 다수가 고령의 할아버지, 할머니였다. 집단소송을 많이 하는 한누리는 사무실 홈페이지에 사건별 게시판을 개설하고 있으므로 재판의 진행경과를 늘 게시했지만, 많은 원고들이 인터넷을 할 줄 몰라 전화로 문의하는 경우가 많았다. 이 때문에 사무실에서는 주기적으로 편지를 보내서 재판의 진행경과나 향후 전망을 알려드렸지만 몇몇 의뢰인들은 자주 전화해서 하소연이나 불평을 하는 경우가 많았다.

원고들이 일 년에 두 번씩만 전화를 해도 3000통이고 하루에 10통이다. 특히 대법원에 재판이 계류중인 마지막 3년간은 기다림에 지친 의뢰인들이 전화를 하는 통에 하루에 평균 20~30통의 전화를 소화했다. 다행히 우리 사무실에는 숙련된 직원들이 있어서 그들이 대부분의 전화를 처리했으나, 그래도 상황을 이해하지 못하는 의뢰인들은 변호사들이 일일이 상담해주었고 방문자를 응대했다.

결국 집단소송은 법원이나 상대방뿐 아니라 의뢰인들과의 전쟁을 어떻게 치르느냐가 관건이라고 볼 수 있다. 의뢰인들의 숫자는 소송에 힘이 되기도 하지만 큰 부담이 되기도 한다. 이 사건의 경우 초기에는 의뢰인들이 함께 금융감독원 앞에서 시위를 하기도 했고, 국민감사를 청구하고 헌법소원을 제기하기도 했다. 재판과정에서는 의뢰인들이 탄원서 제출, 재판 참관 등을 통해서 재판에 참여할 기회를 부여했으며 변호사들이나 직원들이 의뢰인들의 상한 마음을 위로하고 달래주는 데 많은 노력을 기울였다. 재판은 결과뿐 아니라 과정이 중요하다는 점, 변호사의 역할도 중요하지만 직원들의 역할이 중요하다는 점, 집단소송은 정말 신중해야 한다는 점을 일깨워준 소송이었다.

현투증권의 부실을 까발린 문제의 '갑제14호증'을 나는 어떻게 손에 쥐게 되었나

소송과정에서 우리측이 제출했던 증거 중에 '당사의 현황 및 문제점'이라는 자료가 있었다. 갑제14호증으로 제출된 이 자료는 현투증권에 의해서 2000년 1월 5일자로 작성된 내부자료로서 현투증권이 심각하게 부실화되어 매우 어렵다는 사실, 특히 대우채사태로 인해서 8천억 원에 달하는 손실이 예상된다는 사실이 기재되어 있었다. 이 자료가 작성된 시점이 2000년 1월 5일자인데 이때가 바로 이 사건 실권주 공모가 이뤄질 당시였으므로, 이 자료에 의한다면 현투증권은 자사가 매우 어렵고 특히 대우채 관련 손실이 8천억 원이나 예상된다는 점을 알면서도 고객들을 상대로 사기공모를 한 것이 자명해진다. 이 내부자료가 어떻게 원고측 수중에 들어왔을까?

1999년 초반부터 바이코리아펀드가 엄청난 돌풍을 일으키고 있었는데 나는 참여연대의 일원으로서 이 바이코리아펀드 열풍에 문제가 있다고 판단하고 바이코리아펀드에 가입한 후, 1999년 하반기에 현대투신운용에 장부열람권을 행사했다. 이를 통해 나는 그즈음 금융감독원이 지적한 현대투신운용의 불법행위, 즉 수탁되어 있는 고객의 자산으로 현투증권의 고유자산에 있는 부실자산을 인수해 고객들에게 손실을 끼친 행위가 바로 바이코리아펀드와 관련한 행위였음을 알아낼 수 있었다. 이에 따라 내가 현투증권측에 바이코리아 고객들에 대한 자발적인 배상을 하도록 압박을 가하던 시기에 현투증권측에서 회사의 어려운 상황을 설명하고자 준 자료가 바로 이 갑제14호증이었던 것이다.

이 서류가 2년여가 지난 시점에서 현투증권을 상대로 한 소송의 증거물이 된 것은 참으로 아이러니였다. 이 서류에 대하여 피고측은 극구 부인했고 나를 만나 자료를 건네준 당시 임원을 증인으로 내세워 거짓 증언까지 하도록 했다. 이 서류는 이 사건 소송에 큰 도움이 되었지만, 개인적으로는 당시 내게 이 서류를 건네준 임원을 곤경으로 몰아넣었다는 점에서 미안한 마음이 든다.

"고객에 대한 보호의무를 저버린 불법행위"

오랜 재판 끝에 내려진 1심판결은 전적으로 만족스럽지는 않지만 상당히 고무적인 판결이었다. 우선 승소금액이 피고 현투증권에 대해 60%였으므로 지연이자 등을 포함하면 사실상 투자금액의 70%에 달하는 수준이었다. 1심재판부는 판결문에서 원고들의 주장사실(피고 삼일의 부실한 주식가치평가사실, 피고 푸르덴셜의 공모주 부당발행 및 부당권유 사실)을 각종 증거를 토대로 대부분 사실로 인정한 후, 이렇게 판시하여 피고들의 공동불법행위 책임을 인정했다.

> 1) 피고 푸르덴셜의 행위는 잘못 산정된 주식가치와 그에 기초한 공모가격을 적정한 것으로 믿고, 피고 푸르덴셜의 이 사건 실권주 공모를 통하여 피고 푸르덴셜의 주식을 취득한 원고들에 대하여 불법행위가 된다. 2) 피고 푸르덴셜의 직원들이 피고 푸르덴셜의 청약안내문 등의 내용을 원고들에게 설명하며 이 사건 실권주 공모에 참여하도록 권유한 것은, 원고들을 포함한 투자자들의 의사결정에 중대한 영향을 미칠 수 있는 주식의 환금성에 관한 사실 및 대주주, 외자유치 등의 사항에 관하여 합리적 근거 없는 주장, 허위 또는 잘못된 기재에 기초한 투자권유행위로서, 당해 권유행위가 경험이 부족한 일반투자자에게 거래행위에 필연적으로 수반되는 위험성에 관한 올바른 인식 형성을 방해하거나 또는 고객의 투자상황에 비추어 과대한 위험성을 수반하는 거래를 적극적으로 권유한 경우에 해당하여, 결국 고객에 대한 보호의무를 저버려 위법성을 띤 불법행위에 해당한다. 3) 피고 삼일이 이 사건 주식가치평가를 하면서 관련 법령 및 기업회계준칙 등에 위반하여 여러 가지 잘못을 범하였으며 이러한 잘못이 없었더라면 피고 푸르덴셜의 주당 본질가치는 마이너스로 드러나 피고 푸르덴셜의 이 사건 실권주 공모가 불가능하였을 것이므

로, 피고 삼일의 부당한 주식가치평가와 원고들의 이 사건 공모주 취득 사이에는 인과관계가 인정된다.

다만 1심은 피고들의 손해배상 책임의 범위에 관하여 다음과 같이 제한했다.

주식투자는 항상 위험이 따르기 마련이므로 투자자는 자신의 책임 아래 당시의 경제동향, 신문, 인터넷 등 기타 정보수집 경로를 통한 투자대상 회사의 객관적인 평가, 회사의 재무제표나 유가증권신고서, 전문가의 의견 등의 제반사정을 참작하여 투자 여부를 결정하는 것으로, 피고 푸르덴셜이 작성하여 객장에 비치되어 있던 유가증권 정정신고서에 위험요소가 명시되어 있었던 사정 및 기타 기록에 나타난 제반 사정을 참작하면 피고 푸르덴셜의 책임을 60%로 제한함이 상당하고, 한편 피고 삼일은 피고 푸르덴셜의 외부감사인으로서 피고 푸르덴셜의 이 사건 실권주 공모와 관련하여 주식 본질가치를 산정함에 있어 피고 푸르덴셜의 요청 내지 지시를 거부하기 어려운 입장이었을 것으로 보이고, 피고 푸르덴셜의 주식 공모가격 책정에 피고 삼일은 관여하지 아니하였던 점 등을 참작하면 피고 삼일의 책임을 30%로 제한함이 상당하다.

배상액이 깎인 실망스러운 2심판결
그러나 절반의 배상액을 수령하다

2심판결은 1심판결과 거의 동일한 이유를 설시하면서 다만 결론에서 당초의 현투증권 60%, 삼일회계법인 30%의 책임을 현투증권 40%, 삼일회계법인 10%의 책임으로 감하여 인정했다. 물론 1심재판부가 인정한 두 피고들의 책임을 모두 확인했다는 점에서는 다행이었지만 배상액이 크게 줄어들었고 더 나아가 지연이자도 많이 줄어들었다는 점은 원고들에게 큰 실망을 안겨주었다.

이 2심판결이 내려지자 피고 현투증권을 사실상 대리하는 예금보험공사[37]측에서는 지연이자 부담 등을 고려하여 판결금의 절반을 임의로 지급하는 결정을 내렸고 원고들은 판결금 절반의 배상금을 수령했다.

3년의 기다림, 천만다행이었던 대법원판결

3심판결은 2심판결을 그대로 인용하는 판결이었다. 그런데 이 대법원판결이 내려지기까지 무려 3년이라는 시간을 기다려야 했다. 그 기간 중에 정권이 바뀌면서 법원의 경향도 점차로 친기업적, 보수적으로 변화하고 있었으므로 혹시나 1,2심에서 인정되었던 피고들의 책임이 부정되지는 않을까 하는 걱정이 많았다. 특히 3심에서 피고 현투증권측은 결국 국고로 배상이 이뤄져야 한다는 점을 강조하여, 원고들에

---

37 예금보험공사는 그 지분을 미국계 푸르덴셜 금융그룹에 넘긴 상태여서 피고도 푸르덴셜투자증권으로 상호를 변경했지만 푸르덴셜과의 약정에 따라 이 사건 소송에 따른 손실은 예금보험공사가 물어주기로 되어 있었으므로, 예금보험공사가 사실상 피고 현투증권의 소송을 관장했다.

대한 배상책임을 부인할 것을 강력히 요구하는 형편이었다. 1,2심에서 일관되게 피고들의 책임을 인정했지만 판결선고가 지연되면서 혹시나 하는 불안감이 커지고 있었다. 특히 2심판결에 따라 배상금을 일부 수령한 마당이어서 혹시라도 판결이 뒤집힐 경우 받은 돈을 반환해야 한다는 불안감, 소송을 취하한 사람의 경우에는 13%의 배상을 받았는데, 소송에서 지면 소송을 안 하느니만 못한 셈이 된다는 생각이 우리를 괴롭혔다. 특히 대법원 재판은 상고이유서와 답변서를 제출한 후 실제로 어떻게 심리가 이루어지는지 알 도리가 없고 또 특별히 취할 행동도 없이 기다려야 하는 입장이어서 특히 불안감이 더했다.

드디어 3년 만에 잡힌 대법원 선고기일에서 2심에서 누락한 한 명의 원고에 대한 부분만 제외하고 나머지 원고들에 대한 쌍방의 상고를 모두 기각하는 결정이 내려졌다. 물론 우리의 상고이유가 받아들여져서 배상금이 높아질 계기가 마련되었다면 더 좋았겠지만 오랜 재판과 불확실성, 원고들의 고생을 감안할 때 천만다행인 판결이었다.

1500여 명의 피해자들이 지지해주었기에 가능했던 열정의 변론

이 글을 쓰기 위해 이 소송에 관한 각종 자료들을 보면서 나 자신도 과거에 내게 이런 열정이 있었던가 하는 생각이 들었다. 단순히 민사재판만 한 것이 아니라 사안의 실체를 밝히고 감독기관의 책임을 묻기 위해서 국민감사 청구, 헌법소원, 대국회활동, 대언론활동을 주도했고 심지어 금융감독원 앞 시위에 동참하기도 했다. 소송과정에서도 가능한 모든 증거신청을 했고 국내외 문헌과 판례에 대한 깊이 있는 리서치를 했다. 다시 하라면 못할 것 같은 느낌이다. 아마도 그때는 수만 명의 고객들에게 피해를 끼친 재벌계 금융사에 대한 분노, 많은 피해자들이 느끼는 고통에 대한 공감 등이 이런 열정적인 변론을 가능케 했던 것 같다.

이 소송은 앞서 쓴 바와 같이 집단적 피해자들에게 거액의 배상이 명해진 사건이고, 또 비상장회사의 주식공모와 관련한 배상책임이 인정된 사례이며 회계법인의 주식가치평가와 관련한 제3자에 대한 손해배상책임이 인정된 사례로 학술적 가치도 높은 판결이다. 하지만 그 무엇보다도 나를 믿고 따라준 1500명의 원고들을 실망시키지 않을 수 있었다는 점에서 참으로 감사하고 또 다행인 사건이었다.

8장

금배지를 단 채 태양광 아래로 추락해버린 유망 중소기업인

— 에이치앤티 주가조작사건

서울고등법원 2011나2205호 사건

에이치앤티 사건은 한 성공한 유망중소기업의 경영인이
멈춰서야 하는 순간에 너무 나아갔기 때문에,
그리고 기존의 성공을 지키려는 처절한 노력보다는
너무 쉽게 새로운 성공을 추구했기 때문에
많은 사람들에게 피해를 주고 또 자신도 추락해버린 사건이었다.
사람들은 다들 특별한 뭔가를 원하고
이런 사람들의 심리를 이용하여
이득을 추구하려는 시도는 비교적 쉽게 성공한다.
에이치앤티 투자로 피해를 입은 피해자들은 수만 명에 달했으며,
이들의 가족들까지 포함하면 수많은 사람들이
커다란 재산상 재난에 봉착했다.

테마주 주가조작사건의 원조,
태양광에너지의 빛과 어둠

수년 전부터 자원개발, 엔터테인먼트, 대통령 선거 등 각종 테마를 이용한 테마주 열풍이 끊이지 않고 있다. 인터넷의 발달에 힘입은 이러한 테마주 열풍은 대부분 주가조작으로 이어지게 마련인데, 에이치앤티 주가조작사건은 '태양광에너지'라는 테마를 이용하여 주가를 조작한 테마주 주가조작사건의 원조 격이라 할 수 있다. 또한 에이치앤티 사건은 단일 주가조작사건의 배상액으로는 최고액수를 기록했으며 원고의 숫자 면에서도 다른 주가조작사건을 월등히 능가했다.

내가 속한 법무법인 한누리는 2008년 5월 에이치앤티의 대표이사인 정모씨가 증권거래법 위반 혐의로 구속기소된 것을 계기로 들끓게 된 에이치앤티 피해자들을 대리해 민사소송을 진행했다. 한누리가 대리한 피해자들은 1차 소송 302명, 2차 소송 359명, 3차 소송 158명으로서 총 819명에 달했으며 이들이 입은 투자손실(투자원금에서 회수한 자금을 공제한 금액)은 총 401억 원에 달했다.

2008년 6월 10일, 7월 10일 그리고 10월 10일, 이렇게 1개월 내지 3개월의 간격을 두고 세 차례에 걸쳐 제기된 민사소송에 대한 1심판결은 소 제기 후 2년이 넘게 지난 2010년 11월 4일과 5일 양일에 걸쳐서 선고되었는데, 원고들 별로 어떤 원고는 청구금액 100%가 인정되고 또 어떤 원고에 대해서는 청구가 기각되는 등, 원고들의 투자시점과 처분시점에 따라 소송의 결과가 달랐다. 하지만 전체적으로 보면 총 819명의 원고들 중 총 774명에 대해 승소판결이 내려졌고 그 청구인용금액은 239억여 원에 달했다.[38]

그후 항소심이 진행되었는데 도중에 피고측과 합의가 이루어져 피고측이 항소를 취하했고 원고측의 항소에 대해서는 2012년 5월 24일 항소기각 판결이 내려져 결국 1심판결대로 소송이 확정되었다. 이로써 4년에 걸친 소송이 종결되었고 2014년 4월 기준으로 판결금에 대한 강제집행이 거의 마무리단계에 들어서고 있는 상황이다.

---

38 한누리가 제기한 소송 이외에도 법무법인 한결이 동종의 사건에 대한 소송을 제기했는데 한결의 제소 인원 및 청구금액 등은 대체로 한누리가 제기한 소송의 절반 정도 규모에 해당했다.

IMF 이후 삼성전자에 하드디스크 부품을 납품하며 주목받은 기업, 에이치앤티

에이치앤티는 2000년에 설립된 회사로 컴퓨터 저장장치의 일종인 하드디스크 드라이브(일명 HDD)의 부품을 생산, 판매하는 것을 단일 사업으로 영위하는 회사였다. 에이치앤티의 전신에 해당하는 회사는 뉴맥스로 이 회사는 IMF 외환위기 때 모회사인 태일정밀의 부도로 파산했다. 그러자 당시 태일정밀에서 근무하며 구조조정업무를 담당하던 정모씨가 태일정밀의 자회사인 뉴맥스의 하드디스크 헤드사업부를 분사하여 설립한 회사가 에이치앤티이다.[39] 에이치앤티는 IMF로 경쟁업체들이 모두 없어진 상황에서 삼성전자에 하드디스크 드라이브 헤드를 지속적으로 공급하면서 빠른 기간 내에 경영이 정상화되었으며, 이를 기반으로 2006년 6월에는 코스닥시장에 상장되었다. 하지만 에이치앤티는 하드디스크 헤드라는 단일제품을 취급하고 그 단일제품마저도 삼성전자라는 단일 매출처에 사실상 100% 의존하는 상황이어서 하드디스크 드라이브 시장의 상황 변화나, 삼성전자의 정책에 따라 과도하게 영향받는 특성을 갖고 있었다.

39 정모씨가 에이치앤티 회사를 설립한 자금도 태일정밀에 귀속됐어야 하는 외상매출금이었다는 주장도 있으나 이에 관해서는 정확한 사실이 규명되지 않았다.

휘황한 성공스토리와 화려한 언변으로 유명세를 날린 CEO, 너무 높이 떠버린 회사

에이치앤티의 빠른 경영 정상화는 세간의 주목을 받았으며 아울러 회사의 대주주이자 CEO였던 정모씨도 이목을 끌었다. 에이치앤티는 여러 차례 유망 중소기업으로 선정되었고 정모씨도 망한 회사를 재건한 유능한 중소기업인으로 인정받았다. 에이치앤티는 2001년 무역의 날 산업포장을, 2002년 7천만 불 수출탑을, 2003년에는 국무총리 표창을 받았으며 2007년에는 산업자원부장관 표창을 받았다. 정모씨는 2004년 대통령 직속 중소기업특별위원회 대·중소기업 협력분과위원회 위원직을 맡고, 2005년에는 산업자원부 정책 평가위원, 2006년에는 한국무역협회 이사직을 맡기도 했다. 그는 성공스토리와 화려한 언변을 기초로 대언론활동에서도 두각을 나타냈는데 2005년에는 매일경제의 칼럼 '매경춘추' 필진을 맡기도 했고 2006년에는 조선일보 독자권익보호위원을 맡았다.

에이치앤티는 망한 회사를 임직원들이 다시 되살려 수출로 외화를 벌어들이는 기적을 일으킨 회사로, 그리고 정모씨는 이러한 기적을 일으킨 주인공으로 묘사되었다. 에이치앤티는 이러한 성공을 바탕으로 법정관리에 들어간 삼보컴퓨터의 인수전에 뛰어들기도 했고, 급기야는 신재생에너지 붐에 힘입어 태양에너지 사업에 진출해 새로운 기적을 도모하는 회사로 많은 사람들의 관심을 끌었다. 결국 정모씨는 이러한 성공스토리에 힘입어 2008년에는 제18대 민주당 비례대표 국회의원에 당선되어 국회의원이 되었다.

하지만 이러한 찬사와 성공의 이면에는 성장의 한계에 다다른 에이치앤티라는 회사의 실상, 그리고 수많은 투자자들의 눈물을 야기한 태양광 테마주 주가조작이 가려져 있었는데, 이러한 실상은 비례대표 국회의원이 된 정모씨에 대한 검찰의 수사와 이 사건의 민사소송을 통해 드러났다.

삼성전자 정책 변경과 매출 급감에 쓰나미를 맞다

2006년 에이치앤티가 코스닥에 상장된 이듬해인 2007년 초 에이치앤티는 삼성전자 매출점유율의 하락에 따른 매출 급감과 이에 따른 주가 급락 가능성이라는 어려운 상황에 직면해 있었다. 즉 에이치앤티는 2006년도에 매출이 정점에 다다른 후 2007년 1분기 매출액이 전기보다 15.86% 감소하고 당기순이익은 62.36% 감소했으며, 사실상 유일한 구매처인 삼성전자의 주력품목 변경으로 인해서 회사의 주된 생산모델에 대한 생산량이 축소, 단종되어 경영위기에 직면한 어려운 상황이었다.[40]

에이치앤티는 2006년 6월 주당 5800원의 공모가격으로 코스닥에 상장되었으나 2005년과 2006년의 양호한 경영실적에도 불구하고 주가

40 결과적으로 2007년 연간매출이 직전 사업연도보다 무려 45.4% 줄어들고, 당기순이익은 86.67% 줄어든 것으로 나타났다.

가 그다지 많이 오르지 않았으며, 2007년 들어서는 주당 8500원이었던 주가가 2월경 7천 원대 초반에 머무는 등 주가가 부진한 상황이었다. 에이치앤티는 2월 말과 3월 초에 걸쳐서 차등배당(소액주주 300원, 대주주 100원)과 무상증자(2:1)를 실시하는 등 주가 부양에 힘을 썼으나 주가는 별반 오르지 않는 상황이었으며, 2007년의 경영 악화 사실이 대외적으로 드러날 경우 급격한 주가하락이 예견되는 상황이었다.

태양에너지가 에이치앤티를 구원하리라?

위와 같은 상황에서 에이치앤티는 2007년 2월 27일 신규사업 진출을 전격 공표했다. 당시 정모씨는 매일경제와의 인터뷰를 통해 "H&T가 태양전지 원료인 규소광산 개발권을 획득하고 대체에너지 사업에 진출한다. H&T는 27일 태양에너지 주원료인 SiO_2 실리콘 광산 독점개발권을 확보하고 1천만 달러를 투자해 민영화를 추진하는 현지 솔라셀 제조사 지분 76%를 인수해 직접 경영할 계획이다"라고 밝혔다. 이와 동시에, 에이치앤티는 2007년 2월 27일자 '사업목적 변경' 공시를 통해 에이치앤티의 사업목적으로 '신기술 및 신소재 관련 기술개발, 제조, 판매업, 에너지 및 대체에너지 관련 기술개발, 제조, 판매업, 국내외 자원개발 및 판매업' 등을 추가한다는 내용의 공시를 하여 일반투자자들로 하여금 마치 에이치앤티가 태양에너지 주원료인 실리콘 광산 독점개발권을 이미 확보했고 현지 회사인 솔라셀 제조사 지분 76%를 인수하는 것이 거의 가시화되었으며 향후 태양에너지 사업에 진출할 계획이 확정적인 것처럼 오인하게 했다.

무릇 어떤 회사가 기존에 영위하던 사업과 전혀 관련성이 없는 사업 진출 사실을 공표하기 위해서는 적어도 상당한 기간의 사전 준비가 있어야 할 것이다. 그런데 설립 이래 태양에너지와 무관한 단일사업(컴퓨터 하드디스크 부품 제조판매업)을 영위해오던 에이치앤티가 그동안 이사회 등에서 아무런 사전 협의도 진행한 바 없음에도 불구하고 태양에너지 사업에 진출한다고 공표한 것 자체가 벌써 상당한 문제점을 내포하고 있었다.

실제로 검찰조사 결과에 따르면 에이치앤티는 2007년 2월 말경은 물론 그 이후에도 실리콘 광산 독점개발권을 확보한 바 없으며, "현지 솔라셀 제조사 지분 76% 인수" 역시 구체적으로 추진된 바가 없으며 2007년 4월 19일경에 이르러 규소 매장량과 이용 가능성 연구 등에 관한 매우 초보적인 단계의 양해각서가 체결되었을 뿐이었다. 결국 에이치앤티가 내세운 신규사업 진출은 시작 단계부터 사기성이 농후했다.

그 모든 것이 사기였다니!

에이치앤티의 태양에너지 사업 진출 공표에도 불구하고 주가가 하루 반짝 올랐다가 다시 하락하는 수준에 그치자, 에이치앤티는 2007년 4월경부터 태양에너지 사업의 성사 가능성이 높고 사업이 꽤 진척된 것처럼 각종 공시와 보도, 인터뷰 등을 쏟아냈다.

우선 에이치앤티는 2007년 4월 19일자로 "태양Solar에너지 관련 원재료(규소) 개발 사업 추진을 위해 우즈베키스탄 내 현지 합작회사 설립에 관한 양해각서 체결" "향후 1개월 이내에 우즈베키스탄 내의 현지 합작법인을 설립하여 우즈베키스탄 내의 태양에너지 관련 원재료(규소) 독점개발권을 획득할 예정입니다"라는 내용의 공정공시를 했으며, 2007년 4월 24일자로 '우즈베키스탄 태양에너지 프로젝트와 관련하여 하나은행, 신한캐피탈, 신동에너콤(한국)과의 프로젝트 파이낸셜에 관한 양해각서 체결'이라는 제목으로 공시하면서 "양해각서 체결 목적: 우즈베키스탄 태양에너지 프로젝트와 관련하여 하나은행, 신한캐피탈의 재무적 지원 참여 의향 확인"이라고 공시했다. 또한 그즈음 매일경제 인터뷰 기사를 통해 "H&T는 우즈베키스탄에 태양전지 원소재인 폴리실리콘을 직접 생산하기 위한 공장 건립도 계획중이다. 이를 위해 하나은행, 신한캐피탈과 함께 프로젝트 파이낸싱을 체결했다. 투자 규모는 3천억~5천억 원이다"라고 공표하는 등 마치 에이치앤티가 하나은행 등과 3천억~5천억 규모의 프로젝트 파이낸싱 계약을 체결할 것이 확실하고, 따라서 에이치앤티의 태양에너지 사업이 상당한 정도로 진척되고, 그 성사 가능성도 매우 높은 것처럼 인식하게 했다.

또한 정모씨는 실제로 합작회사 설립이 여전히 불투명하던 2007년 8월 17일 언론 인터뷰를 통해 에이치앤티가 우즈베키스탄 자원위원회로부터 신동에너콤과 규소광산 개발업체로 최종 지정을 받았고, 우즈벡 자원위원회와 솔라셀(태양전지) 사업을 포함한 전자 부문 투자 양해각서를 체결한 국내 모 대기업과 복수로 개발사업자 심의대상이 돼 경합을 벌이다 이번에 최종 낙점이 됐다"는 취지로 밝혀 이것이 보도되도록 했다. 또한 2007년 9월 5일자 『매경이코노미』 인터뷰를 통해 "현재까지 진척된 사항은 우즈베키스탄 정부로부터 지난 8월 초 규사광산 개발사업자로 정식 통보를 받았다는 것입니다"라는 식으로 밝혔을 뿐 아니라, 조선일보사에서 발행하는 『이코노미플러스』 인터뷰를 통해 "규사는 태양전지의 기판 원료인 폴리실리콘의 원자재이다. H&T는 우즈베키스탄 정부로부터 지난 8월에 규사광산 개발사업자로 선정됐다. 지난 4월에 규사광산을 개발할 수 있는 양해각서를 체결한 이후 4개월 만에 정식인가를 받아낸 것이다"라는 식으로 밝히는 등 규사광산 개발사업이 거의 확정적으로 진행되고 있음을 거듭 밝혔다.

하지만 이상과 같은 공시, 언론 인터뷰 내용, 보도자료 등은 대부분 사실과 다른 것이었음이 드러났는데, 실상 합작회사가 1개월 이내에 설립될 것이라는 2007년 4월 19일자 공정공시 내용과는 달리 우즈베키스탄 내에 현지 합작법인은 설립되지 않았고, 에이치앤티는 하나은행 등과 3천억~5천억 규모의 프로젝트 파이낸싱 계약도 맺지 않았으며 실제로는 에이치앤티가 우즈베키스탄 정부로부터 규사광산 개발사업자로 지정된 바도 없는 것으로 드러났다. 더구나 에이치앤티가 2010년 시작할 것이라고 한 폴리실리콘 제조업의 경우, 폴리실리콘 제조원천기술을 전 세계적으로 5개 회사만이 보유하고 있어 기술장벽이 매우 높고, 후발업체들과의 기술 격차가 3년 정도로 벌어져 있으며, 실리콘 가공기술이 상당 수준에 이르러야 폴리실리콘 생산이 가능하므로, 최소한 3천억 원 이상의 초기투자금이 투입되어야 공장설비를 갖출 수 있으며 가공기술 확보에 필요한 기술이전비까지 감안할 경우 초기투자금이 더 필요하게 될 수 있었다. 그런데 에이치앤티는 실리콘 제조 관련 업무를 다뤄본 적이 없고, 실리콘 제조 원천기술을 보유하고 있는 회사로부터의 기술이전도 쉽지 않았으며, 일부 업체가 독점하고 있는 '폴리실리콘 제조기술'을 어떤 방식으로 얼마의 비용을 들여 이전받을 것인지, 초기 공장건설 자금은 어떻게 마련할 것인지 등 기술이전 및 자금계획도 전혀 마련되어 있지 않은 상태에서 위와 같은 사실들이 서둘러 공표된 것으로 밝혀졌다.

태양에너지의 원소재, 최고 1조 달러 가치의 규사광산? 투자자들을 호도한 규사광산의 진실

또한 정모씨는 에이치앤티가 영위할 것이라고 하는 신규사업(규사광산 개발사업)의 사업적 가치와 수익성에 관해서도 허위사실 유포 등의 행위를 통해 시장을 호도했다. 우선 그는 2007년 4월 25일, "규사는 태양에너지의 원소재로서 현재 세계적으로 품귀현상을 빚고 있는 폴리실리콘의 원자재이다. 규사는 그 순도에 따라 kg당 1불에서 100불까지 천차만별의 가격차가 나고 있다. 현재 우즈벡 자원위원회의 자료에 따르면 지금까지 약 1천만 톤 이상의 규사가 발견되었으며 에이치앤티는 그 샘플을 채취하여 한국의 지질자원연구원에 순도 분석을 의뢰한 결과 99.36%의 순도를 가진 규사라는 것을 확인하였다. 중국은 순도 98%의 규사를 1달러에 수출해 99%로 가공한 규사를 80~100달러에 구입하고 있다. 현재까지 발견된 물량을 순도 98%를 기준으로 한 가격으로 계산해도 약 100억 불에 근접하는 것이다"라는 내용의 보도자료를 배포하고 매일경제와 인터뷰하여 그 내용이 보도되게 했다. 결국 이러한 공표 및 인터뷰를 통해 에이치앤티가 추진하고 있는 규사광산 개발사업이 미화 100억 달러 내지 1조 달러에 달하는 가치를 지닌 것으로 오인하게 했으나 이는 사실 터무니없는 숫자였다. 즉 2007년 1월경 회사가 확보한 우즈베키스탄 자원위원회의 '규사 광산 현황자료'는 20년 전 자료일 뿐 아니라, 그 자료에 의하더라도 규사광산 여덟 곳의 예상매장량 총 약 1천만 톤 중에서 '메탈실리콘'으로 가공이 가능하여 개발가치가 있는 '산화규소 순도 99% 이상인 규사' 매장량은 약 8만 톤 정도에 불과하며, 일반 규사뿐 아니라 산화규소 순도 99% 이상의 고순도 규사도 전 세계적으로 매장량이 충분하여 가격이 급등할 가능성이 거의 없고, 통상 규사의 가격은 순도 98~99%를 기준으로 1톤당 15불 내외로서, 카자흐스탄 등지의 99% 이상 최상위 등급의 규석 원석도 1톤당 25~30불 수준에 불과하다고 한다. 따라서 에이치앤티의 예측대로 매장량 1천만 톤 전부가 순도 99% 이상의 최상위 등급이라 하더라도, 그 매장가치 총액은 3억 불을 넘지 않고, 순도 98% 내지 99%인 규사가격으로 환산할 경우에는 약 1.5억 불 내외 정도에 불과했다.

도덕성도, 사업추진 의지도, 아무것도 없었다

에이치앤티의 대주주이자 대표이사인 정모씨는 에이치앤티 인터넷 홈페이지 게시 내용 등을 통해 자신의 신뢰성과 도덕성을 십분 강조했으며 사업추진 의지를 강력히 밝히면서 반드시 태양에너지 사업을 추진할 것이며, 자신이 보유하는 에이치앤티 주식을 매도할 의사도 없다고 공표하여 투자자들로 하여금 이를 믿도록 했다. 그리고 기존 사업이 어려워서가 아니라 기존 사업도 잘되는데 신규 사업을 하는 것인 양 홍보했다. 그런데 실상 에이치앤티는 극심한 매출 및 수익성 저하를 겪고 있었고 신규 사업은 제대로 진행되지 않고 있었으며 태양에너지 사업을 추진할 능력과 진지한 의지도 없었다. 더욱이 정모씨는 자기 주식을 팔지 않을 것이라고 했지만 에이치앤티 임직원들 명의로 차명 보유하고 있던 에이치앤티 주식 중 364,449주를 합계 12,763,232,610원에 몰래 매도했다. 그럼에도 불구하고, 그는 이러한 매도현황을 제대로 보고하지 않고 '임원, 주요 주주 소유 주식보고서' 등에 차명주식의 소유 및 변동현황을 누락시켜 공시했으며 더 나아가 사업무산 사실의 공표가 임박한 상황에서 자기 실명 보유 주식을 매각한 이후에도 사업추진 의지를 피력했다.

무려 20배의 주가 급등,
에이치앤티 주가조작이 시장에 미친 영향

에이치앤티와 정모씨가 공시, 언론 인터뷰, 게시판 글 게재를 통해 각종 호재성 허위사실들을 쏟아내고 이를 여러 인터넷카페 등에 유포되도록 함으로써 에이치앤티의 주식은 주식시장에서 신뢰할 만한 '태양광 테마주'로 인식되었다. 이로 인해 에이치앤티의 주식은 2007년 2월 27일 1주당 3880원(무상증자를 고려한 가격)에서 시작하여, 규사광산개발 합작회사 설립을 위한 MOU 체결 공시일인 2007년 4월 19일에 5830원이었다가, 조선일보 『이코노미플러스』 보도가 있은 2007년 9월 13일에 34500원으로 상승하고, 피고 정모씨가 주식을 매각한 2007년 10월 8일에는 장중 최고 89700원까지 주가가 급등하여 2007년 2월 27일 대비 무려 20배 이상 주가가 급등했다.

숱한 거짓말과 허위공시 속에 440억의 시세 차익을 남긴 회사대표

대표이사 정모씨는 이런 와중에 자신이 차명 보유하고 있던 364,449주를 합계 12,763,232,610원에 매각하는 등 매매 차익을 실현했다. 더 나아가 정모씨는 에이치앤티의 주가가 최고에 이른 2007년 10월 5일에 13만 주를 1주당 7만 8천 원에 매각하고, 2007년 10월 8일에 27만 주를 1주당 89700원에 매각하여 합계 343억 5900만 원을 현금화하여 시세 차익을 얻었다. 결국 그는 검찰조사 결과 드러난 것만 하더라도 자신이 소유한 주식 764,449주를 합계 47,122,232,610원에 매도해 440억여 원에 달하는 거액의 시세 차익을 실현했다.

1조 원이 넘는 투자금액, 사업 무산과 주가 폭락으로 어둠에 내팽개쳐진 수만 명의 사람들

에이치앤티가 추진한 태양광에너지 사업은 2007년 11월 8일 양해각서가 파기되었다는 사실이 공시됨에 따라 실체가 거의 없는 사기행위임이 점차 드러나기 시작했고, 에이치앤티의 주가는 폭락했으며 원고들을 비롯한 투자자들은 막대한 손실을 입게 되었다. 에이치앤티는 2007년 11월 21일 코스닥시장본부로부터 공시 번복을 이유로 '불성실공시법인'으로 지정되었으며, 그후 금융감독당국의 조사와 검찰조사를 통해서 그동안 내세웠던 '태양에너지 사업'이 총체적인 사기였음이 밝혀졌다.

상장된 지 불과 1년도 안 된 에이치앤티는 신규사업 진출이라는 테마에 힘입어 시가총액 1조 원을 훨씬 넘어서는 코스닥 시가총액 2위 업체가 되었다.[41] 하지만 결국 에이치앤티에 대한 민사소송을 제기할 당시인 2008년 8월 6일 종가인 3020원을 기준으로 하면 시가총액은 불과 487억 원으로 쪼그라들었다. 그후 에이치앤티는 결국 상장폐지되어 무너지게 되는데 에이치앤티 투자로 피해를 입은 피해자들은 수만 명에 달했으며, 이들의 가족들까지 포함하면 수많은 사람들이 커다란 재산상 재난에 봉착한 셈이었다.

---

41 2007년 10월 8일 장중고가인 89700원에 당시 발행주식 총수 16,139,008주를 곱하면 시가총액이 무려 1조 4천 476억 원에 달했다.

언론의 과장보도가 낳은 해프닝인가, 교묘하고 의도적인 주가조작 사기인가

에이치앤티 사건에는 원피고 간에 공방이 이루어진 사실상 · 법률상 쟁점들이 많지만 핵심적인 공방은 이 에이치앤티사건을 어떠한 시각으로 평가할 것인가에 관한 점이었다. 동일한 사건을 바라보는 원고측의 시각과 피고측의 시각이 너무도 판이하게 달랐던 것이다.

사실 에이치앤티 주가조작사건은 통정매매와 허위매매 등 전형적인 주가조작기법이 동원된 것이 아니라 '언론매체를 동원한 허위사실 유포'라는 새로운 기법을 활용한 것이었고, 유포된 허위사실은 진실과 거짓, 사실과 의견, 현상과 예측 등이 혼재된 것이었다. 따라서 에이치앤티사건이 과연 의도적인 주가조작에 해당하는지 아니면 그저 언론의 과장보도가 낳은 해프닝이었는지가 명확지 않았다. 에이치앤티가 실제로 태양광에너지 사업을 추진했던 것 같은 외관은 있었으므로 사기였는지 아니면 중도에 협력업체의 배신 등의 원인으로 좌절된 것인지도 불분명한 상황이었다. 또한 에이치앤티 대표이사였던 정모씨의 인터뷰 내용에 편승한 무허가 투자자문사 등의 활동과 이에 편승한 투자자들의 뇌동매매가 있었으므로 과연 주가조작이 에이치앤티와 정모씨의 책임에 해당하는 것인지 아니면 유사 투자자문사에 의존한 투자자들에게 있는 것인지도 논란이 될 수 있었다. 이 때문에 실제로 에이치앤티에 대하여는 금융감독당국에서도 조사를 했는데 별다른 혐의점을 입증하지 못해 아무런 조치가 이루어지지 못했다. 검찰이 기소했다고는 하지만 금융감독당국도 별다른 혐의점이 없다고 했으므로 민사재판이나 형사재판과정에서 과연 주가조작이 인정될지는 불확실한 상황이었다.

내가 재판부에 피력하려 했던 단 한 문장

어떤 사건이든 그 사건에 관한 소송을 진행하는 변호사는 '이 사건이 과연 어떤 사건인가?'라는 질문에 한 문장으로 답할 수 있어야 한다. 그리고 소송을 처음 시작할 때부터 끝낼 때까지 한 문장으로 요약된 '사건에 대한 원고의 시각'을 재판부에 반복적으로 피력해야 한다. 원고측이 이 사건을 바라보는 시각은 다음과 같은 한 문장에 요약되어 있다.

> 이 사건은, 영위하는 '단일사업'(하드디스크 드라이브 부품 제조업)이 심각한 위기에 봉착하여 실적 악화와 주가 급락이 예상되는 한 코스닥 상장기업이 갑자기 자신의 고유 사업과 무관한 소위 '태양에너지 사업'에 진출한다고 하면서 신규 사업의 성사 가능성, 진척 정도, 사업적 가치, 대주주의 사업의지 및 도덕성 등에 관하여 허위 또는 과장된 사실을 공표 · 유포 · 표시하거나 중요한 사실을 누락하거나 오해를 유발하는 공표 · 유포 · 표시를 행함으로써 이에 현혹된 투자자들로 하여금 에이치앤티 주식의 매매거래를 하도록 유인하고 이를 통해 에이치앤티의 주가를 높게 부양시킨 후 자신이 차명 또는 실명으로 보유하는 주식을 매도하여 거액의 부당이득을 얻은 사건입니다.

원고측은 검찰에서 수사를 실시한 주가조작사건 자체뿐만 아니라 에이치앤티 회사에 대한 독립적인 조사를 통해서 에이치앤티 주가조작사건의 전말을 보여주는 '큰 그림'을 그릴 수 있었고, 이 '큰 그림'이 위 문장에 투영되어 있었다.

태양에너지 사업은 추진중 좌절된 것뿐이다?

피고측은 에이치앤티가 상당한 기술력을 가지고 시장을 선도하는 초우량 중소기업임에도 그동안 시장에서 저평가되어왔으며, 이 사건은 에이치앤티가 이런 양호한 경영성과를 바탕으로 사업 다각화를 추진하면서 우발적으로 발생한 사건일 뿐이라고 주장했다. 또한 에이치앤티가 태양에너지 사업이라는 신규 사업을 펼칠 만한 재무적, 경영적 능력을 가진 회사이며, 2007년 주가 상승분 중 상당 부분이 2006년 실적, 무상증자 등을 통해 저평가된 가치가 정상주가로 복귀하는 과정에서 발생한 것이며, 에이치앤티는 실제로 태양광 산업을 진행했으나 외부적인 요인으로 좌절된 것뿐이라고 항변했다. 그리고 정모씨는 오히려 투자카페의 활동으로 주가가 앙등하는 것을 진화하려 했을 뿐 시세조종으로 개인적인 이익을 보고자 한 사람이 아니라고 호소했다.

야당 국회의원에 대한 표적수사? 재판부의 결단

에이치앤티 사건을 먼저 다룬 것은 민사재판부가 아니라 형사재판부였다. 한누리는 피해자들에 해당하는 원고들을 대신하여 피해자들이 생각하는 에이치앤티 사건의 전말에 관한 시각을 피해자진술서의 형태로 전달하여 형사재판과정에도 참여했다. 결국 형사재판부나 민사재판부는 피고측의 시각보다는 원고측의 시각에 동조하는 내용으로 판결을 내림으로써, 결국 정모씨는 형사상 책임과 더불어 민사상 책임도 부담하게 되었다. 이 부분에서 어찌 보면 피고측 대리인의 지나치게 공격적인 방어전략이 오히려 역효과를 나타낸 측면도 있지 않은가 생각한다. 피고측 대리인은 검찰의 기소를 일종의 야당 국회의원에 대한 표적수사로 보았으며 민사소송도 뇌동매매를 통해 손실을 본 피해자들이 선량한 경영자를 상대로 억지소송을 낸 것으로 보았던 것 같다.

물론 그런 부분도 있을지 모른다. 만약 정모씨가 국회의원이 되지 않고 그냥 조용히 기업인으로 남았더라면 검찰이 그렇게 열심히 수사하지는 않았을 수도 있고, 정모씨가 기소되지 않았더라면 민사소송도 없었을 것이다. 또한 정모씨가 국회의원이 되는 과정에서 필연적으로 거쳤던 후보자 재산공개가 없었더라면 검찰의 추징 보전에 이은 거액의 민사소송이 제기되기도 어려웠을 것이다. 하지만 사안의 전말을 보면 정모씨가 책임을 회피할 수 없는 부분이 분명히 있었다. 그런데 피고측 대리인은 피고의 약점에 대해서는 애써 간과하고 억울한 점에 대해서만 지나치게 강하게 옹호함으로써 오히려 전체적으로 설득력을 상실했고 역효과를 낸 면이 있었다고 본다.

단타매매자들을 원고에서 제외할 수밖에 없었던 까닭

주가조작에 따른 손해배상을 청구할 수 있는 자는 주가조작으로 인해서 인위적으로 (높게) 형성된 가격에 매매거래를 하거나 위탁한 자이다. 한누리는 정모씨가 최초로 규사광산 독점개발권을 확보하여 대체에너지 사업에 진출한다는 내용을 언론에 밝힌 다음날인 2007년 2월 28일부터 우즈벡 정부와의 MOU가 취소되었다는 내용이 공시된 같은 해 11월 8일까지 주식을 매수했다가 손해를 본 사람이 손해배상청구를 할 수 있는 자에 해당한다고 보았다. 다만 이 기간 중 에이치앤티 주식을 구입했다가 중간에 매수가격보다 높은 가격으로 매도하여 종국적으로 이익을 본 사람은 최종적인 손해배상액 산정 시 손해가 인정되지 않을 가능성이 높으므로 제외했으며, 거래내역서 등을 검토한 결과 거래의 행태가 지극히 단기적이어서(단타매매 행태) 다른 피해자들과 같이 소송을 제기하는 것이 전체적으로 바람직하지 않다고 판단되는 경우에는 제외했다.

내가 단타매매자를 이 소송에서 제외한 까닭은 다음 세 가지이다.

첫째, 단타매매자의 거래손실은 시세조종과 인과관계가 인정되지 않을 가능성이 있다고 보았다. 이 소송은 정모씨가 규사광산에 관해 허위사실 또는 오해를 유발하는 공표를 행함으로써 회사의 주가가 인위적으로 부풀려졌고 피해자들은 이렇게 부풀려진 주가를 진정한 기업가치를 반영하는 주가로 믿고 거래했다는 전제하에 제기하는 소송인데, 법원에서 단기투자자의 경우에는 기업가치가 아니라 시세의 흐름을 보고 투자했다고 보아 청구를 기각할 가능성이 있다고 보았다.

둘째, 피해 자체가 인정되지 않을 가능성이 높다고 보았다. 단타매매자는 일중매매(그날 산 주식을 그날 판 경우)의 경우가 많은데 향후 정상주가가 1일 단위로 산정되므로 하루 만에 매수매도하여 손실을 본 부분은 설령 높은 가격에 샀다가 낮은 가격에 팔았다 하더라도 손해가 인정되지 않을 가능성이 높다고 보았다.

셋째, 과실상계나 책임제한이 많이 이뤄질 수 있다고 보았다. 증권업감독 규정상 일중매매는 위험한 투자행태로 보므로 일중매매를 지속, 반복적으로 행한 투자자의 경우에는 자기 책임이 증가한다고 보아 책임제한이 많이 이뤄질 수 있다고 보았다.

넷째, 이번 소송은 다수의 피해자가 참가하는 공동소송인데 법원에서 보상을 기피할 수 있는 단기투자자가 참여할 경우 다른 참여자들에게 간접적인 피해가 가해질 수 있다고 보았다.

그리고 피고로는 주가조작을 주도한 정모씨와 정모씨의 사용자에 해당하는 (주)에이치앤티를 공동피고로 삼았다.[42]

소액주주들을 위한 피해변상까지 고려한 형사재판 1심판결, 그후

에이치앤티 민사소송은 선행되던 형사재판이 매우 중요한 의미를 갖고 있었다. 물론 형사책임과 민사책임은 다르지만 형사재판에서 유죄가 인정되지 않을 경우 민사재판이 극히 불리할 수 있었다. 2008년 9월

42 이 부분도 정모씨 이외에 차명계좌를 제공한 다른 임원들은 피고에서 제외했는데 피고를 무분별하게 확대할 경우 과실상계나 책임제한 면에서 오히려 불리하다고 보았기 때문이다.

19일 정모씨에 대한 형사 1심판결의 선고가 있었는데 검찰이 기소한 혐의들에 대해서 대부분 유죄가 인정되었으며 형량은 징역 실형 3년에 벌금 250억 원, 그리고 공직선거법 위반에 대해서 벌금 1천만 원이 선고되었다. 민사소송에 중요한 영향을 미칠 수 있는 증권거래법 위반에 대해 유죄판결이 내려짐으로써 민사재판은 유리한 고지를 점할 수 있었다.

또 중요한 것은 추징금의 선고 여부였는데 추징금이 선고될 경우 피해자들의 집행재산이 그만큼 줄어들게 되어 추징금이 선고되지 않도록 하는 것이 중요했다. 1심재판부는 선고 때 범죄 수익의 추징도 가능하고 벌금형도 더 많이 내릴 수 있지만, 소액주주들의 피해변상을 고려하여 추징하지 않고 벌금형도 줄였다고 설명하여 소액주주들의 입장을 많이 고려했음을 알 수 있었다. 민사소송은 형사재판의 1심이 내려진 이후 본격적으로 진행되기 시작했으며 추후 내려진 형사재판의 2심도 대체로 1심과 같은 결론이 유지되었다. 하지만 대법원은 이러한 2심판결을 파기했고 파기환송심에서는 증권거래법 위반 유죄는 유지하되 실형 2년 6개월과 더불어 추징금 약 86억 원을 선고하는 판결을 내렸다.

두 명의 감정인과 불꽃 튀는 논쟁들

주가조작이 인정될 경우 중요한 쟁점은 피해자들의 피해와 주가조작과의 인과관계 인정 여부, 그리고 손해액의 액수가 된다. 이 부분은 전문가에 의한 감정을 통해 이뤄져야 할 사안인데, 이에 관해 피고측은 과거 한누리가 대리한 세종하이테크 사건에서 피고측에 유리한 감정 결과를 피력한 경희대학교의 박모 교수를 추천했고, 원고측은 KDI 국제대학원의 김모 교수를 추천했다. 결국 감정인을 복수로 하되 두 감정인이 하나의 보고서를 제출하는 것으로 조율되었는데, 결국 공통된 부분과 의견을 달리하는 부분을 모두 표시하는 감정보고서가 제출되어 그 감정보고서의 해석과 관련해서 많은 논쟁이 이루어졌다. 손해액 관련 감정의견의 해석을 둘러싼 공방은 1심판결이 지연된 주 원인이기도 했다.

나를 원망하는 피고를 구치소에서 접견하다

소송 중간에 대표이사 정모씨를 대리한다는 대학동기 변호사로부터 연락이 왔다. 정모씨가 피해자와의 합의를 추진하고자 한다는 것이었다. 다른 피해자들의 소송 등이 복잡하게 얽혀서 합의는 쉽지 않을 것으로 보았으나, 일단 주된 피고로부터 합의 요청이 있으므로 만나지 않을 수 없었다. 구치소에 접견을 가서 대화했는데 정모씨는 자신을 궁지로 몰아넣은 것이 다름 아닌 나라는 생각을 갖고 있었다. 그와 더불어 자신의 변호인들에 대한 원망, 수사검사에 대한 원망 등 여러 사람들에 대한 원망을 품고 있었다. 어렵게 만든 대화의 자리였으나 역시 진지하게 합의할 의지는 없는 것 같았다.

그 당시 나는 정모씨에게 너무 억울하다는 쪽으로만 생각하면 문제를 해결하는 데 하등의 도움이 안 된다고 말했던 기억이 난다. 비록 내 나름대로는 진심 어린 충고였으나 상대방 변호사의 입장이었으므로 받아들이기는 쉽지 않았을 것이다. 결국 훨씬 나중에 정모씨에 대한 추가적인 형사기소가 이루어지면서 이에 관해 합의하는 선에서 항소심을 끝내는 쪽으로 마무리지었는데 만약 당초의 합의 시도가 제대로 결실을 맺었다면 정모씨 입장에서는 민사나 형사 절차에서 훨씬 더 유리했을 것이다.

주식을 구매한 시기에 따라 갈린 책임제한과 손해배상액

한누리가 제기한 사건도 3건으로 나뉘어 있었고 법무법인 한결이 제기한 사건들도 있었으므로, 에이치앤티와 관련한 민사소송을 다루는 재판부는 두 개로 나뉘어 있었다. 두 재판부는 상호협의를 거쳐 선고기일을 지정하고 또 결론을 동일하게 내기에 이르렀다. 2010년 11월 4일과 5일 양일에 걸쳐서 선고되었는데 형사재판에 이어 민사재판에서도 피고들의 사기적 부정거래행위(허위사실 유포에 의한 시세조종)가 인정되었고, 원고들이 에이치앤티의 주식을 거래함에 따른 손해를 배상할 책임도 인정되었다. 피고측의 항변들(김모씨와 유사 투자자문사인 한국투자연구소의 조직적 집중매수에 의해 주가가 앙등한 것으로서 정모씨는 책임이 없다는 항변 등)은 받아들여지지 않았다. 그리고 손해의 산정방식에 관해서는 감정인이 감정한 정상주가와 실제주가 간의 차액(정상주가 이상의 가격으로 매도한 경우에는 실제주가와 매도주가 간의 차액)을 계산하는 방식으로 했으며, 이와 관련한 피고측의 항변들(비교대상인 한진피앤씨의 주가흐름을 고려해야 한다는 항변, 비정상수익을 달리 산정해야 한다는 항변) 역시 받아들여지지 않았다.

문제는 원고별 손해액의 산정과 책임제한이었는데, 2007년 9월 18일 이전에 매수한 부분에 따른 손해액은 책임제한이 이루어지지 않고 100% 인정되었고, 2007년 9월 18일부터 2007년 10월 10일까지의 매수분에 따른 손해액은 2007년 9월 14일 거래소에 의해 투자 주의 종목으로 고시되었던 점 등을 감안하여 30%를 감액하여 70%만 손해를 인정했으며, 2007년 10월 11일부터 2007년 11월 8일까지의 매수분은 2007년 10월 1일 정대표가 주식 매도사실을 공시한 것과 기자회견을 한 점 등을 감안해 50%로 손해를 감액했다. 그리고 2007년 11월 9일부터 2007년 11월 21일까지의 매수분에 따른 손해액은 2007년 11월 8일 양해각서 취소가 공시된 점 등을 감안하여 20%로 손해액을 감액했다. 재판부는 이어서 사건기간, 즉 2007년 2월 27일부터 같은 해 11월 21일까지 얻은 시세 차익을 손익상계로 보아 100% 공제했으며 이에 따라 산정된 손해액에 관해 지연이자의 지급을 명했다. 아울러 재판부는 회사, 즉 에이치앤티도 사용자로서 일정한 한도에서 대표이사 정모씨와 연대책임이 있다고 판시하면서 다만 그 책임은 정모씨보다 낮은 비율로 인정했다. 매입시기별로 책임제한을 달리했고, 책임제한 후 산출된 금액에 손익상계방식으로 공제했으므로 전체 원고들의 약 5%에 해당하는 원고들은 인용금액이 '0'으로 되어 청구가 기각되었으며, 일부 원고들은 청구금액의 100%가 인정되었고 나머지 원고들은 청구가 일부인용되었다.

그후 쌍방 항소로 항소심이 진행되었는데 도중에 피고측의 요청으로 합의가 이뤄져 피고측이 항소를 취하했고, 원고측의 항소에 대해서는

2012년 5월 24일 항소기각 판결이 내려져 결국 1심판결대로 소송이 확정되었다.

개미들을 위한 소송에서 가장 중요한 것은
판결에서 이기는 것이 아니라
판결금을 받아 배상까지 완료하는 것이다

개미투자자들을 위한 소송에서 가장 중요한 것은 판결에서 이기는 것이라기보다는 판결금을 제대로 집행해 최대한의 실질적인 배상을 받아내는 것이다. 내가 속한 사무실은 착수금보다는 성공보수에 의존하고 성공보수는 승소금액이 아니라 집행금액에 대해 적용되도록 약정하고 있으므로, 집행을 얼마나 많이 하여 피해자들을 만족시키는가는 사무실의 보수금 액수에도 직결된다. 에이치앤티 소송을 처음에 시작하면서 생각한 집행대상은 정모씨의 실명재산과 검찰에서 파악한 그의 차명재산, 그리고 에이치앤티의 재산이었다. 이중 정모씨의 실명재산에 대한 집행은 검찰의 추징보전과 원고측의 가압류로 인해서 문제가 없었으나, 차명재산은 차명예금주들이 차명재산임을 부인하고 있어서 난항이 예상되었다. 에이치앤티는 갈수록 회사사정이 악화되는 형편이어서 신속한 강제집행이 필요했으나 한편으로는 매출채권 등에 대한 집행이 회사를 도산으로 유도할 수 있어 그 시점을 잡기가 어려운 상황이었다. 원고측은 차명예금주들을 상대로 차명재산의 반환을 요구하기 위한 소송을 제기했는데, 소송 도중에 차명예금계좌에 섞여 있는 차명예금주들의 재산을 보전해주기로 약속하는 조건으로 합의를 보아 차명예금계좌에 대한 집행이 이루어질 수 있었다. 또한 법무법인 한결이 에이치앤티의 삼성전자에 대한 매출채권에 가압류를 하면서 한누리도 따라서 가압류를 하게 되고 이로 인해서 삼성전자의 매출채권에 대한 집행도 이루어지게 되었다. 이 글을 마무리하는 2014년 4월 현재까지도 아직 끝나지 않은 차명재산에 대한 집행이 남아 있지만 대체로 판결원금의 90% 내외까지는 집행이 이루어져(다만 지연이자까지 고려하면 집행률은 떨어지게 된다), 주가조작사건치고는 양호한 집행률을 기록했다.

인터넷 시대, 허위사실로 주가시세를 끌어올리려는 유언비어도 난무한다

에이치앤티사건은 인터넷이 발달한 현 시대에서 허위사실 유포를 이용한 주가조작이 얼마나 쉽게 이루어지는지를 보여주는 단적인 사례였다. 사람들은 다들 특별한 뭔가를 원하고 이런 사람들의 심리를 이용하여 이득을 추구하려는 시도는 비교적 쉽게 성공한다. 에이치앤티 사건이 있었음에도 불구하고 자원개발 등 테마주를 이용한 주가조작은 그 이후에도 많이 이뤄졌다. 다만 이를 민사적으로 문제삼아 피해자들이 실질적인 배상을 받은 사건은 에이치앤티 사건이 거의 유일하지 않나 싶다.

에이치앤티 사건은 한 성공한 유망중소기업의 경영인이 멈춰서야 하는 순간에 너무 나아갔기 때문에, 그리고 기존의 성공을 지키려는 처절한 노력보다는 너무 쉽게 새로운 성공을 추구했기 때문에 많은 사람들에게 피해를 주고 또 자신도 추락해버린 사건이었다.

9장

공모주 청약 직후 부도를 낸 두 회사와 투자자들의 엇갈린 운명

— 엔트와 한일약품공업 부실공모 소송

엔트 사건은 대법원 2011다9311호사건,

한일약품공업 사건은 대법원 2001다62호 사건

주심판사는 나와 대학 동기이자 연수원 동기였다.
후에 변호사 개업을 하여 몇 건의 소송에서
상대방 변호사로 만나게 되었다.
나는 주로 투자자를 대리했고
그 친구는 주로 회사측을 대리했는데,
그 친구는 나에게 별로 편치 않은 감정을
드러냈던 것으로 기억한다.
왜 이 친구는 상대방이 다투지도 않은 쟁점을 들어
내게 패소판결을 안겼을까?
판사 자신이 중요한 법률적 쟁점이라고 생각하는 부분에 관해
변호사들 간에 논쟁조차 없으니
한 수 가르쳐주고 싶은 생각이 들었을까?
자신들의 욕심 때문에 투자했다가
손실을 입었다고 소송을 내는 투자자들,
그리고 그들을 대리하는 변호사에 대한 적대감의 발로였을까?
혹시 이 사건에서 그 친구가 법관이 아니었다면,
또는 혹시 내가 원고측 변호사가 아니었더라면
다른 판결이 났을까?

영광과 좌절이 교차한 두 건의 사건

주식회사 엔트와 한일약품공업 주식회사, 이 두 회사는 둘 다 1998년에서 1999년에 걸쳐 공모주를 발행했다가 얼마 안 돼 부도가 나는 바람에 시장에 충격을 주었던 회사들이다.

주식회사 엔트는 공장 자동화설비의 설계 및 제조업 등을 목적으로 하는 회사로서, 1998년 4월 유가증권신고서를 제출하고 보통주 15만 주를 주당 2만 원에 공모발행한 후 그해 5월 25일에 코스닥시장에 등록했으나 불과 4개월도 안 된 1998년 9월 16일 최종적으로 부도처리되었다.

한일약품공업은 이미 상장되어 있던 회사로 1999년 1월 유가증권신고서를 제출한 후, 그해 3월 일반투자자들을 상대로 주당 6200원에 약

140만 주를 공모발행하는 공모주 청약을 실시하여 약 88억 5천만 원을 조달했으나, 공모주가 상장되기도 전인 1999년 4월 2일 회사가 부도처리되었다.

회사가 공모주를 발행한 직후 부도를 내면 이에 대한 책임을 묻는 소송이 제기되기 마련인데, 나는 이 두 회사에 관한 소송을 모두 맡아 수행했고, 그 결과 유가증권신고서의 허위기재에 따른 법적 책임에 관한 중요한 선례 두 건을 남기게 되었다. 하지만 결과는 희비가 엇갈려서 한 사건(한일약품공업)은 승소 확정으로 결말이 났고 다른 한 사건(옌트)은 패소 확정으로 끝났다. 승패가 엇갈린 과정도 극적이었다. 한일약품공업 사건은 1심에서 패소했다가 2심에서 승소로 뒤집혔고 3심에서 승소로 확정되었다. 반면 옌트 사건은 1심에서 승소했다가 2심에서 패소했고 3심에서 그대로 패소 확정되었다.

우리나라의 경우 자본시장의 역사가 짧고 증권 관련 판례가 많지 않아서 1심과 2심에서 판결이 엇갈리는 경우가 많다. 1심에서 승소하고 2심에서 패소하고 3심에서 다시 뒤집히는 등 정말로 천당과 지옥을 왔다갔다한 경험도 종종 있었다. 이런 사례들을 경험하면서 나는 1심은 일종의 중간 판결이니 지더라도 실망하지 말고 이기더라도 자만하지 말며, 2심이 제일 중요하니 최선을 다해야 하고, 2심의 결과에 관계없이 대법원에서 희망과 더불어 긴장을 늦추지 말아야 한다는 생각을 갖게 되었다.

이제부터 나에게 영광과 좌절을 동시에 안겨준 두 건의 사건을 소개하고자 한다.

환호에서 좌절로—엔트 사건

편법적인 코스닥 상장과 3개월 만의 부도

엔트는 1997년 6월경 협회등록시장(일명 코스닥시장)에 등록하기 위해서 동부증권을 주간사 회사로 정했는데 관련 업무를 인수부 차장인 김모씨가 맡게 되었다. 주간사 업무를 처리하던 김모씨는 단순히 코스닥 등록업무만 수행한 것이 아니라 엔트의 대표이사인 정모씨의 자금을 관리해주면서 1997년 8월경 기관투자자들의 엔트에 대한 지분 참여를 중개하기도 하고, 1998년 1월경 송현회계법인을 통해 회계감사를 하도록 주선하는 등 엔트의 업무에 깊숙이 관여하여 엔트의 재무 상태 등을 잘 알고 있었다. 그런데 실제로 엔트는 자금사정이 안 좋아서 국세를 체납하고 있었고, 1997년 12월경 회사의 공장부지가 압류되어 있었으며, 신제품 개발에 거액을 투자했으나 상품화에 차질이 발생해 투자자금을 회수하기 어려운데다가 거래처 등지에 2억여 원의 미지급 비용이 있는 등으로 재정 상태가 좋지 않았다. 그럼에도 불구하고 김모 차장은 엔트의 대표이사와 짜고 상장을 그대로 강행했다.

엔트는 1998년 4월 18일과 19일 이틀간 공모가액을 주당 2만 원으로 하여 주식공모 발행을 하고 같은 해 5월 25일 코스닥시장에 정식으로 등록되었는데, 엔트는 유가증권신고서를 통해서 등록 후 1개월간 공모가액으로 시장조성을 수행한다고 공시한 바 있었다. 하지만 등록 직후 엔트의 주가는 하한가인 17600원에 형성되었다가 주간사 증권사가 전혀 시장조성의무를 수행하지 않아 주가가 하락하여 1개월 후인 같은 해 6월 25일 금 11800원이 되었고, 이후 계속 급락하여 그해 9월 16일 주가가 5100원으로 하락했으며 같은 날 엔트는 자금난으로 부도처리 되었다.

엔트가 부도를 내자 그 다음날인 9월 17일 증권업협회는 주권 매매 거래를 중단시켰고 이후 화의절차에 돌입한 후 관리종목으로 편입되었다. 공모주 청약을 실시한 후 코스닥에 상장한 지 불과 3개월여 만에 부도가 발생했으므로 당시 증권감독원은 주간사 업무를 맡은 동부증권을 상대로 검사를 진행하고 검찰이 수사에 돌입하는 등 파장이 만만치 않았다. 부도 약 8개월 후인 1999년 6월 3일에는 서울지검 특수부가 엔트의 대표인 정모씨를 증권거래법 위반혐의로 구속기소하고 주간사 증권사인 동부증권 대표 황모씨를 벌금 1천만 원에 약식기소하는 한편, 동부증권의 담당자였던 인수팀 차장 김모씨를 수배하기도 했다.

이면약정과 손실액을 철저히 숨기고 작성된 엔트의 유가증권신고서

나는 엔트가 부도를 낸 직후 금융산업노조측의 요청으로 피해자들을 만나 주간사 증권사와 회계법인, 그리고 엔트의 경영진을 상대로 민사 소송을 추진하게 되었다.

소장은 1998년 11월 2일 서울지방법원에 제출했는데 당초 소송에 참여한 원고는 29명으로 이들 중에는 공모에 참여하여 주식을 취득한 투자자들도 있었고 공모 이후에 시장에서 주식을 취득한 주주들도 있었다. 그리고 이들이 청구한 최초의 소가는 3억 3천만 원 정도였고,[43] 피고는 주간사 증권사인 동부증권, 회계법인이었던 송현회계법인, 그

리고 정모씨 등 엔트의 임원 4명이었다.[44]

원고측이 배상을 구하는 근거는 당시 증권거래법 제14조로서 유가증권신고서가 허위기재되었을 경우 주간사 증권사, 회계법인 그리고 발행회사의 임원들을 상대로 연대책임을 물을 수 있도록 한 조항이었다. 원고들이 소장에서 주장한 유가증권신고서상 허위기재 내용은 크게 두 가지로, 1) 사실은 엔트와 동부증권 사이에 공모주 배정 후 잔여주식의 인수와 시장조성을 주간사가 아닌 엔트의 계산으로 수행하기로 하는 이면약정이 있었음에도 불구하고, 유가증권신고서에는 "주식의 인수는 총액인수의 방법에 의하고 주간사 회사가 위와 같이 시장조성을 수행한다"는 내용으로 기재한 것, 2) 엔트가 1997년도에 실상 6억 원이 넘는 당기순손실을 기록하고 있음에도 불구하고 재무제표에 가공매출과 허위대여금 채권액을 계상함으로써 마치 8억 원 이상의 당기순이익을 얻은 것처럼 가장했고, 이러한 재무제표가 적정한 것인 양 유가증권신고서에 기재된 것이었다.

피고들의 모든 항변을 배척한 1심의 완벽한 승리

소송을 제기한 후 약 1년 2개월의 법정 공방 끝에 2000년 1월 25일 사실상 원고들의 전부 승소에 해당하는 판결이 내려졌다. 1심재판부는

---

43 원고들 중 피해액수가 적은 12명은 1심이 끝날 무렵 엔트의 임원들과 합의를 함에 따라 총 2천만 원을 수령하고 소송을 취하했다. 이에 따라 원고의 숫자는 총 17명으로 줄어들었으며 청구금액은 약 2억 3천만 원으로 줄어들었다.

44 6명의 피고들 중 원고들 일부와의 합의에 따라 개인인 피고 4명은 소송에서 빠지게 되었고 동부증권과 송현회계법인이 피고로 남았다.

유가증권신고서에 인수의 방법, 시장조성 여부, 발행인에 관한 요약 재무정보, 감사인의 감사의견 등과 관련하여 허위의 기재 또는 표시가 있거나 중요한 사항이 기재되지 아니함으로써, 엔트의 주식을 취득한 원고들이 손해를 입었으므로 주간사인 동부증권과 유가증권신고서의 첨부서류인 감사보고서가 진실 또는 정확하다고 증명했거나 서명한 송현회계법인이 각자 원고들의 손해를 배상할 의무가 있다고 판시한 후, 피고들의 각종 항변(총액인수라 하더라도 시장조성 의무를 반드시 지는 것은 아니라는 항변, 원고들 일부가 시장조성 의무기간 이후 취득한 사람들이어서 배상을 할 수 없다는 항변, 원고들이 악의의 취득자라는 항변, 감사보고서의 허위기재가 경미하여 원고들의 손해와 상당 인과관계가 없다는 항변)을 배척한 후, 피고들의 과실상계 주장조차 피고들을 믿었다가 속은 원고들에게 어떤 과실이 있다고 할 수 없다는 이유로 배척했다.

불의의 일격을 당한 2심판결

1심판결에 대해 피고들은 항소를 제기했고 항소심 절차는 2000년 5월경부터 본격으로 진행되었다. 담당 재판부는 상사와 국제거래 전담 재판부인 서울고등법원 제12민사부였다.

피고 동부증권은 자신들이 주간사로서 적정한 주의의무를 다했다는 점과 더불어 시장조성기간 이후에 취득한 원고들에 대하여는 시장조성이 이루어지지 않은 데 대한 책임을 물을 수 없으므로 책임이 제한되어야 한다고 주장했으며, 피고 송현회계법인은 자신들의 감사상 과실이 없다는 주장과 더불어 자신들은 유가증권신고서에 서명하거나 그 진실함을 확인한 바 없으므로 연대책임을 질 수 없다고 주장했다. 이러한 주장들은 이미 1심에서 개진된 것으로 특별히 새로울 것은 없었지만 이 부분에 관하여 상당한 공방이 지속되었다.

그후 2001년 1월 9일 항소심판결이 선고되었는데 항소심판결은 총 13명의 원고들 중 공모에 참여한 원고들 3명의 송현회계법인에 대한 청구만 인정하고 장내에서 주식을 취득한 나머지 10명의 청구는 모두 기각하는, 사실상 1심판결을 뒤집는 내용의 판결이었다. 공모취득자는 투자금액이 적었던 반면 전득자轉得者들의 피해액수가 컸으므로 사실상 전부 패소에 가까웠다.

나중에 항소심판결문을 통해서 확인해본 결과 2심재판부는 1심이나 항소심에서 논쟁이 이뤄진 부분보다는 항소심재판부의 독자적인 법률해석에 입각하여 1심판결을 뒤집은 것으로 드러났다. 우선 항소심은 원고들의 증권거래법 제14조에 의한 손해배상청구에 대하여는 "증권거래법 제14조가 유가증권신고서에 기한 모집 또는 매출에 의하여 유가증권을 매수한 최초취득자에 한하여 적용되고 협회중개시장에서 유가증권을 매수한 자는 제외된다"는 이유로 전득자들의 동부증권 및 송현회계법인에 대한 주위적 청구를 기각했다.

그리고 항소심은 원고들이 송현회계법인을 상대로 예비적으로 주식회사 외부감사에 관한 법률(외감법) 제17조에 따른 손해배상청구를 한 것에 대하여는 '외감법에 따른 감사인의 손해배상책임'에서의 '감사인'은 같은 법 제2조에 의하여 외부감사의 의무대상이 되는 회사의 외부감사인에 한정된다는 이유로 이를 기각하는 판결을 내렸다.

사실 이러한 항소심의 판단은 불의의 일격이었다. 왜냐면 항소심에서 피고조차 증권거래법 제14조가 공모주를 최초 취득한 자에 한하여 적용된다는 주장을 한 바가 없었고, 따라서 과연 증권거래법 제14조가 공모주의 최초취득자에 한하여 적용될 것인지 아니면 최초취득자는 물론 전득자까지도 적용된다고 볼 수 있는지에 관해 재판과정에서 아무런 논쟁이 없었기 때문이었다.[45] 법조문상으로도 증권거래법 제14조는 "유가증권신고서와 사업설명서 중 허위의 기재 또는 표시가 있거나 중요한 사항이 기재 또는 표시되지 아니함으로써 '유가증권의 취득자'가 손해를 입은 때에는 다음 각 호의 자는 그 손해에 관하여 배상의 책임을 진다"고 규정하여 유가증권 취득자가 최초취득자인지 전득자인지를 문언적으로는 전혀 구별하지 않고 있었으므로 이 조문의 해석상 전득자는 제외된다는 주장은 당시로서는 찾아보기 어려웠다.

입법례상으로도 우리나라가 주로 증권법 제도를 수입한 미국의 경우, 유가증권신고서 허위기재에 따른 배상책임 조항이 최초취득자뿐만 아니라 전득자까지도 적용되고 있었고, 일본의 경우에는 최초취득자와 전득자에 대한 각각의 배상책임을 규정한 조항들을 갖고 있어서 공히 최초취득자와 전득자를 모두 보호하고 있었다. 따라서 최초취득자와 전득자를 구분하지 않고 그저 유가증권 취득자를 보호하는 하나의 조항을 둔 우리나라의 법상으로는 전득자를 제외해야 한다는 문언적 해석이 나오기 어려운 상황이었다.

---

45 다만 주간사 증권사가 시장조성 의무를 다하겠다고 한 이른바 시장조성기간의 도과 이후에 취득한 투자자들에 대한 배상책임이 있는지 여부만 논란이 되었을 뿐이다.

항소심판결은 결국 문언적 해석에 충실하기보다는 증권시장을 유통시장과 발행시장으로 나누어 각각 달리 규정하고, 발행시장에서 보다 투자자를 두텁게 보호하고 있다는 일반론을 내세워서 법규정의 문언을 축소해석한 셈이었다.

항소심판결의 일격은 이뿐 아니었다. 송현회계법인에 대하여 외감법 제17조에 따른 손해배상책임을 물은 것과 관련해서는 송현회계법인이 감사한 옌트가 당시 자산총액이 59억 원 정도로 외감법상 의무적으로 외부감사를 받아야 할 회사는 아니었으므로(당시 외감법상 의무적으로 외부감사를 받아야 할 회사는 직전 사업연도 말 자산총액이 60억 원 이상인 곳이었다) 송현회계법인은 외감법에 따른 감사인이 아니라는 이유로 외감법 제17조 제2항 소정의 손해배상책임을 인정할 수 없다고 판시했다.

하지만 이 역시 법 문언상 납득하기 어려운 판결이었다. 당시 외감법 제1조는 "이 법은 주식회사로부터 독립된 외부의 감사인(이하 '감사인'이라 한다)이 그 주식회사에 대한 회계감사를 실시하여 회계처리의 적정을 기하게 함으로써 이해관계인의 보호와 기업의 건전한 발전에 기여함을 목적으로 한다"라고 규정하여 '감사인'의 개념은 '주식회사로부터 독립된 외부의 감사인'으로 정의되어 있었지, 반드시 동법상 의무적으로 감사를 받아야 하는 회사의 감사인은 아니었다. 이러한 문언적 정의에도 불구하고 항소심은 또다시 법 취지를 내세워 비록 송현회계법인이 외부감사인으로서 감사보고서를 작성했고 그와 관련한 허위기재가 있었음에도 불구하고 옌트가 외부감사 의무법인이 아니었다는 이유로 외감법 제17조 제2항에 의한 배상책임을 지지 않는다고 판시한 것이었다.

더구나 당시 증권거래법 제194조의 3항은 "이 법에 의하여 금융감독위원회와 증권거래소 또는 협회에 재무에 관한 서류를 제출하는 자 중 대통령령이 정하는 자는 주식회사의 외부감사에 관한 법률에 의하여 회계감사를 받아야 한다"고 규정하고 있었고, 증권거래법 시행령 제84조의 25는 엔트와 같은 신규상장의 경우 외감법에 따른 회계감사를 받도록 되어 있었으므로 엔트가 외감법상 외부감사 의무법인이 아니라고 보기도 어려웠다. 즉 외감법 제2조에 따른 외부감사 대상 의무법인은 아니었지만 증권거래법에 따라 외감법에 따른 외부감사가 의무화되어 있던 법인이었던 것이다.

더구나 설령 이와 같이 송현회계법인이 외감법 제17조에 따른 책임을 지지 않는다 하더라도 증권거래법 제197조가 "선의의 투자자에 대한 감사인의 손해배상책임은 주식회사의 외부감사에 관한 법률 제17조 제2항 내지 제7항의 규정을 준용한다"고 규정하고 있었으므로 증권거래법에 의해 준용되는 외감법 제17조 제2항에 따른 배상책임을 진다고 볼 수도 있었다. 하지만 항소심은 이 부분에서도 역시 아무런 예고도 없이 문언 해석보다는 입법 취지를 근거로 문언의 축소해석을 행한 채 원고들의 청구를 기각했다. 다음은 2심판결을 보도한 언론기사이다.

협회중개시장서 유가증권 매수자 손배청구 안 돼

법원은 유가증권신고서 허위기재로 인해 취득자가 손해를 입은 경우 협회중개시장에서 유가증권을 매수한 자는 손해배상을 청구할 자격이 없다고 판결했다.

서울고등법원 민사12부(재판장 오세빈 부장판사)는 12일 장모(47 · 남)씨 외 12인이 '엔트 주식의 부도 가능성을 예기하지 않아 손해를 받았다'며 동부증권과 송현회계법인을 상대로 제기한 손해배상청구소송 항소심에서 1심판결을 깨고 원고 일부패소판결을 내렸다.

재판부는 판결문에서 "원고 박모(50 · 남)씨와 송모(37 · 여)씨를 제외한 11인은 공모에 응한 투자자가 아니고 협회중개시장에서 엔트 주식을 매수한 자이므로 손해배상을 청구할 수 없다"며 "결론을 달리한 장모씨 외 10인의 1심판결을 취소하고 원고들의 청구를 기각한다"고 밝혔다. 이어 "원고들이 피고 동부증권의 잘못으로 엔트 주가하락으로 인한 손해를 입었고, 피고 송현회계법인이 작성한 감사보고서를 믿어 이용했다고 인정하기 어렵다"고 덧붙였다.

장모씨 외 12인은 "동부증권이 투자자들에게 약속한 엔트 주식의 시장조성 의무를 일방적으로 포기하고 송현회계법인이 중요한 사항에 관해 감사보고서에 허위기재했다"며 손해배상청구소송을 제기해 지난해 1월 1심에서 승소판결을 받았다.

2001년 1월 12일 매일경제

예상 밖의 대법원 패소확정 판결,
변호사들조차 논쟁하지 않았던 이유로 패소를 안긴 그때 그 판결을 생각하다

2심판결은 충격적이었으나 법리해석 측면에서 볼 때 항소심판결은 문제가 많았으므로 법리적인 문제를 따지는 대법원에서 재판 결과가 뒤집힐 가능성이 충분히 있다고 보았다. 이에 나는 항소심 법리해석의 문제점을 조목조목 따지는 상고이유서를 제출해 대법원의 판단을 구했다. 그런데 2002년 9월 24일 선고된 대법원판결은 2심과 같은 이유를 조목조목 들면서 2심을 그대로 인용하고 원고들의 상고를 기각하는 내용의 원고 패소 확정판결을 내렸다.

1심에서 이긴 사건이 납득할 수 없는 이유로 뒤집어져 대법원에서 확정되었다는 사실, 그리고 내가 도움을 주고자 했던 사람들에게 또 한 번의 좌절을 안겨주었다는 사실 때문에 무척 괴로웠다. 그리고 발행시장에서의 부실공모와 사기에 대하여 중요한 견제장치가 되는 증권거래법 제14조가 사실상 무력화되는 판례가 형성되었다는 점도 안타까웠다.

회사가 아무리 부실기재한 유가증권신고서와 투자설명서를 활용해서 공모주 발행을 하더라도 증권거래법 제14조에 의한 책임이 취초취득자에게만 인정된다면 사실상 증권거래법 제14조는 실효성이 없어진다. 왜냐면 아무리 부실상장된 회사라 하더라도 공모주가 상장된 이후에는 어느 정도 주가가 올랐다가 떨어지는 것이 보통이기 때문이다. 이 경우 공모주 최초취득자들은 손해가 없어서 손해배상청구를 하지 않게 되고 실제 피해를 보는 전득자들은 증권거래법 제14조의 보호를 받지 못하게 되기 때문이다. 물론 미국의 경우 전득자가 무조건 보호를 받는 것은 아니고 이들이 취득한 주식이 최초 공모주식이라는 사실을 입증해야 하므로 전득자는 이를 입증할 부담이 있다. 하지만 엔트 판결로 인해서 우리나라에서는 전득자가 자신이 취득한 주식이 공모주임을 입증한다 하더라도(예컨대 신규상장의 경우 기존 주식은 보호예수되어 있어 공모주만이 유통된 경우를 들 수 있을 것이다) 증권거래법 제14조의 보호를 받지 못하는 제도적 허점이 생기게 되었다.

다만 엔트 판결이 내려진 후 6년이 지난 2008년 11월 27일 대법원은 2008다31751호 판결을 통해 증권거래법 제14조에 따른 손해배상청구를 할 수 있는 사람은 '모집 또는 매출'에 의하여 발행시장에서 유가증권을 취득한 사람에 한정되는 것이 아니고, 유통시장에서 유가증권을 취득한 사람도 포함된다고 보아야 한다고 판결함으로써 엔트의 판결례를 사실상 변경했다.

대법원에서조차 불의의 패소판결이 난 후 나는 이 소송의 패소 원인에 대해서 곰곰이 생각했다. 재판은 사람이 하는 것인데 내가 재판부의 마음을 못 읽고 제대로 설득을 못한 것이 분명했다. 이 사건 2심판결의 주심판사는 나와 대학 동기이자 연수원 동기였는데 이 친구는 나중에 이 판결에 관해 평석도 쓰고, 책도 쓰는 등 자신의 소신을 무척 강조했던 것으로 기억한다. 이 친구는 후에 변호사 개업을 하여 몇 건의 소송에서 상대방 변호사로 만나게 되었다. 나는 주로 투자자를 대리했고 그 친구는 주로 회사측을 대리했는데, 그 친구는 나에게 별로 편치 않은 감정을 드러냈던 것으로 기억한다. 왜 이 친구는 상대방이 다투지도 않은 쟁점을 들어 내게 패소판결을 안겼을까? 판사 자신이 중요한 법률적 쟁점이라고 생각하는 부분에 관해 변호사들 간에 논쟁조차 없으니 한 수 가르쳐주고 싶은 생각이 들었을까? 자신들의 욕심 때문에 투자했다가 손실을 입었다고 소송을 내는 투자자들, 그리고 그들을 대리하는 변호사에 대한 적대감의 발로였을까? 혹시 이 사건에서 그 친구가 법관이 아니었다면, 또는 혹시 내가 원고측 변호사가 아니었더라면 다른 판결이 났을까? 숱한 의문이 남는 사건이다.

좌절에서 환호로—한일약품공업 사건

공모주가 미처 상장되기도 전에 발생한 초유의 부도사태
단 한 번 거래조차 해보지 못하고 휴지조각이 되어버린 주식

대한생명그룹의 계열사이자 상장기업이었던 한일약품공업 주식회사(이하 '한일약품')는 모기업인 대한생명의 최순영 회장에 대한 수사 등으로 어려움을 겪던 중 1999년 1월 25일 이사회에서 1,427,124주를 주당 6200원에 새로이 발행하는 신주발행을 결의했다. 그후 같은 달 26일 한일약품은 동원증권과 모집주선계약을 체결하여 동원증권을 주간사 회사로 삼았다. 한일약품은 그 다음날인 1월 27일에 유가증권신고서를 제출하고 3월 22일부터 2일간 구 주주 및 우리사주조합에 대한 청약을, 3월 25일 하루간 일반청약을 실시하여 총 88억 5천만 원의 자금을 조달했다.

그런데 한일약품의 채권자 정모씨는 한일약품에 대한 36억 원 상당의 양수금讓受金 채권에 기초하여 서울남부지방법원에 가압류를 신청했고, 청약기간 만료 직후인 1999년 3월 26일 법원으로부터 한일약품이 신주 발행에 따른 주금을 입금하기 위해서 조흥은행에 개설한 예금

계좌에 대한 가압류결정을 받게 되었다. 회사는 3월 30일 예정대로 납입된 주금 88억 5천만 원에 관해 주금납입증명서 발급과 등기를 완료한 후 인출을 청구했으나, 조흥은행은 이 가압류를 이유로 인출을 거부했다. 이에 한일약품공업은 1999년 4월 1일자로 1차 부도를 냈고, 조흥은행은 그 다음날인 4월 2일 위 예금계좌에 납입된 납입금 전액을 자신이 한일약품에 대하여 갖고 있던 기존 대출금 채권으로 상계했고 이에 따라 한일약품은 같은 날 최종적으로 부도처리되었다.

즉 한일약품은 구 주주 실권주에 대한 공모주 청약을 실시했으나 공모주가 발행되어 상장되기도 전에 부도가 나는 바람에 공모주 청약에 응한 투자자들은 한 번 거래도 못해보고 졸지에 부도난 회사의 주식을 취득하게 된 것이었다.

다른 소송에 비해서는 적은 피해액,
그러나 중요한 선례가 되어야 할 싸움

나를 찾아온 피해자들은 총 8명으로 일반투자자를 상대로 진행된 공모주 청약에 응해 주식을 취득한 사람들이었다. 이들이 취득한 주식의 수량은 적게는 총 493주에서 많게는 704주로 총 수량은 5211주였고, 이들이 투자한 금액의 합계액은 3230만 원 정도였다. 그리고 이들이 부도난 주식을 헐값에 매각함에 따라 입은 피해액은 총 1650만 원 정도였으므로 그리 크지 않았다.

나는 1999년 7월 22일 이들을 대리하여 주간사 증권사인 동원증권을 상대로 서울지방법원에 소송을 제기했는데 소가가 작아 이 사건은 소액사건을 담당하는 민사6단독에 배정되었다. 소가는 1600만 원 정도밖에 안 되었지만 이 소송사건은 공모주 부실발행에 따른 주간사 증권사의 책임을 묻는 중요한 소송이었고 쌍방의 공방은 치열했다.

원고측은 유가증권신고서의 부실기재를 문제삼았는데 문제가 된 부실기재는 두 가지로 하나는 회사의 수익성, 재무상태 등에 대해 제대로 공시하지 않고 장밋빛 평가를 한 것이었고, 다른 하나는 감사보고서의 특기사항을 유가증권신고서에 누락시킨 것이었다. 즉 원고는 1) 유가증권신고서의 간사회사 의견란에 "최근 IMF 경제체제하에서 제약경기의 후퇴와 업체 간의 치열한 경쟁하에서 동사는 구조조정을 통한 경비절감을 추진해왔으며, 향후에도 의약분업, 약가 자율화 등 제도 변화에 따른 경기침체가 예상되나 내실경영, 효율적인 영업전략 및 철저한 이익관리를 통한 수익률 극대화를 추진하고 있습니다" "1998년 7월 1일부로 자산 재평가 실시로 170억 2400만 원의 재평가 차익이 발생하여 재무구조가 개선되었으며 구조조정, 내실경영 신제품(프로-골드 연질캅셀)의 개발을 통해 경비절감과 신시장의 개척으로 매출증대가 예상됩니다"라고 기재한 부분이 유리한 사실만을 강조한 허위기재라고 주장했고, 2) 회계법인이 작성한 연간 감사보고서상 "특히 지속되는 고금리와 원화가치의 약세 그리고 금융기관의 조정 등에 따른 자금조달의 어려움 등으로 인하여 회사의 현재 이후의 영업활동과 재무상태 및 계속기업으로서의 존속 여부에 불확실성이 존재할 수 있으나 그 최종 결과는 현재로서는 예측할 수 없습니다"라고 기재되어 있음에도 유가증권신고서에는 이를 "해당사항 없음"이라고 허위기재했다고 주장했다.

상식과 법 사이에서

1심재판부는 약 9개월 만인 2000년 4월 19일 원고 패소판결을 내렸다.

1심재판부는 우선 간사회사의 의견란에 부실한 내용을 기재하거나 수익성, 재무상태, 자금상황에 대해 중요한 사항을 은폐했다는 주장에 대해서는 간사회사의 의견을 중요한 사항으로 볼 수 없고, 그 기재가 허위라는 부분도 인정할 수 없으며, 한일약품의 수익성 등에 대해서는 충분한 공시가 이루어졌다고 보았다. 그리고 감사보고서의 특기사항 기재누락이라는 주장에 대해서는 위 '특기사항'이 중요한 사항의 일부분이라고 보여지나 그 기재의 누락을 주간사인 동원증권의 책임범위에 속한다고 보기 어렵고, 그 누락만 가지고 중요한 사항이 표시되지 않았다고 볼 수 없으며 특기사항의 누락으로 유가증권 취득자가 손해를 입었다는 점에 대해서도 납입은행의 주금 상계처리 및 제3자의 가압류 처분 등의 상황에 비추어 그 인과관계를 인정하기 어렵다고 판시했다. 1심판결은 상식적으로는 이해할 수 있는 판결이었지만 유가증권신고서의 부실기재에 대해 엄격한 무과실책임을 묻고 있는 증권거래법 제14조의 규정에는 맞지 않는 판결이었다.

2심 승소판결, 대형로펌을 동원한 피고측의 대법원 상고, 그후의 자진취하까지

1심판결에 대해 원고들은 항소했고 항소심은 서울지방법원의 항소부가 담당했다. 항소심의 심리는 세 번의 변론기일을 진행하면서 약 6개월간 진행되었는데 2심에서도 역시 특기사항의 기재누락이 중요한 사항인지 여부에 관한 공방이 치열하게 전개되었다. 나는 금감원 규정상 감사의견의 특기사항이 유가증권신고서의 필수기재사항이라는 점을 주장했고, 공인회계사의 의견서를 확보하여 "계속기업으로서의 존속 가능성에 대한 의문"이라는 특기사항이 단도직입적으로 말하자면 '이 회사는 당장이라도 망할 수 있는 회사다'라는 내용이라는 것을 주장했다. 아울러 증권거래법의 취지상 인과관계나 과실에 대한 입증은 불필요하다고 주장했다.

항소심재판부는 2000년 11월 23일 판결을 선고했는데, 재판부는 간사회사의 의견란 부실기재에 관해서는 1심과 동일한 판단을 했지만, 감사보고서 특기사항의 기재누락에 대해서는 그것이 중요한 사항이고, 따라서 그 누락에 대하여 주간사 증권사가 책임을 져야 한다고 판시하면서 원고들의 청구를 전부 인정했다. 비록 적은 액수의 승소판결이었지만 이 2심판결은 유가증권신고서의 부실기재에 따른 주간사 증권사의 책임범위 그리고 책임요건과 인과관계의 인정요건에 관한 중요한 판결례가 되었다.

2심판결에 대하여 동부증권은 즉각 상고를 제기했다. 상고심에서 동부증권은 변호사를 변경하여 또다른 대형로펌을 선정했고 상고이유서를 제출했다. 그런데 상대방은 상고이유서를 작성하면서 중요한 한 가지를 간과했다. 즉 이 사건이 '소액사건'이라는 점이었다. 소액사건심판법 제3조(상고 및 재항고)에 따르면 소액사건에 대한 지방법원 본원 합의부의 제2심 판결이나 결정·명령에 대해서는 1) 법률·명령·규칙 또는 처분의 헌법 위반 여부와 명령·규칙 또는 처분의 법률 위반 여부에 대한 판단이 부당한 때, 그리고 2) 대법원의 판례에 상반되는 판단을 한 때 두 가지 경우에 한하여 대법원에 상고 또는 재항고를 할 수 있도록 되어 있는데, 이 사건이 소액사건임을 간과하고 일반적인 상고 사유(법리오해, 채증법칙 위반)에 따라 상고를 한 것이었다. 이에 원고측은 이 점을 지적하는 상고답변서를 제출했고, 동부증권측은 상고를 자진취하함으로써 2심의 승소판결이 그대로 확정되었다.

씨모텍 사건, 동부증권과의 2차전을 준비하며

엠트 사건이나 한일약품공업 사건이나 변호사로서 수익 면에서는 재미를 보지 못한 사건이었다. 많은 시간과 노력이 투입되었으나 결과는 보잘것없었다. 하지만 증권거래법과 관련하여 중요한 선례를 남기게 되었고 발행시장에서의 불공정거래행위에 대한 소송경험을 쌓았다는 점에서는 중요한 의미가 있다. 만약 그 당시에 증권관련집단소송법이 있었더라면 집단소송의 방식으로 훨씬 더 큰 액수의 소송을 할 수 있었을 것이다. 내가 속한 법무법인 한누리에서는 현재 '씨모텍'이라는 회사의 공모절차상 증권신고서 허위기재를 들어 주간사인 동부증권을 상대로 증권 관련 집단소송을 제기해놓은 상태이다. 동부증권을 상대로 13년 만에 다시 비슷한 소송을 제기하게 된 것도 묘한 인연인 것 같다. 과거의 경험을 토대로 후회 없는 법적 공방을 펼쳐보았으면 하는 바람이다.

개미들의 변호사, 배짱기업과 맞장뜨다

1판 1쇄 2014년 8월 7일
1판 2쇄 2014년 8월 28일

지은이 김주영
펴낸이 강병선
책임편집 이연실 | 편집 전도영 | 독자모니터 김형철
디자인 김이정 이주영
마케팅 방미연 최향모 유재경 | 온라인마케팅 김희숙 김상만 한수진 이천희
제작 강신은 김동욱 임현식 | 제작처 미광원색사(인쇄) 경원문화사(제본)

펴낸곳 (주)문학동네
출판등록 1993년 10월 22일 제406-2003-000045호
주소 413-120 경기도 파주시 회동길 210
전자우편 editor@munhak.com | 대표전화 031)955-8888 | 팩스 031)955-8855
문의전화 031)955-8889(마케팅) 031)955-2651(편집)
문학동네카페 http://cafe.naver.com/mhdn
문학동네트위터 http://twitter.com/munhakdongne

ISBN 978-89-546-2550-0 03300

* 이 도서의 국립중앙도서관 출판시도서목록(CIP)은 서지정보유통지원시스템 홈페이지 (http://seogi.nl.go.kr)와 국가자료공동목록시스템(http://www.nl.go.kr/kolisnet)에서 이용하실 수 있습니다. (CIP제어번호: 2014022338)

www.munhak.com